郑州大学新媒体研究中心研究成果

播音主持学术前沿

大众媒介口语创作

王振宇 著

中国传媒大学出版社

目 录

序 …………………………………………………… 张政法 1

第一章　口语创作的动态过程 ……………………………… 1
　第一节　口语创作主体 ……………………………………… 2
　第二节　口语创作与传播媒介 ……………………………… 21

第二章　口语叙事与评论 …………………………………… 39
　第一节　口语叙事 …………………………………………… 39
　第二节　口语评论 …………………………………………… 56

第三章　口语创作的声音形式 ……………………………… 75
　第一节　价值标准与创作目标 ……………………………… 76
　第二节　创作技巧 …………………………………………… 96

第四章　口语创作的逻辑 …………………………………… 112
　第一节　形式逻辑的作用 …………………………………… 112
　第二节　因果关系 …………………………………………… 130
　第三节　现实与可能的联系 ………………………………… 141

第五章　口语创作的修辞 …………………………… 152
　　第一节　简明的语句特征 ……………………… 153
　　第二节　语言的形象化 ………………………… 164
　　第三节　趣味性的论述 ………………………… 176

第六章　口语创作的风格 …………………………… 189
　　第一节　娱乐与幽默 …………………………… 190
　　第二节　理性与权威 …………………………… 206
　　第三节　亲切与和蔼 …………………………… 215

第七章　网络节目口语创作案例研究 ……………… 220
　　第一节　《罗辑思维》与《老梁观世界》的比较 …… 220
　　第二节　其他网络媒介口语创作的现状 ……… 235

结　语 ………………………………………………… 244

参考文献 ……………………………………………… 246

后　记 ………………………………………………… 250

序

　　一直以来,围绕播音研究和教学存在两种不同的认识与努力方向:

　　一种可以称之为"让简单的事情简单化",认为无论是播音研究还是教学,都要以实用为目标,把任务弄明白,把方法明晰化,让学生一学就管用。于是提炼出一些经典要领,设计一些练习步骤;对节目做出一定分类,对不同类型节目加以分解、训练。这样的努力当然有值得肯定之处,它专业性、操作性强,也让一切惯以"观众式"思维和体验对待、指点播音研究和教学的所谓专家"现出原形",知道什么是"隔行如隔山"。但是,也不容否认,技术化的思维不但容易形成"削足适履"式的"制式生产"方式,让人讥笑为"千人一面、万人同声",也会因为技术、技巧的过于具体,很难跟随现实的需要而显出"刻舟求剑"般的滞后,总是落后于实践。至于理论的创新,只不过是把已经沉淀为"定律"的要领一次次重复,或者总结一些一经总结即已过时的所谓"规律"罢了。被人讥笑为"播音无学",也不全是污蔑和误解。

　　一种则强调"播音是人文精神的音声化",把播音作为新闻工作和语言传播的一个"生存切面"而不只是一个技术环节。在重视播音作为技能的专业性的同时,追求播音作为学科的理论性和生命力,注重语言传播者的主体性和创造性。力图融汇新闻传播学、语言学及应用语言学、文学美学、心理学、社会学等众多学科,"换个角度看播音",赋予播音研究和教学以内生动力和持久活力。这样的努力志存高远,但也容易曲高和寡,而如果缺乏现实支撑和个人的实践体验,难免会出现理论与实践脱节的情况。

在当下社会领域和教育领域实用主义泛滥的背景下,这样的努力常常被人视为"迂阔"。一个有趣的证明是,在实践中,与播音有关的考试指南和练习手册比教材卖得好,而教材则比理论书籍卖得好。至于在播音研究者和教育者那里,写一本重复率多半以上的教材或训练手册,比写一篇论文都容易,反正前辈这么做、别人这么做,我也不妨这么做。于是,追求播音研究和教学理论深度的队伍寥寥,或者索性由一些外行套用其他学科领域的理论,以不懂装高深。

因此,播音研究与教学迫切需要一种理论与实践兼具的真正的学术支撑,它的前提是得有这么一批具有理论关怀、学术视野和实践体验的研究者参与到其中来。

振宇是这样的人。

他本科学的是播音专业,但并不被技术所驱使,而是喜欢读理论书,做深层思考;研究生时读的是广播电视艺术学,进一步拓展了学术视野;毕业后到郑州大学从事播音主持专业教学,讲授"播音创作基础""电视新闻评论"等专业课程。主要从事电视口语修辞等方面的研究。近期以来,其学术兴趣还转移到新媒体领域。可以说,振宇专业底子扎实,具备相当的理论功底、教学经验和实践体会,有着一贯的学术关怀,他的研究既不浅薄重复,更具理论创新。更为可贵的是,他拥有成为一名合格学术工作者必不可少的优秀品质,就是对于所从事专业的无比热忱,他说,"优秀的口语创作拥有一种直指人心的力量,作为一名教师,我深切地渴望获得这种力量。这种愿望发自于心灵,却受制于天赋。但依然希望通过对这门技术的研究获得更多心灵的慰藉。"

这部著作就是振宇"不吐不快、一吐为快"的作品,它针对传统广播电视口语经常受制于文字创作习惯而不能达到最佳效果这一问题,结合当下网络媒介的文字传播反而显现了很多口语特征,认为这种现象说明口语这一形式在大众传播中的作用和意义变得日趋重要。在该部著作的字里行间,我们能够发现,振宇对于教学实践中学生以及很多专业教师把大众传播中的口语创作仅仅当作文字的口头形式,而不是一种方法、方式,难以释怀。他坚持认为这是对口语创作的一种误解，在整本书里，他都试图在说明口语创作是一个由内而外的独立的过程，在方法和结果上与文字创作存在较大的差异。本书由口语创作的概念开始，从基本类型、表现形式、构思、修辞、风格等方面全面论述了口语创作涉及的技术性问题。通过理论阐释和当下传播实践经验的结合，把口语创作中各方面的问题进行了梳理、归纳。同时，也试图用批判的眼光看待传统理论中的一些概念与命题。书中有关口语修辞和风格的研究最能体现口语创作的外在特征，也最具实用价值。这部分内容也应当成为振宇继续进行深入研究的一个切入口。

需要指出的是，这本书虽然不是教材，但其目的很大程度是为了满足教学的需要，书中采用的很多案例表明了这个意图。因此，这是一本理论性和实践性兼具的论著，值得在校学生、专业教师和学界同行阅读、参研。

相较于播音主持艺术专业每年数万人招生的红火，相较于播音员、主持人在聚光灯下的风光，播音研究队伍显得微小而无光。当下，大师作古、前辈老去，亟须中青年骨干接过旗帜、挑起大梁，来继续推动中国播音学向前发展。这是振宇学术生涯中的第一本专著，厚积薄发，已经显现出不凡的理论功底和研究实力。可以预期，振宇将会是播音研究队伍中熠熠生辉的一员。

对此，我深信，并期待！

张政法

2015年8月于北京

第一章　口语创作的动态过程

口语创作是一个动态的过程,尤其是在广播、电视、网络等传播媒介中。这里,"动态"的含义是指口语创作的本质,涉及创作主体、传播媒介、传播对象三个方面。在连续动态的传播活动中,口语创作的本质才能得以显现。维特根斯坦认为:"事物的本质存在于能够成为事态的组成部分。"① 从这个意义上讲,口语创作的本质是由主体、媒介与对象构成的动态的实践。

为了明确动态实践的含义,我们可以与文字创作进行比较。在文字创作过程中,主体与对象之间没有直接的联系。双方沟通的过程基本是在各自虚构或者预期的表征中进行,这种表征的建立几乎是没有根据的。例如,很多情况下读者见到自己崇拜已久的作家都会感到失望。这种失望通常是因读者虚构的表象与现实之间巨大的落差而形成的。而这种虚构的表象恰恰是与现实的直接联系缺失的结果。在文字创作中,创作和接受是分离的,因此,创作主体、文本和传播对象也彼此独立。文本作为独立的单元呈现,它所展现的意义可以偏离或者超越创作者的动机。接受者对作品的认知也带有自身情感和意志的投射,于是在这个过程中,动态的交流较少,一致性较弱。而在口语创作过程中,上述关键点都发生了反向的变化。口语创作的过程就是传播的过程,主体和对象在创作中形成交流,这种直观而紧密的联系是口语创作区别于文字创作的根本特征。

---

① 〔奥〕维特根斯坦:《逻辑哲学论》,贺绍甲译,商务印书馆1996年版,第25页。

第一节　口语创作主体

德尔斐的阿波罗神庙的三句箴言之中,最著名的就是"认识你自己"。主体概念的形成正是建立在人的自我反思基础之上,而反思恰恰是通过抽象的语言形式来完成的,同时这种语言以声音为表征。在这个意义上,反思与作为表征的口语就形成了一种耦合。反思以自己为对象,也就是,当人把自己作为对象时,主体的概念就产生了。这里所说的自己不是静态的、自然的人,而是动态的、社会性的人。《柏拉图对话集·申辩篇》中记载了苏格拉底的一段话:"高贵的公民啊,你们是雅典的公民,这里最伟大的城邦,最以智慧和力量闻名,如果你只关心获取钱财,只仅仅计较于名声和尊荣,既不关心也不想到智慧、真理和自己的灵魂,你不感到惭愧吗?"[1]这段话直观地说明了,苏格拉底所表达的"认识自己"的反思行为,其对象不是外在的财富和名誉,而是内在的自己的理性。这种理性不能仅仅是一个形而上学的概念,它需要通过人的实践行为得到显现。因此,反思应以人的理性活动为对象,在对口语创作的反思过程中,应强调主体的参与、传播过程与传播对象,应将这些元素作为一个整体来进行反思,只有这样,一个对口语创作本质认识的视野才能被打开。

一、口语创作中主体的显现方式

(一)在以视听为手段的媒介传播中,主体的显现是一种直观的、综合的形象

这里的直观是形式,综合是内涵。直观形式使受众对传播主体形成相对准确、全面的认知。口语主体自身就成为吸引受众的重要元素。亚

---

[1] 〔古希腊〕柏拉图:《柏拉图对话集》,王太庆译,商务印书馆2004年版,第41页。

里士多德在《修辞学》中提到:"当演说者的话令人相信的时候,他是凭他的性格来说服人,因为我们在任何事情上一般都更相信好人,由于这个缘故,我们对于那些不精确的、可疑的演说,也完全相信。"[1]亚里士多德所说的"性格",更接近"品质"的含义,也就是说,口语的传播效果与主体在受众中的形象水平有关。这种形象在媒体高度发达的当下,不仅仅局限于人的道德水平,其权威性、亲和力甚至审美形象都成为影响其口语传播效果的重要因素。在这个意义上,主体内在的显现是综合的。在电视、网络等现代媒体中,受众对形象的认知又是直观的,于是口语的显现首先是一种直观的、综合的形象。

在印刷时代,创作主体形象的建立基本上依赖受众的主观臆想。也就是说,传播主体形象的建立是非直观的,依赖从文字到形象的推理,而且这种推理基本上是没有根据的臆想,是无节制的对崇拜对象的美化。例如,唐代有个叫罗隐的诗人,当时以才华横溢著称,据说当时宰相的女儿十分崇拜他。当这个闺中少女躲在屏风后面第一次看到罗隐的样子之后,却愤怒地撕毁了自己所珍藏的罗隐的所有作品。这种判断的失误源于信息的缺失,当接受者无法获得传播者的全面信息时,对传播者的态度就成为想象的唯一根据。这种现象在社会心理学中被称为光环效应。[2]值得注意的是,并非只有在信息匮乏的传播环境中才会发生这种现象,在当下信息爆炸的传播环境中,受众对信息的选择也是十分困难的。于是,口语创作的主体形象必须以直观的形式出现,以便受众在印象中形成正确的综合判断。"亲和力"正是从这个意义上对传播效果产生影响的。

对于节目主持人、评论员、出镜记者等创作主体而言,其形象的塑造要求与口语传播的内容相一致。暂且避开叙事、评论以及抒情等形式,口语文本的内容中就蕴含着不同类型的信息。从传播目的角度看,这些信

---

[1] 〔古希腊〕亚里士多德:《修辞学》,罗念生译,生活·读书·新知三联书店1991年版,第25页。
[2] 光环效应,这是一种总体性偏见,对某个人良好的或者不好的总体印象,会影响我们对这个人的推测与期望。引自〔美〕阿伦森:《社会性动物》,邢占军译,华东师范大学出版社2001年版,第100页。

息有些是以传达某种知识、观念为目的,有些是以传达某种情绪、感受为目的。如比较典型的新闻节目与娱乐节目,尽管这种节目类型的划分采用的不是同一标准,但基本上能够模糊地描述节目特征。对于前者而言,其形象要求具有权威性,使受众对其产生信任;而后者则要求创作主体的形象富于亲和力,使受众对其产生认同。当这些信任与认同在受众心理形成内化,那么一个成功的主体形象就塑造完成了。当然,这种形象的塑造本身就是受众便捷式判断的结果,同时也是一个长期的过程。

信任是一个大众传播者是否具有权威性的关键因素。如何塑造被信任的形象是口语创作主体的重要任务。受众的意见容易受到那些可靠而且受人尊重信赖的人的影响。尽管信任与视觉形象之间有密切的联系,例如端正的五官、整洁的服装和发型更容易得到人们的信任,但作为口语传播主体,其话语才是能否得到信任的决定性要素。也就是说,是否被信任关键在于如何说话。社会心理学家认为:"如果听众认为传达者不是在努力说服自己,这时传达者的可信赖度会更高。"[①]这个结论可以作为主持人、评论员建立话语策略的指导。在我国的电视新闻深度报道和新闻评论中,有一个通俗的原则被广泛应用,那就是"用事实说话"。这就是一种隐藏信息传播目的的策略。"用事实说话"的目的依然在于"说话",也就是表达某种观点使受众认同,"用事实"指的就是不表现出说服目的的话语策略,仅仅是描述事实而已。CBS著名主持人沃尔特·克朗凯特每次节目都会用一句"事情就是这样"作为结束语,这与"用事实说话"是同一种话语策略。正是这种话语策略的运用,沃尔特获得"全美最值得信任的人"的称号。任何一个成功的传播者形象都不会是简单的信息搬运工,而是需要给受众塑造一个客观的形象,使自己的话语具有更多的可信度与说服力。2013年,一个网络自媒体栏目《罗辑思维》迅速被网友关注,成为同类型栏目中的典范。其主持人罗振宇把自己描述为"知识的搬运

[①] 〔美〕戴维·迈尔斯:《社会心理学》,侯玉波、乐国安、张智勇等译,人民邮电出版社2006年版,第184页。

工",这个定位其实与上述策略一致,只是信息内容从新闻事实转变为知识和观点,"搬运工"的身份把传播主体定位在了客观公正的角度,是一种"我只是转述,是否接受由你"的自身定位。上述这些传播者都通过一种套语的形式向受众反复强调自身客观的视角,摆脱"说服者"的身份,他们都运用了建立信任的话语策略。

获得认同是主体形象塑造的目标。主体形象塑造的认同,并非仅仅指主体与对象之间就某种观点或某个判断达成一致。认同在大众媒体口语传播中的内在意义在于它是主客体观念达成一致的原因。简单地说,受众并非因为话语内容所涉及的事件以及观念对传播者产生认同,而是基于对传播者的信任与喜爱,以及对其所表达的内容产生认同。在这个意义上,创作主体的价值才真正地得以实现。如果受众认为某个传播者在某些方面具有强烈的吸引力,那么他们就倾向于接受这个传播者表达的信息,并且对这些信息采取相同的态度。认同是一种程度很高的信任,人们经常依据某个自己喜爱的明星的着装来定位自己对服饰的审美,例如喜爱白岩松的观众会认为他对新闻事件的判断是正确的。一旦一个主持人或记者能在一定范围内形成认同,其口语创作就能建立在一个更高的平台上。当然,对于口语创作主体而言,形象认同是从话语认同开始的。当一个口语传播者的话语能反复地对受众产生正向的影响时,形象认同就形成了。举例来说,江苏卫视《南京零距离》的子栏目《孟非读报》的播出持续了十年左右,主持人孟非通过其独特的主持风格至少在当地观众心目中形成了形象认同。很多有关孟非的资料中都提到过一个故事,在南京夫子庙附近曾发生过一次火灾,在记者赶到之后火已经扑灭,一个拍下现场照片的小女孩说:"照片我只给孟非,《南京零距离》的孟非。"这里暂且不求证这个故事的真实性,但就这故事所描述的女孩来说,她对孟非的信任就是成功的形象认同。

电视媒体和网络媒体都是大众传播的工具,但是在口语传播的具体情景中主客体之间的信息传递都是以类似人际传播的方式进行的。因为人们总是经常单独看电视或者电脑屏幕,即使是组成群体也通常是由两三个受众组成。从个体受众的角度而言,口语创作其实是类似人际传播的过程。于是人际传播的规律在口语创作中依然发挥作用。社会心理学的研究认为,影响人际交往的特定因素由接近性、熟悉性、相似性和个人品质四个重要的决定因素组成。① 其中,熟悉性对主体形象有较强的应用意义。通常来讲,熟悉能够增强人际吸引。在很多情况下,仅仅是看起来熟悉的面孔就能增强个人的吸引力。在大众传播媒介中,塑造被多数受众熟悉的形象有利于口语创作目的的实现。在大众传播口语创作实践中,许多成功的主持人都以平民化的形象获得观众的喜爱,例如崔永元被观众称作"邻居大妈家的儿子",梁宏达看似是一个在大街上随处可见的胖子形象,等等。再如一些节目中方言的使用,也都是通过观众熟悉的视听形象潜在地增强了传播主体的吸引力。这里值得注意的是,熟悉和丑是有本质区别的,有些节目选取形象丑陋的主持人,试图通过自我贬损增强受众对之的熟悉性,其传播效果往往会适得其反。

(二)在大众传播媒介中,主体的显现是一个移情的过程

相对文字而言,视听形象本身就具有较强的传播情感的功能,情感的传达是创作主体的重要功能之一,甚至情感本身就是构成创作主体的要素。这种要素的显现对于口语创作来讲具有不可替代的作用。在传播者与受众的交流中,情感信息是非常重要的内容。机械的、传声筒式的表达是遮蔽主体的创作形式。在大众传播的过程中,主体和对象是"一对多"的关系,口语创作的内容涉及世界的方方面面。而作为个人的传播者,其直接情感体验是有限的,于是"移情"就成为口语创作在主体显现层面的重要手段。这里的移情不同于美学意义的移情,"而主要取它字面上的含义,指情感的触动、变化、丰富、升华"②。

情感体验可以还原为一种生理状态。在当下的播音主持专业教育

---

① 〔美〕泰勒、佩普劳、希尔斯:《社会心理学》,谢晓菲等译,北京大学出版社2004年版,第255页。
② 张政法:《有声语言大众传播的生命活力》,中国传媒大学出版社2006年版,第43页。

中,文艺作品的朗诵一直都是重要的训练手段。但明显的问题在于朗诵的语态与播音主持的语态具有巨大的差异,朗诵除了作为一种独立的语言艺术形式之外似乎显得没有意义。至少在当下的口语实践中,没有哪一种类型的电视节目需要主持人用朗诵的语态来完成。如果理解了移情的意义和方法,朗诵的作用也就自动显现了。情感经验的获得不仅仅来自亲身经历,阅读、看电影等活动也都是获得情感经验的方式。但是,在生活中经历某种情感或者投入到文艺作品中感受情感的过程里,自我往往是被遮蔽的。也就是说,人们通常不能在经历某种情感的同时对之进行理性的反思,于是对于情感的记忆就十分有限。只有那些特别强烈的、给人留下难以磨灭印象的经历,才能在不断的回忆中得到强化,并形成记忆。在口语创作中,对这种记忆的调动就是情景再现。但这是一个低效率的过程,一方面强烈的情感体验较少;另一方面,其过于激烈的表现也与播音主持创作的语态差距较大,反而与影视表演更为接近。于是,情感体验需要反思性的记忆,需要还原为生理状态进行记忆。朗诵对于播音主持教育的意义也就显现出来了。

　　文学作品中含有丰富而细腻的情感体验,这几乎是一个不需要论证的命题,人们通过常识足以判断它的真实性。文学作品的产生本身就与情感的表现密不可分,即使是功利性的作品大多也都是通过各种修辞方式来表达的,否则就不能称之为文学作品。其情感表达的细腻性也是不言自明的,各种意象的展现以及对意境的塑造都是潜在的抒情方式,在某种程度上这种细腻甚至是文学批评的标准。朗诵就是一个感受这些情感,并且通过有声语言表达这些情感的过程。在这个过程中,朗诵者对情感进行了一次直接的体验。而且这种体验是反思性的,是在研究通过什么样的声音形式表达什么样的情感的过程中进行的。斯宾诺莎说:"我把情感理解为对身体的感触,这些感触使身体活动的力量增进或减退、顺畅或阻碍,而这些情感或感触的观念同时亦随之增进或减退、顺畅或阻碍。"①朗诵的过程把一种情感的表达还原成呼吸的状态、语势的变化、力量的强弱等等,通过反复的练习,把朗诵的生理状态与某种情感之间建立起直观的情景记忆,在口语创作中适时加以调动,这就是移情训练的方法。具体的技术性问题会在后面的章节中继续讨论。这里需要阐明的是,情感体验需要还原成一种生理状态,从而通过反思进行记忆,最终实现口语创作中的移情。

情感是创作主体个性的显现。情感作为一种内部的动力成为人们行为的重要原因,对于口语创作而言,情感更直接地显现在话语之中。在口语创作的过程中,情感首先是主体个性的显现。对于主持人、评论员而言,情感体现其风格。在大量的大众传播口语实践中我们可以看到,优秀的创作主体都善于通过情感来展现的自身风格特点。人的情感有时是接受外界刺激被动而生的,有时又是由内及外的对对象的某种情绪或态度。前者是被动的,如焦虑、愉快;后者是主动的,如喜爱、憎恶。在口语创作中,主体向受众展现被动的情感。这时,主体的个性特征才能显现。简单地说,情感的表露使观众感到电视机里的主持人是一个活生生的个体,是一个可以喜爱或者憎恶的对象,而不是一个机械的人物形象、一个传声筒。更重要的是,创作主体需要通过对某些事实的情绪表达与受众形成一种情感共鸣或对抗。这种情感是主动的,是要与对象发生联系的。这种主动的情感以叙述或评论事实为主要方式,以引起受众的情感共鸣为传播目的。黑格尔说:"自我意识只有在一个别的自我意识里才获得它的满足。"②在这个意义上,创作主体的显现需要通过与受众的情感共鸣来实现,同时受众作为信息的认知主体也同样需要与传播者进行情绪上的交流。

移情是口语文化本身的特征。移情是主体自身情感体验在时空中的转移,而且在口语创作的过程中,情感或情绪的转移同样发生在主体与对

---

① 〔荷兰〕斯宾诺莎:《伦理学》,贺麟译,商务印书馆1997年版,第98页。
② 〔德〕黑格尔:《精神现象学》(上卷),贺麟、王玖兴译,商务印书馆1979年版,第143页。

象之间。这种转移就是情感共鸣的实现。在文字阅读中,移情的发生是间接的,创作主体对情感的记录与接受者对情感的认知通常发生在不同的时空之中。这种间接的移情方式非常容易造成对信息的误解。人们在交流中,情感信息的判断更主要的是依赖表情和语气,而这些信息在文字中无法得到直观的体现,但是口语文化的传播环境却能把情感以及态度信息凸显出来。在口语传播环境中,人往往更加重视彼此的态度,这些交往主体间的人格判断甚至超越了话语中包含的客观信息。这种口语文化的传统特点在现代媒体环境中得到了延伸。媒介环境学派的著名学者沃尔特·翁认为:"电子时代又是'次生口语文化'的时代,电话、广播、电视产生的文化是次生口语文化,次生口语文化依靠文字和印刷术而生存。"①在文字传播中,认知主体和对象被分离,所传达的内容显现出一种客观性。这种客观性正是通过对创作主体情感的剥离而实现的,于是创作主体在文字中得不到准确的显现。所谓"一千个读者有一千个哈姆雷特"就论证了文字传播中对创作主体的遮蔽。沃尔特·翁概括了口语文化的九大特征,其中提到"移情的和参与式的,而不是与认知对象疏离的"②。口语传播中,受众接受来自创作主体的信息,口语的形式使二者之间的疏离成为一种移情和参与,于是创作主体才能在传播过程中显现出来。

(三)在新闻传播中,口语创作主体显现为一种目的性

人的自我意识不仅仅表现为情感,还需要通过理性的意志来实现其目的性。在大众传播的口语创作中,目的性是创作主体对受众的一种潜在的要求。通过口语传播的信息使受众在某些观念、价值上与自己保持一致,是传播者的目的。这种目的性集中体现在新闻传播的口语创作中。

---

① 〔美〕沃尔特·翁:《口语文化与书面文化——语词的技术化》,何道宽译,北京大学出版社2008年版,第2页。
② 〔美〕沃尔特·翁:《口语文化与书面文化——语词的技术化》,何道宽译,北京大学出版社2008年版,第34页。

当下电视和网络媒体的新闻节目通常由新闻报道和新闻评论两种类型组成,无论哪种类型,新闻节目所传播的信息都明显地或者潜在地带有某种目的性,这种目的性是观念和价值的传递。其目的在于使受众对某个或者某类新闻事件采取某种态度,或者通过对大量具体事件态度的判断,使受众形成某种类型的价值观念。前面曾提到过"用事实说话",从主体显现形式的角度来说,该论断强调"事实",而从主体显现内涵的角度来说,则更强调"说话"。因为"用事实说话",本身就对"事实"和"要说的话"做了直接的区别。这里的目的性与主体要求获得受众认同的目的性不是同一个层面。主体形象塑造以获得认同为目的,获得认同以传达观念为目的,传达观念以主体的价值实现为目的等。在一定限制性之内,任何目的都是其他目的的手段。认同与观念的传达是主体显现的不同层次。

在新闻评论中,目的性的显现是直接的。新闻评论本身就是主体对事件的看法、态度,其内容属于观念的范畴。评论员使用判断、推理等逻辑形式,对新闻事实进行分析;通过调查对结果进行归因。这些口语创作本身就是抽象的过程,最终以论断的口语形式告诉观众"要这样认为""可以这样认为""不要那样做"等等有关认识世界的建议。长期来看,就某种类型的新闻节目而言,其更深远的目的在于意识形态的传播。通过重复、断言等手段使受众形成一种稳定的价值观,这带有宣传的性质。电视新闻评论节目具有引导社会舆论的功能,公共话语权利也要求其具有这种义务。新闻评论员作为这种功能的最直接执行者,其主体的显现自然与这种引导舆论的目的性不可分割。值得注意的是,在这个意义上,创作主体的范围不仅仅是口语表达的个人,其范围扩大了。例如,在我国电视观众的认识中,电视新闻节目主持人、评论员是官方形象的代表,但是这种主体范围的扩大不能是无节制的。例如,评论员代表媒体,媒体代表党和政府,党和政府代表人民。于是人民既是主体又是对象,在这种无限扩大的范围中,主体恰恰是被遮蔽的。因此,主体显现的关键不在于主体的数量,而在于其目的性。当对新闻事件判断的价值标准与受众利益达成一致时,这种观念就会被受众所接受,其目的就能实现。

在新闻评论中，目的性总是一种功利的显现。评论话语通常指向具体新闻事件背后的一般性。例如，2013年12月18日的《焦点访谈》报道了两起网络谣言事件，节目最后主持人评论道：

> 赠送被传成了哄抢，守规被说成了娇贵。谣言从何而来、目的何在我们不得而知，但是它从小到大，迅速扩散直到最后被戳穿的过程是我们可以看得很清楚的。这再次告诉我们，信息爆炸、纷繁复杂，我们只有多观察、多思考，才能够尽量少犯错误，千万不能见风就是雨，遇事就一窝蜂。

上述评论最后的几句话具有一般性的特征。新闻评论往往不满足于对具体新闻事件是非曲直的判断，通常都要归纳出一些认识世界或者判断是非的标准。这种做法本身就是提升新闻深度的途径，但是其具体传播效果的好坏在于具体的口语评论技巧。这个问题在以后的章节中会继续讨论。这里需要强调的是，直接表达观点的形式是显现主体的途径之一。

在新闻报道中，目的性间接显现。电视新闻报道可以分为新闻播报和深度报道。新闻播报通常是一系列新闻事件的整合，以时效性为基准，每个新闻事件只做概括性的叙事，几乎没有评论性语言；深度报道通常围绕一个或者一类新闻事件展开，通过调查、分析等手段显现新闻事件中的因果关系或条件之间的联系，在报道中通常带有简短的评论性语言。对于新闻播报而言，目的性通过报道整体实现。新闻播报是对当下一定空间范围内世界的概述，其对新闻事件的选择直接影响受众对社会整体状况的认识。孤立地看待任何一条消息的播报似乎都没有明确的目的性，但是同类型事实的叠加会使受众自发地通过归纳推理得出某种结论。因此，新闻播报的目的性是间接的。

有学者这样定义深度报道："深度报道实质上是对新闻信息的拓展和

延伸,其拓展和延伸集中体现在对新闻事物的事实判断和价值判断上。"①通过这个定义可以看出,深度报道是以"判断"为基本形式的,判断自然就带有对新闻事件的态度和观念。有些观点认为,新闻报道中不应含有评论和判断,只能是对事实的展现。这种观点过分夸大了"报道"和"评论"的区别,二者其实只是形式上的区别。至少从深度报道的角度来看,二者在目的性上就具有一致性,都要展现事物之间的联系,让受众获得一种价值判断。上个世纪 50 年代,美国"麦卡锡主义"盛行,客观报道是当时新闻报道的主导思想,媒体将麦卡锡的演讲做成单纯的记录型报道,在客观上起到了支持"麦卡锡主义"的效果,于是人们开始呼吁解释性报道。当时著名的电视节目主持人爱德华·默罗在其新闻节目中表达了对"麦卡锡主义"的强烈谴责,这受到了舆论的赞赏,同时也使电视新闻报道产生了新的意义。深度报道在其发展的初级阶段就带有强烈的功利主义目的,这种目的性和新闻评论是一致的。

无论是哪种形式的新闻,其信息传播的核心手段都是口语形式。因此,对于新闻报道的理解在很大程度上就是对新闻传播口语创作的理解。这里总结一下口语创作中主体的显现方式:在以视听为手段的媒介传播中,主体的显现是一种直观的、综合的形象;在大众传播媒介中,主体的显现是一个移情的过程;在新闻传播中,口语创作主体显现为一种目的性。

二、口语创作中主体与对象的关系

在口语创作中,主体与对象的关系呈现多样化的状态,主体具有多样化的特点。最常见的是节目主持人、出镜记者、评论员等,这些不同的身份导致其在节目中会以不同的状态面对受众,于是主体与对象之间的关系也呈现出不同的样式并在数量上有所差异。这些差异对口语现象的显

---

① 陈作平:《新闻报道新思路:新闻报道认识论原理及应用》,中国广播电视出版社 2002 年版,第 155 页。

现产生了多种限制,这些限制是具有积极意义的。从质的角度看,创作主体的身份直接影响了主体与对象之间的关系,这种关系会对口语创作产生影响。从量的角度看,创作主体之间的关系会对口语创作产生影响。主客体关系呈现不同的状态,所有创作主体都需要重视主持人与受众的关系。

(一)主体与受众之间的关系体现为一种信息掌握的差异,且主体占有优势

新闻信息的价值以受众的未知为前提。陈力丹认为,"事实或状态的不确定性越大,减少不确定性的事实或信息便越具有新闻价值。"[1]除了新闻信息之外,其他信息的传播中也呈现类似的状态。无论是电视媒体还是网络媒体,其传播过程的实现都是受众选择的结果。一次口语创作能够完整地得以实现,建立在受众获取未知信息的需求之上。当然,受众对信息需求的类型和程度是有差异的,这种差异性也形成了受众判断口语创作和一档电视栏目的批评标准。主持人或评论员掌握的这种信息优势很容易通过口语创作的态度表现出一种对于受众的强势。这种现象在上个世纪的节目中是一种常态。由于媒体发展程度的制约,受众获取信息的途径是极其有限的。打开电视,可选择的频道屈指可数,播出时间有限,主持人节目更是寥寥无几。很多受众对于电视的需求还处在一个新奇的阶段,于是电视口语创作呈现出一种供不应求的局面。在这样的供需关系中,电视口语创作成为信息的垄断者。于是创作主体便产生了一种优越感,把受众当作教育宣讲的对象。宣讲语态占据电视屏幕大约20年的时间。宣讲语态与电视录像录音技术有一定的关系,录音技术的初级阶段要求口语表达以强力慢速的形式进行,以保证信息传播的清晰有效。这在客观上,也对创作主体的强势显现产生了较大影响。

就当下而言,主持人口语中的强势几乎不再通过宣讲的方式体现,这归因于传播环境的变化,以及创作主体与受众在信息方面的供需关系的

---

[1] 陈力丹:《新闻理论十讲》,复旦大学出版社2008年版,第36页。

变化。大约在 2000 年前后,电视口语传播的语态逐渐开始发生变化,宣讲语态在不同类型的节目中快速地发生改变。一方面,受众对电视媒体的新鲜感已经消失;另一方面,网络媒体的初步发展也丰富了受众获得信息的渠道。电视媒体在掌握信息方面的优势被大幅度地削弱。在网络技术高度发达的今天,几乎每个个体传播者的宣讲语态都逐渐消逝,但长期形成的优势创作习惯在一些节目中仍会经常出现。不同的是,这种优势不再通过宣讲语态显现,而是通过以用词的书面化、轻率地表达观点来延续。

在新闻口语评论的创作实践中,主体的优势在于掌握受众未知的信息,而观点本身不包含这种信息。所以新闻口语评论的关键在于论证过程,无论是源于逻辑还是经验,这种过程本身就是作为一种信息被传达,因此口语评论必须是有依据的。轻率的观点和主体个人感受的表达都与媒体掌握的公共话语权不相称,这种现象在民生新闻节目中较为常见。这主要归因于创作主体身份意识的薄弱,把主体的显现误认为是个人习惯的随意表现而完全忽视了传播规律的作用。在大众媒介的口语传播中,创作主体需要摆脱自身感性习惯的限制,通过理性规律把握口语创作实践。对创作规律的尊重就是对受众需求的重视,创作主体要避免通过臆想、盲目猜测或者自身好恶得出结论,而是根据依据科学的方法认识受众群体,这样才能使双方的关系达到平衡的状态。

(二)主体与受众之间的关系体现为一种礼貌

礼貌是人际交往中普遍的语用原则,这种原则同样适用于口语创作中主客体之间的交流。大众传播中,口语创作主要还是"一对多"的形式,于是礼貌原则主要指传播者对受众展现出的态度要规范。大众媒介中的口语创作是一种虚拟的人际交流,这就使主体在创作中会对情感态度的把握产生较大的困难。在面对面的人际交往中,交往主体间通过相互的全方位的信息交流可以自动地调整情感、态度,及时的信息反馈使礼貌的运用显得更为容易。即使交流双方没有就礼貌问题进行反思性的归纳,凭借生活常识也足以完成大部分的信息交流。然而在虚拟的人际交往中,创作主体的信息传播是单向的,至少无法获得及时的反馈信息,面对的大多是空洞的镜头。在这种情况下,情感与态度无法自动产生,于是对于礼貌原则的反思性记忆与自觉应用就显得尤为重要。

礼貌首先体现在主体与对象间的平等关系上。布朗和列文森的面子理论认为,有一些语言本质上和交际者的面子相悖,他们称其为"威胁面子的行为",如命令、建议或提议等。[①] 在大众传播口语创作中,对于主持人而言,建议和提议应是尽量避免的;对于评论员来讲,建议和提议也应是谨慎的。但是,作为掌握公共话语权的传播者,媒体具有向公众提供信息以及建议的义务,似乎对受众的行为进行指导是不可避免的。这里就涉及具体的技术问题,例如电视广告本身就是一种对消费行为的建议,但是没有商家会通过伤害消费者面子的话语来兜售自己的产品。因此,大众传播中,主体与受众平等关系的体现跟口语表达策略之间有深入的联系。得当的、有依据的建议会得到受众的认可。例如,辽宁卫视《老梁观世界》栏目,主持人的评论常常就在分析解释中展开,而且观点得到大量相关事实的支撑;在词语的使用上,主持人也能较好地把握语用的礼貌原则。

不平等关系的另一种表现是创作主体把自身定位于过分弱势的地位。语用学理论认为,敬重与礼貌有关,但二者是不同的现象。敬重是与随意对立的,它表示人们对社会地位比自己高、年龄比自己大的人的一种尊敬,而礼貌的表现方式则更多,从广义的角度来说,它就是对他人所表示的一种关照或体贴。[②] 在访谈类的口语创作中,受访者往往是社会精英、名人、官员或者舆论关注的焦点。在这种情况下,采访者经常对受访者表现出敬重的态度,在日常的人际交往中,这种态度可能很适合,但是在大众传播的环境中,这种敬重的态度恰恰违背了礼貌原则。因为在访

---

① 转引自陈融:《面子·留面子·丢面子——介绍 Brown 和 Levinson 的礼貌原则》,《外国语(上海外国语学院学报)》1986 年第 4 期,第 17 页。
② 何自然、冉永平:《语用学概论》,湖南教育出版社 2002 年版,第 145 页。

谈类的口语创作中,采访者更多的是从受众的角度展开提问,当受访者面对受众时,其社会地位的优势就被消解了。受访者一方面作为口语创作的对象,另一方面又作为主体参与到口语创作中,他的口语表达恰恰是采访者的创作任务。在采访者与受访者的对话中,信息的优势在受访者一边。在电视节目的呈现中,受访者也是受众关注的重点。电视图像中,受访者往往比记者的景别更近,就是为了凸显这种信息的优势。但是,采访过程中主客体的关系却不是单向的显现,在更多的电视访谈中,受访者是信息的掌握者,而主持人或记者只是作为受众意见的代表而与受访者展开沟通。主体身份的确定依赖于访谈的角度和提问的质量。如果访谈所涉及的问题能对较广泛的受众产生影响,同时引导受访者作出简洁形象的回应,那么主持人或记者的身份就会被受众所认同,反之亦然。例如,2009年7月20日在北京电视台《非常网络》节目中易中天对主持人进行了过度调侃。

易中天:小兄弟,我告诉你,也劝你告诉其他媒体,那些主持人和记者,以后甭问这个问题,不要以为什么事是策划出来的……第一我就不问动机,而媒体最喜欢问的就是动机,所以我觉得媒体非常弱智,老爱去问动机……

主持人:易先生,问题是这样,许多网友啊不明白,您干吗要管这样一个闲事?我还看到有评论说您是为了保持名人的热度而进行的一场名人战争。

易中天:我告诉你,我的批评三不问第一条叫做不问动机。

主持人:那你怎么评论这种说法?

易中天:拒绝回答这种愚蠢的问题。但是我也不会问说,你为什么要问这样愚蠢的问题。我也不会问这个问题……

主持人:我们也希望您给家长提点建议,比如说高考,怎么考出好成绩?

易中天:非常抱歉,我没有参加过高考。

主持人:但是您的孩子参加过。

易中天:那得问他。

主持人:作为父亲帮助孩子准备高考的时候,您做过什么工作吗?

易中天:做饭。

这段对话中,一方面主持人的提问呈现出缺乏依据、主观臆断的特征,另一方面易中天的回应显然是故意刁难。但值得注意的是,在这种情境下,现场观众却普遍对易中天表现出支持的态度。

礼貌是对受众的一种谦逊态度。礼貌原则是说话人的话语策略,也就是说,其技巧与方法是对创作主体的口语创作进行规范。在大众传播的过程中,由于信息传递的单向特征,只有主持人、出镜记者等角色才能充当说话人的角色,而受众无法及时地对口语创作进行反馈,因此,这里的谦逊指的是传播者对受众的谦逊。当然,在网络媒体中,互动性很强的"一对多、多对一"的口语模式已经开始逐步发展,主体与对象的关系也在发生变化,这一点在第二章中再进行讨论。

在人际交往中,谦逊的态度在语言行为上体现为对自身的贬损和对对象的赞誉。人际交往中的贬损与赞美经常是直接的,尤其对于东方文化而言,自我贬损、赞誉对方的方法是人们常用的一种谦逊策略,以至于其传递信息的功能变得很弱。例如这样一段对话:

甲:我看了您新发表的文章,哎呀,写得真好!

乙:哎,哪有,胡写乱写的,不成体统。

甲:胡写乱写就能写这么好,教教我呀。

乙:哎呀,呵呵呵呵……

类似的对话在我们的日常交际中随处可见。可以看到,乙的自我贬损完全是出于谦逊,他实际上并不认为自己是"胡写乱写"。而当甲把谦逊之词当作事实信息读取时,就有了"胡写乱写就能写这么好,教教我呀"这样的问题,而乙此时只能通过敷衍结束对话了,因为双方对同样的信息

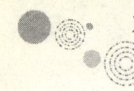

产生了不同的理解。这种自我贬损的谦虚策略不适用于大众传播的模式。因为人际交往中,自我贬损的方法更多是一种被动的、被激发的反应性行为。也就是说,自我贬损通常是在被赞誉的情况下采取的一种反应。而在大众传播中,口语创作主体始终掌握着话语的主动权,口语创作主体的谦逊态度是对受众的一种尊重。尊重必须基于与受众之间建立起来的人际交往基础之上。当然,这里的人际交往是虚拟的,是对现实人际交往的一种借鉴。对受众的尊重基于对受众的了解,例如受众群体的年龄层次、心理需求、文化程度等。对这些受众信息的掌握是尊重的体现,也是礼貌的前提条件。

在大众传播口语创作中,主体和对象之间的交流总是以事实信息为基础的,没有事实信息的情感与态度信息没有传播的价值。

(三)不同创作主体间有时显现为对抗关系

在具体的实践中,部分访谈节目体现出与前述不同的主客体关系。这些访谈的受访者往往处在一种舆论危机之中,受到受众的普遍关注并且被舆论否定,他们在访谈中处于相对弱势的地位,这主要是因为新闻报道或者评论的倾向性给予了记者或主持人舆论优势。即便如此,有些被访对象也能表现出较为有力的反击。例如,2011年的《看见——柴静专访李阳》中,李阳在访谈中的理性表达与柴静访问的情感策略形成激烈的对抗,这种对抗是势均力敌的,甚至前者是占有优势的。在广播电视口语创作中,主体之间、主客体之间都在寻求一种关系的平衡,这种平衡不是天然的,是主体创作意图在实践中的显现。

对于多位主持人合作的节目而言,主体之间的关系把握是创作问题的核心。这种类型的口语创作通常以对话的形式展开,较之单一主持人的单向传播和访谈的问答形式,这种对话交流更具有口语文化[①]的特征。由于

[①] 口语文化的概念由美国学者沃尔特·翁提出,口语文化分为原生口语文化,指浑然不知文字为何物的文化;次生口语文化,指广播、电视等现代传播手段中的文化。

每个口语创作主体在形式上都不以受众为直接对象,于是礼貌原则的问题就被淡化了。其关系重心转移到了不同创作主体之间,并以对抗的形式显现。这种"对抗"优势体现为观点的交锋,有时体现为意见交流,通过冲突的结构增强信息传播的趣味性。

1. 论辩式的对抗关系

"深受书面文化濡染的人觉得,即使并非全部,至少许多口语文化和有口语文化遗存的文化都具有超常的对抗性,在言语表现上是这样,在生活方式上也是这样。"①口语在公共生活领域中的应用自古以来就带有强烈的对抗色彩,具体以论辩的形式展现出来。西方文化中,论辩是一门古老的技术,《柏拉图对话录》就经常以论辩的形式记载思想;在我国古代文化中,"舌战"更是古代文人一项重要的技能。口语传达信息的直接性与同时性,直接对交流双方的对抗关系产生决定性影响。甚至许多书面文化必须通过口语形式的传播才能展现其现实意义,例如我国古代文人舌战中的引经据典,并在交流中以口语的形式展现,达到劝诫、说服、恫吓等目的。通过文字记载的论辩名篇通常以抽象概念或者规律的解释说明为主题,如苏格拉底讨论"美"、庄子讨论"鱼之乐"。在人际交往中,针对事实信息的论辩在文字作品中保留较少,这是因为对抗的文本形式在传递事实信息的功能上效率较低,尤其是对于文字而言。而在现代大众媒介中,这种对抗的形式和口语结合起来,效率低下的问题得以缓解,同时强化了冲突,提升了趣味性。于是,在很多新闻节目的访谈中,对抗成为一种常见的关系样式。

例如 2011 年《看见——柴静专访李阳》:

柴静:她最不能忍受的是,你对外公开说你不爱她。

李阳:对,当时说我跟她在一起,是为了做家庭教育实验。

柴静:那小孩儿会觉得我只是一个实验品。

---

① 〔美〕沃尔特·翁:《口语文化与书面文化——语词的技术化》,何道宽译,北京大学出版社 2008 年版,第 33 页。

李阳:(切换)挺好啊。有好的实验品和不好的实验品。如果我们把她实验得很好……

柴静:那是一个生命啊。

李阳:生命也是实验品,小白鼠不是拿来做实验的吗?

柴静:但是她们最大的才18岁,她听到这个说法之后,她会觉得原来我的爸爸是为了很功利的目的才要我。

李阳:应该说我爸爸是为了中国家庭教育事业要了我们,也可以换个角度出发。

(场景转换,柴静采访李阳妻子Kim)

柴静:他说这么多年,你最介意的就是他说的这句话。

Kim:我真的不要听你说那个。小孩听了他们感觉什么意思。我爸妈没有爱的,肯定不行。我知道他很喜欢疯狂的,疯狂是疯狂,人是人。人是有感觉的。

访谈中采访者与受访者共同作为口语创作的主体显现在受众面前,柴静与李阳之间的对抗关系是非常明显的。这个案例中,对抗的关键也不是事实信息,而是观念和态度信息。双方没有针对"家暴"事件展开争论,而是针对李阳对待家庭的态度进行潜在的论辩。仅从这个段落看,双方的争论可以说是没有结果的,整个过程显现为情感与逻辑的对抗,受众自己会作出自己的判断。访谈中快速地剪辑切换表现出李阳非常急迫地回应柴静的问题,这在一定程度上强化了对抗的程度。这种对抗恰恰提升了访谈的吸引力。同时,对Kim的采访则显现为和谐的关系,于是,对抗又体现在两个受访者之间——尽管他们没有直接辩论,但这种剪辑的方法却体现了对抗关系,实现了创作主体的意图。

2. 戏剧化的对抗关系

大众传播环境中,传播主体的类型很大程度上决定了其关系的显现。电视媒体中,新闻主播和主持人(尤其是脱口秀或者娱乐节目主持人)是完全不同的类型,在英语中二者是两个完全不同的词语"anchor"与"host",具有截然不同的含义。新闻主播或者新闻评论员的口语创作以传达事实信息与观点信息为主要任务,而脱口秀或者娱乐节目主持人的口语创作则以传达情感性的信息为主要目的。这就决定了前者强调客观准确,后者强调戏剧冲突。于是体现主体间冲突的对抗关系经常在娱乐节目中出现。这种对抗关系是表演性质的,是戏剧化的。就像舞台上相声演员的对抗关系的目的在于戏剧效果一样,娱乐节目主持人之间的对抗也是一种表演。这种表演以娱乐为目的,在主体间显现为一主一从的关系,通过对抗的形式完成一致的目标。

美国学者埃德蒙·伯格勒认为,每一句妙语和滑稽的背后都具有这样的要素:"建构一个虚假的牺牲品作为佯攻的目标。当外在的虚假牺牲品形成之后,个体就掩饰了自己的受虐狂倾向:'那个家伙'才是荒谬可笑和具有受虐倾向的。"[1]这里不讨论娱乐基于怎样的心理机制,但从娱乐节目的口语创作实践中我们很容易发现埃德蒙所说的"虚假的牺牲品"。相声表演中的捧哏演员通常是被挖苦、奚落的对象;评书故事中总有一个猥琐可笑的角色,被称作"书筋";各种电视娱乐节目中总有一个主持人充当这个被认为是具有"受虐倾向"的人。这些虚假的牺牲品需要通过对抗的关系才能得到显现,因为过多地自我贬损会让人觉得鄙俗和厌恶。于是,在娱乐节目的口语创作中,一种对抗的主体间的关系就普遍存在了。

第二节 口语创作与传播媒介

麦克卢汉认为,"任何媒介的内容都是另一种媒介。文字的内容是言语,正如文字是印刷的内容,印刷又是电报的内容一样。"[2]在通过口语进行的人际交流中,口语是以声音为媒介的。口语和声音之间是实体和属

---

[1] 〔美〕埃德蒙·伯格勒:《笑与幽默感》,马门俊杰译,中国人民大学出版社2011年版,第297页。
[2] 〔加〕马歇尔·麦克卢汉:《理解媒介:论人的延伸》,何道宽译,商务印书馆2000年版,第34页。

 大众媒介口语创作

性的关系,二者不可分离。而在大众传播中,声音是言语的媒介,同时传播工具又是声音的媒介。在现代大众传播环境中,广播、电视、网络等媒介都是口语声音的媒介。与声音媒介和口语的不可分关系不同,口语在各种媒介中显现出不同的特征。本章主要讨论大众传播工具作为口语媒介与口语创作之间的关系,及其对口语创作产生的影响。

现代大众传播形式对口语的依赖程度呈现出巨大的差异,这主要是因为不同传播工具在信息载体上呈现出较大的差异。对于广播媒体来讲,声音是其唯一的信息载体,口语又是广播中所有声音形式中最重要的手段;对于电视媒体而言,信息传播的很多任务被电视图像承担,这时口语的任务更加明确,也更能体现口语传播的长处;对于网络媒体而言,广播电视媒体中的载体限制消失了,文字、声音、图像都是网络媒体可用的信息载体,于是口语创作的特点需要得到进一步的彰显,才能争取自身的生存空间。在这个信息载体逐渐丰富的媒介环境中,口语在更激烈的生存环境中逐步彰显其自身的传播优势,其功能也在向更专业化的方向发展。

一、广播媒介与口语创作

声音是广播的唯一手段,广播中有信息价值的声音通常由人声、音乐和音效组成。其中,音乐主要传达模糊的情感信息,音效主要作为事实信息的辅助手段而存在。准确的、现实性的信息传达只能依靠人声来实现,这里的人声自然指广播中的口语。在日常生活中,人们通过综合的感官来认识世界,其中最重要的就是视觉信息,视觉信息具有丰富的内容,能有效地反映空间信息,例如人们总是能从电视上一眼认出自己生活的城市的景色;视觉能迅速地反映情感信息,例如人们总是能通过表情判断他人具有何种情绪;视觉能准确地传达抽象思维信息,例如人们需要通过书本学习各种知识。而在广播中,这个主要的认知渠道被关闭了,这些任务都需要口语来承担,然而这些任务并非都是口语所擅长的。

(一)广播口语通过选择性描述传达空间信息

空间信息的构成是多层面的。宏观来看,空间信息交代位置、环境;微观来看,空间信息体现细节、动作。这些对于视觉来讲,可以通过运动图像高效地实现。而在广播中,对空间信息的描述就相对复杂。

图像反映的空间信息是直观的、综合的。格式塔心理学家阿恩海姆认为,"视知觉不可能是一种从个别到一般的活动过程,相反视知觉从一开始把握的材料,就是事物的粗略结构特征。"① 也就是说,视觉对世界的把握是整体性的,是综合的。一个电视镜头就可以交代新闻事件发生的时空环境、人物的基本情况,甚至可以交代事件发生的具体经过。受众对这些信息的接受在视听直观中完成,对信息的认知也是综合性的。电视通过图像和声音共同呈现场景与事件,这个过程中,图像反映的是整体性的信息,至多通过剪辑手段来引导受众。而对于口语来讲,对信息的描述必须选择一个角度,这个角度可能是整体,也可能是细节;必须按照一个顺序进行,这个顺序可以是客观空间,也可以是主体经验。于是口语对空间信息的交代一定是分析性的。这种分析是口语创作主体对空间信息认知的方式。例如,我们经常在交通广播中听到的路况信息其实就是复杂空间信息的构成,路况中含有两种空间信息——位置和容量,就是告诉大家哪里拥堵,哪里顺畅。这时口语就具有两个方面的任务:一是告知位置,这对于口语来讲比较简单,因为对于一个较大的空间范围来讲人们通过简化的几何线条与图形进行记忆,口语的抽象概括优势能得以体现;二是描述拥堵程度,这时口语就遇到了一定的困难,因为拥堵是细节性的形象信息,在这个问题上一图胜千言。在广播口语实践中,拥堵程度往往使用"大约等几个红灯""需要等待多长时间"等时间性的信息代替。这种代替体现了口语在描述细节空间上的低效与无力。值得注意的是,这种时

---

① 〔美〕鲁道夫·阿恩海姆:《艺术与视知觉》,滕守尧、朱疆源译,四川人民出版社1998年版,第53页。

间信息对空间信息的替代并不具有普遍性。在路况信息播报中,信息的传播有着很明确的目的,就是走哪里?我要等多久?这种目的性可以通过时间信息作出判断,于是这种时空替代就显得非常有效。而在其他没有明确功利性目的的空间信息中,如描述一次庙会的热闹场景,空间信息的价值在于其自身,这种时空替代就没有作用了。视觉构成的空间信息比较复杂,一方面信息量的繁杂使广播口语没有足够的时间进行全面描述,另一方面口语的瞬时性决定了受众无法通过听觉记忆繁杂的信息。于是,广播口语的描述从根本上来讲具有选择性。

(二)广播口语通过语气传达情态信息

语气作为口语的直观形式在传达情态信息方面是有优势的。所谓情态信息,是指情绪和态度层面的信息。情绪是内在体验,态度是外部显现。在口语创作过程中,情态信息的传达是一个从体验到显现,把情绪转化为态度的过程。在日常生活中,人们的情绪体验到态度显现是一个完全自动的过程,这个情绪作用于人的身体,通过表情语气显现出来。因此,语气这种直观形式在情态传达方面具有一定的优势。但是,人们对语气的认知通常是与表情识别同时进行的,通过视和听两个途径把握情态信息往往更为准确。人们通过对情绪的识别、对语境的把握来进行日常交流。情态信息体现人们交流的一种目的性。现代语言学的研究认为,"人对语言、知识和现实的理解,不再可能以语言作为思维工具的传统方式进行了。"[1]语言不再仅仅被认为是记载信息的工具,其意义在具体的使用中逐渐展开。口语恰恰是最能体现语言使用价值的方式。情态信息的传达也在这个意义上具有非常重要的作用。但是,在广播媒介中,通过视觉传达的环境信息消失了,所有情态信息传达的功能都要通过口语的声音形象来实现,这就要求广播口语创作要具有塑造语境的作用。例如

---

[1] 张意:《文化与符号权力:布尔迪厄的文化社会学导论》,中国社会科学出版社2005年版,第90页。

大部分广播节目中的脱口秀节目都由多个主持人以对话的形式完成,主持人通过强烈的语气、夸张的口吻来塑造欢乐的气氛。这时的听众即使对口语内容不感兴趣,也往往会被主持人强烈的情绪表现所感染。在娱乐节目中,听众需要的或是被快乐的情绪感染,或是获取一种虚拟的优越感,当下的娱乐广播往往各取所需、乐此不疲。

(三)广播口语几乎无法传达抽象思维信息

电视口语几乎面临同样的境遇,这主要是由广播电视口语瞬时性的技术特征所决定的。"和大脑一样,每种技术都有自己的内在偏向。在它的物质外壳下,常常要表现出要派何种用场的倾向。"[1]尼尔·波兹曼在其作品中强调电视技术的娱乐特征,这种特征与广播电视口语的瞬时性特征密切相关。在广播口语创作中,信息的传播是单向的、瞬时的,于是,传播主体与对象之间没有反复交流的可能,接受者也没有对信息反复回顾的可能。文字阅读过程本身就是一个思维的过程,是一个抽象信息与形象信息相互转换的过程。我们可以通过"理解"这个词的意义来明确其意义,通常来讲,人们说"我理解了这个故事",其意义是这个人明白了故事所体现的一般性规律,这是一个从经验事实到抽象思维的转换;而当人们说"我终于理解了这个道理",其意义往往是这个人的经历形成了对"这个道理"的经验证明。我们知道,故事与道理中所含的信息量是不同的。故事包含了更多的时空、冲突、人物形象等信息;而道理则是抽象的概念与判断。因此在理解的过程中,对"形象与故事"的理解是对信息的简化,是一种高效率的思维方式;而对"道理与规律"的理解是对信息的增加,是一种低效率的思维方式。因此,后者需要更多的时间。文字阅读的过程,速度是可控的,读者可以调整自己的阅读速度来配合思维的速度。而在广播电视中,瞬时的技术特征使很多受众无法进行慢速的思维,于是理解也就无法完全实现了。

---

[1] 〔美〕尼尔·波兹曼:《娱乐至死》,章艳译,广西师范大学出版社2004年版,第111页。

二、电视媒介与口语创作

在电视媒介视听手段中,口语功能进一步被细化。广播口语的部分技术特征在电视媒介中依然存在,因此其功能性部分是重合的。但是在电视媒介中,图像成为传播信息的最主要手段,同时文字可以通过字幕的方式进行视觉显现,因此描述功能就归于图像了。电视媒体声画结合的综合手段使图像和声音在信息传播上有了具体的分工。这种分工使信息传播工作更加高效,同时也大大丰富了可传达信息的内容。例如细致的视觉空间信息可以通过图像传达,抽象思维信息可以通过口语配合字幕的方式传达。于是电视口语的任务变得更加细致了。

(一)电视口语是整体的直观形式

电视口语以听觉的直观形式传达有关事实与情态的信息。由于电视媒介形式的特征,口语一方面与电视图像具有不同的功能,另一方面也区别于文字语言的组织构成。声音是时间经验,与空间经验相比,其存在深度层面的内在优势。康德认为:"时间不是什么推论性的,或如人们所说普遍性的概念,而是感性直观的纯形式。"[1]受众对电视口语的经验是纯时间性的,是自身感性直观活动的一种内部状态。这种状态首先是对信息的外部刺激的反应,而后又可以引申为一种反思的形式,因为语言与思维实际上是同一个过程。从实践的角度来讲,电视口语又具有整体性叙事的功能。电视媒介中,观念的传播、对事实信息的反思都需要通过口语形式来完成。事实信息本身具有复杂性,对事实信息的传播具有更复杂的多样性。事实信息的传播是一个信息选择的过程,其中那些具有概括性、代表性的信息被着重表达。在这个过程中,电视图像承担了表现细节、暗示情绪的作用,而口语则侧重于整体性的叙事。

---

[1] 〔德〕康德:《纯粹理性批判》,邓晓芒译,人民出版社2004年版,第35页。

口语是信息中量的直观。即语言信息中的量,以口语直观的形式得以显现。这种"量"不是语言内容的量,而是形式的量,具体体现在较大的数量信息、具有一般性的抽象概念、具有全体性的概括性叙事等方面。电视新闻通过视听综合手段传播信息,一方面图像把具体形象的信息通过视觉直观高效地展示出来,不必再进行描述性的叙事;另一方面,较大的数量信息、抽象概念等整体性的信息又无法通过图像传达,于是对整体性信息的交代就要由口语来完成。例如,2013年12月8日播出的《焦点访谈·多地遭遇持续雾霾》节目中的解说词:

安徽也是此次雾霾袭击的重灾区,昨日71个市县发布雾霾预警,全省仅4个县幸免。桐城局部地区能见度甚至不超过10米。

"71个市县"作为较大的数量信息无法通过图像传达。同时,"不超过10米"这个描述雾霾程度的数量概念,较之雾霾图像,更能准确地反映现实,也更容易被受众所理解。例如,2013年8月23日播出的《新闻直播间》栏目中对比特币的报道:

今年3月,美国财政部金融犯罪执法网络发布《虚拟货币个人管理条例》,明确比特币相关业务应遵守美国相关法律。本月8号,美国得克萨斯州东区联邦法官正式承认比特币作为货币,……今年7月30号,泰国中央银行就举起了大棒封杀比特币的流通交易。买卖比特币以及通过比特币购买任何产品或服务都受到禁止。此外,向泰国境外发送,……本月14号,印度央行就表示,暂不管制比特币。

上述报道涉及大约半年时间内多个国家的有关比特币的政策。这段报道在体现有声语言传播整体性信息的特征方面具有代表性。一方面内容具有很强的概括性,所报道内容在时间与空间上都具有较大的跨度;另一方面政策性的内容都是高度抽象的信息,只有通过有声语言才能准确表达。

口语是对电视新闻事实内在联系的直观表达，也是对电视新闻深度报道的直观解释。深度报道实质上是对新闻信息的拓展和延伸，其拓展和延伸集中体现在对新闻事物的事实判断和价值判断上。新闻报道的深度体现为事件之间的内在联系，这种联系通常包含因果、条件等等，对这些关系的认知是受众形成判断的内在依据。这种联系可以通过受众的反思获取。对于电视新闻而言，有声语言使受众获得对事件内在联系的直接认识。因为，这种直观的表达符合电视媒介的技术特征，符合电视新闻在效率上的要求。"一般来说，一个解释是这样一种说明，其中一种事物被说明成与另一种事物的关系。"[①]于是在电视新闻中，内在联系以解释、说明的口语形态得到体现。例如，2013年5月3日播出的《经济半小时》节目中的解说词：

> 就在上个月加拿大艾伯特省的居民特勒莫尔准备出售一栋独立屋，这笔买卖瞬间就成为各大媒体的一个焦点，因为它的附带条件是：如果买家选择用比特币付款的话，那么他就愿意给折扣。那一幕就让我们联想到在17世纪郁金香泡沫盛行的时候，一个郁金香球茎的价格也可以被炒到换一栋房子。那么今年年初比特币还是徘徊在20美元左右，但是到了4月份，它就突然飙升到了200美元以上，整整是涨了10倍。那么这个离谱的涨势就让比特币成为世界各国投资者眼中的一个猎物，而不少中国人也成了第一批吃螃蟹的人，我们来认识一下他们。

上述报道解释说明了比特币被人们关注和炒作的过程。其中出售房屋的事件和郁金香泡沫的事件被用来进行类比，其用意在于说明比特币上涨现象不过是一场"比特币泡沫"。这些内在含义，一方面通过概括性叙事传达事件信息，另一方面通过"这一幕就让我们联想到""整整10倍""离谱的涨势""吃螃蟹的人"等一系列口语的形式得到强化。在电视中，

---

① 〔美〕莱斯特·恩布里：《现象学入门》，靳希平、水轼译，北京大学出版社2007版，第54页。

这些内容都无法通过图像或其他形式来高效地传播。

口语是情感与态度的直观。前面提到广播口语具有传播情态信息的功能,在电视媒介中这种功能得到延续。广播口语传达的情态信息主要是传播主体个性化的情态信息,而在电视媒介中这种情态信息的范围扩大到了事实信息的内部。尤其在电视新闻报道与评论中,情态信息的传递对口语具有依赖性。情感与态度都是整体性的信息,情感是内在的,对情感的感知是反思性的,态度可以看作是情感的对象化。情感与态度的表现是不可或缺的。一方面,电视新闻要求表现对新闻事件中与普世价值一致的情感,只有这样才能获得受众的基本认同;另一方面,情感本身就可以成为新闻报道的内容。对于新闻评论来讲,态度的表达则是基本的构成要素。于是电视口语的优势在这个层面又一次得到体现。口语通过语气的变化体现情感态度的不同,这一优势是电视图像与字幕都不具备的。口语具有文字表达抽象概念的能力,这就给评论性话语提供了表达的方式;同时口语的形象性也有助于受众对情感态度进行准确把握。例如,2013年12月7日播出的《新闻调查——被遗弃的人生》节目中报道了"南京饿死女童案":

> 21年前这个孩子在出生的时候并不是一个坏人,怎么21年就变成了这样一个不负责任的人。坦率地讲,辩护人很不理解,乐燕怎么会这样的?本案怎么会这样的?但是我在知道了她的经历之后,我变得逐渐可以理解了。它有原因。

上述话语是庭审现场再现中辩护人的辩词。在电视报道中,通过口语的形式展现,辩护人复杂的情绪在声音中得到体现。于是,观众从新闻事件中而产生的愤怒情绪得到了缓解,转向对事件背景的关注与思考。2013年10月24日,《新闻1+1·"打不倒"的胡万林》节目报道了骗子胡万林再次入狱。主持人在评论中说道:

> 这几天一看新闻才知道,他不仅在2011年提前出狱,而且再次走上了非法行医的道路,并再次把人给治死了,而且又被抓

起来了。这个我们身边的"不倒翁"为什么能一次又一次地不倒呢?

这里重点表达的是对胡万林的态度、对监管者的态度甚至是对受害者的态度。这些态度综合地内化为气愤、费解等情绪,然后主持人用严肃的、质问的语气完成了上述有声语言的创作。这在一定程度上引导了受众的态度。

(二)电视口语是观念的直观形式

如果说整体性是电视口语在叙事与情态方面的特征,那么观念的直观形式则主要体现了其在评论方面的功能。评论是电视口语的重要表现形式,是评论性节目的核心手段。由于电视媒介的技术特性,口语的评论形式与纸媒文字的评论形式在风格上有较大差异,其特征体现在直接性与形象化两个方面。

电视口语评论具有直接性的特征。这里的直接性指的是推理过程的缺失,也就是说,在电视口语评论中,论证是以经验判断为主的。论证的逻辑过程在电视新闻报道中是被遮蔽的,其论据往往是具体的信息事实。这是因为,口语的线性特征决定其评论必须在最短的时间内作出有力的论证,而只有直观的经验事实才能满足这种时间上的需求。于是电视评论的整体结构经常简化为"经验事实——直接论断"的形式。

在节目详细报道之后,创作主体首先做简洁的事实概述,紧跟其后的评论性话语的直接性特征也表现出来,"告诉我们""只有……才……""千万不能"这些词汇的使用都体现了评论断言的性质。这种断言的方式,把节目想传达的观念以直接的方式体现出来,对于电视媒体来讲,其传播效果是优于分析性反思的。在电视新闻评论的实践中,有些节目试图通过更严谨的逻辑分析来说服受众。例如,前些年的《南京零距离》中的《孟非读报》、辽宁卫视的《老梁观世界》等。这些节目相对而言更注重论证过程,但其评论话语的核心依然是经验性的。同时,这种形式也对有声语言的创作提出了更高的要求——形象化。

电视口语评论的语言体现出形象化的特征。注重分析的话语是一个代替或者引导受众思考的过程,这个过程不是直观的。于是在传播过程中就更可能与观众的思维过程产生分歧。而断言则不然,断言仅仅表述一个论断,这个论断可能是通过不同的思维过程得到的。于是对于电视新闻评论而言,分析是具有风险的。这种风险一方面源自受众不能快速认知评论信息,另一方面来自于思维的分歧。因此,在分析性话语中更需要形象与情景的介入。"口语文化往往把概念放进情景的、可操作性的框架里,这些框架只有最低限度的抽象性,就是说它们贴近活生生的现实世界。"[①]沃尔特·翁认为情景是口语文化的本质特征之一。广播电视作为口语文化的载体,其有声语言创作也是情景的,是形象化的。例如,2013年3月1日播出的《老梁观世界·再一次"坑爹"》节目中的评论:

……明星都想借助自己的影响力把自己的儿子也捧成明星,因为你成了明星又有名又有利,星光大道啊那是。

……这孩子真走向社会的时候,谁惯着他呀?一碰壁,这孩子自己知道,我没有在家里头那么横,我也就窝里横。到了外头是龙得趴着,是虎得卧着。我得守规矩,人心似铁,官法如炉。他能够得到社会的纠正……

主持人在评论中使用了大量的俗语、套话,这些都是构成情景的形象化手段。观念本身属于思维的范畴,但是语言在历史的积淀中总能形成一些固定的套语模式,这些模式由情景构成,并传达某种观念。如上述"人心似铁,官法如炉"这种俗语就把观念用直观的形式表达了出来,而且更具说服力,起到了与断言相似的作用。

---

① 〔美〕沃尔特·翁:《口语文化与书面文化——语词的技术化》,何道宽译,北京大学出版社2008年版,第37页。

三、网络媒介与口语表达

在网络媒介的语言环境中,口语传播出现了新的特征。这些特征与媒介手段和受众构成有着密切的联系。网络媒介的手段是综合的,文字、图像、声音都是网络媒介中的信息传递载体。这些不同的载体分担了信息传播任务,也促成了信息的类型化发展。也就是说,由于形式的多元,信息内容可以选择最适合的方式进行传播,信息传播的目的也就能得到最大程度的实现。同时,各种信息传播手段之间也进行了融合,相互之间的渗透和影响使各种传播手段都显现出了新的特征。广播电视媒介中的口语与生活中的原生口语具有较大的区别,从某种角度讲,广播电视口语具有一些书面语的特征,例如规范性、概括性等。在网络媒介中,口语一方面具有向原生口语回归的趋势,同时也有相对规范化的表现。在很大程度上,网络中的文字表达由于受到口语的影响,显现了许多口语的特征。在网络媒介中,各种信息传播手段的多元造成了融合,融合又促使表达更加专业化。

同时,网络受众的构成与广播电视媒体有较大的差异,总的来说网络的受众构成体现出一种群体化的特征。受众的构成直接决定了受众的接受特征,从而反作用于信息传播方式和传播主体。口语创作自然受到受众构成的影响。大多数的信息传播都是双向的,网络媒介的这种双向性特征则更为明显,于是受众的构成对传播手段的影响也就更加明显。传播学理论认为,"参与者形成传播关系时受到某种契约的约束"。① 在大众传播媒介中,这种契约在一定程度上体现为满足受众需求的方式。这种方式随着受众构成的改变而不断调整,而传播手段又在很大程度上影响着受众的构成。媒介和受众在这个作用与反作用不断反复的过程中逐渐发展变化。口语创作与网络受众之间就存在着这样的关系。

---

① 〔美〕威尔伯·施拉姆:《传播学概论》,何道宽译,中国人民大学出版社2010年版,第47页。

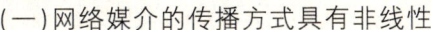

(一)网络媒介的传播方式具有非线性

网络媒介的信息传播是非线性的。这使口语创作摆脱了广播电视媒体的时间限制,受众对口语信息的接受不再仅仅是同时性的,还能在相继的时间中展开。口语创作在广播电视中占据的时间资源在网络中被转化为空间资源,这使收看网络节目更类似于读书,受众拥有了更为自主的选择权。在这种条件下,对口语创作的时间限制也就降低了。以相声艺术在网络媒介中的复苏为例,2005年前后,郭德纲的相声成为人们关注的热点。郭德纲相声是对传统相声的复兴与改造,其有别于其他相声的重要一点就是相声段子的长度。传统相声中的很多作品都在半个小时以上,为了适应广播电视媒体的技术特征,新的相声创作都在10分钟以内,这在形式上限制了相声的发展,是相声衰落的原因之一。而网络媒介使相声这种口语艺术能以网络空间的形式存在,打破了时间限制,这使得相声重新受到受众的喜爱。网络中的口语创作有多种类型,大多从广播电视节目类型发展而来,但在时间上逐渐向两端发展,或是成为近一个小时的节目形式以传播充足细致的信息,或是成为高效的几分钟的节目形式以节奏与趣味性吸引受众。这些变化都是由时间限制的消失带来的。

(二)网络媒介的受众具有群体性

与广播电视相比,网络媒介的受众具有主动性、目的性、群体性。其中,群体性作为受众特征与表达方式的综合结果而存在。即使在100多个大同小异的频道之间不停地选择,广播电视中的信息接收也是被动的。网络受众的选择则具有较强的主动性。在这种主动性中,目的性就自然地凸显了出来。正是这种目的性使网络受众具有了群体性的特征,使网络传播在口语创作上更倾向于接近组织传播的需求。"在某些既定条件下,并且只有在这些条件下,一群人会表现出一些新的特点,它非常不同于组成这一群体的个人所具有的特点。"①勒庞认为群体并不是聚集在一起的人,而这里说到的条件恰恰是网络受众在接收信息时表现出的目的性。人们通常三三两两地一起看电视,而在参与网络的信息互动时则多数情况下是独自一人。广播电视的传播在受众上仍具有量的优势。但是,主动性和目的性使数量巨大的个人共同成为接收信息的对象。勒庞认为,"自觉的个性的消失,以及感情和思想转向不同的方向,是就要变成组织化群体的人所表现出的首要特征。"②每一次网络热点事件中人们所表现出的在情感与态度上的高度一致性,都在反复印证勒庞的判断。通常来讲,重大的事件、狂暴的情感更容易促成群体的形成。但是网络传播中高度互动的技术特点,使形成群体的难度大幅下降。重大事件和狂暴情感之余,具有表征功能的细节或引人感动、忧虑、气愤的各种情感能轻易地促成群体的形成。网络受众的这种群体特征对网络中的口语创作产生了影响,要求其必须适应受众的情绪和心理特征,这样信息传播的目的才能得以实现。网络信息比广播电视媒体中的信息更加繁杂,一方面其数量众多,另一方面信息涉及的范围极为广泛。大众传播中的主体和受众相互融合,这要求口语创作者需要从整体上掌控受众的群体性特征。

结构功能主义认为,"行动必须具有'目的',即该行动的过程指向未来的事态。"③网络受众的另一个明显特征就是能简洁而迅速地采取行动,对所接受的信息进行反馈,同时成为信息传播的主体。网络传播环境中的言论,尤其是意见性的言论往往都非常明确地指向未来的事态。这些言论一方面表达了受众的情绪,另一方面通常也非理性地影响了事态的发展。例如,"民意"影响司法审判,"网络反腐"体现出不同凡响的效率。在这种具有强烈目的性的群体言语行动中,受众的群体性情绪是一种不可控的条件,而修辞却是一种可控的手段。于是这里主要考察两个问题:受众的群体性情绪的特点是什么?在这种条件下应该采取什么样

---

①② 〔法〕古斯塔夫·勒庞:《乌合之众》,冯克利译,中央编译出版社 2005 年版,第 11~12 页。
③ 〔美〕T. 帕森斯:《社会行动的结构》,夏翼南、彭刚、张明德译,译林出版社 2003 年版,第 49 页。

的修辞策略？

(三) 网络受众容易被简单直观的意见与夸张的情绪所影响

当网络作为一种获取新闻信息或情感交流工具的时候，其与电视一样的娱乐性技术特点就得到了夸大，信息的简单、直接、娱乐的特点也得到了强化。网络受众在匿名身份的掩护下，在迫切寻求认同心理的驱使下迅速地形成了一个群体。这个群体因为一个简洁而易于理解、经过放大和夸张的观念或情感而形成。勒庞认为群体只会被单纯的道德和极端的情感所打动。虽然这个论断并不完全符合网络传播的经验，但为分析网络意见的形成指明了一个方向。

寻求认可是网络受众的普遍心理。人们通过自我认可获得幸福感，而自我认可在很大程度上要通过他人的认可来实现。对资源的占有成为现实生活中获得他人认可的重要途径。网络虚拟资源巨大而丰富，这和现实社会有限的社会资源形成了巨大反差。于是在现实生活中无法满足的幸福感在网络虚拟空间中得到延伸。虚拟的金钱宝藏、名誉地位，被压抑的性欲和暴力，即将放弃的理想等等都在网络传播中被释放出来。人们为了一个共同的、或真或幻的价值目标自由结合、互相认可。这个价值目标经常由某种意见或者情绪所表征。同时，这种意见或情绪形成的过程并不简单。不同的人在对世界进行解释时所使用的范畴都可能是不同的，但在以互相认可为目的的言语行动中，相异的内容会不断地被淘汰。于是，每个个体参与者的意见都被简单化，最终形成一个简洁而夸张的意见或情绪。因此，在网络上有些模糊的意见和情绪也能成为群体形成的原因，这一点在下文另行讨论。一旦一个有效的意见或情绪形成，该群体在量上的增长速度将是惊人的。因为，更多寻求认同的人会加入到这个现有的群体中，省去了很多求同去异的烦琐过程。"一旦我们发现某个人或者某个群体在某个方面具有吸引力和感染力，我们就倾向于接收来自这个人或这个群体的影响。……这样做，仅仅是为了与某个个人或群体

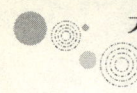

相像。"①这种从众现象在网络传播中很容易发生。网络受众的情绪容易被简单直观的意见与夸张的情绪所影响。

(四)偏见更容易成为网络群体性意见

E.阿伦森这样定义偏见:"人们依据有错误的和不全面的信息概括而来的,针对某个特定群体的敌对的或负向的态度。"②同时阿伦森指出,偏见可以是正向的态度。从该定义中可以看出,偏见的形成在客观上来自错误的和不全面的信息。网络传播中的信息在较大程度上满足了上述要求。更多的网络热点事件的信息是不全面的。一方面,事件往往没有被调查清楚就已经成为热点;另一方面,媒体会夸张事件中具有强烈冲突的信息。从这样的信息出发,加上力求简化观点的判断主体,形成偏见就顺理成章了。当然,偏见未必一定就是错误的结论,但其成为错误结论的可能性很高。同时,常识为网络传播中意见的形成提供方法。与理性相比,常识作为一种直观的方法参与人们的决策与判断。在社会生活领域,常识往往是某种价值或者信念的内化,它成为人们自身价值体系的一部分,十分不容易改变。于是在上述求同去异的网络意见形成的过程中,常识具有顽强的生命力,最终决定了意见的形成。另外,常识往往简单并且直观,易于理解,容易达成统一,这些都利于在具有群体特征的网络受众中发挥作用。与之相比,通过理性形成意见则过于复杂。如,要求全面准确的信息、正确的逻辑推理,甚至要有多元的价值观。在理性思维的作用下,几乎无法达成统一的意见,尤其是在数量巨大的群体中。

(五)在"网络传播"环境的基础上,网络口语形成了独特的修辞特征

总体来说,网络是较为直观的传播环境。在这样的传播环境中,没有什么比修辞更能有效地表达所要表达的内容。网络言论所体现出的修辞特征呈现出多样性。一方面要求观点的表达直接简单,另一方面又要包

---

①② 〔美〕E.阿伦森:《社会性动物》,邢占军译,华东师范大学出版社2001年版,第26页。

括多种含义。一方面要排斥因果解释与逻辑推理，另一方面又需要形成一定的逻辑。

断言与重复。断言指"十分肯定地说"，通常用"一定、就是、必须"等情态助词加以强化。除了"肯定"之外，断言还具有"直观判断"与"主观性强"的内涵。断言的目的是"相信"，而不是"理解"。强烈的语气可以掩盖事实与评论之间的逻辑联系，即使这种语气只体现在文本中。断言的形式本身就是对情感、态度的一种强化。在网络传播中，一种被强化的情绪总能引起足够的附和。断言能使行动主体产生一种权威感，同时能引起持相似观点的受众产生情绪上的强烈共鸣。上文谈到网络热点事件的信息往往具有不完整性，在理性推理难以进行的时候，断言以最简洁的方式表达了态度，这正是多数网络受众所需要的。在网络传播的言论中，"重复"与其说是表达者有意选择的一种修辞方式，不如说是一种自发的语言现象。任何一个网络中的群体性意见，都是通过数量巨大的转发而实现的。这种转发就是对重复这一修辞作用的最好解释，大量的网络水军就是这种修辞方式的实践者。

暗示与形象塑造。上文曾经谈到，一些模糊的意见或者情绪也能成为受众的焦点，这是因为网络受众一直在寻求认同。直接明确的意见判断只能聚集与之意见相近的人，而模糊的情感在理论上有可能聚集更多的人。这种模糊的意见或者情感通过暗示和形象塑造来表达。所谓暗示需要满足两个方面的条件：一是使用不明确的、含蓄的态度；二是达成与行为主体一致的思想或行动目标。网络言论中，暗示会给对象造成是其自身作出判断的错觉，从而强化了对意见或者情感的肯定程度。形象塑造是一种直指人心的修辞方法，又一次迎合了网络受众的审美需求。《周易》中讲"立象以尽意"，试图用形象完整地表达意义。这里的"意"指复杂的情绪或态度，而不是信息。形象塑造使语言文本具有多义性，受众从自己的角度对其进行解释，然后表示赞同。因此，同一个形象往往会因为不同的原因成为一个网络焦点。

幽默与讽刺。娱乐同样是网络受众的目的之一。经常有似乎不知所云的言论引起网络受众集体狂欢的现象。这种网络流行语集中体现了娱乐的需求。第一,狂欢建立在网络受众迫切寻求娱乐与互相认同的目的之上,于是网络流行语的产生就有其必然性。第二,所有的网络流行语都具有简短、形象的特点,这种特点使文本利于理解。第三,网络流行语往往具有讽刺或者自嘲的功能,网络受众用这样的方式来表达普遍存在的无奈与无聊情绪。第四,网络流行语越来越依赖重复的修辞。我们可以明显发现,传统媒体的语言特征受到网络口语的影响,其风格也在发生或多或少的改变;网络中以文字形式进行传播的言论,也表现出与上述修辞方式相近的口语特征。网络媒介在传播手段与受众构成层面的特点是这些修辞特征形成的原因。

第二章　口语叙事与评论

　　口语创作的类型可以通过不同的标准进行划分,第一章中比较了不同媒介中口语创作的特征。本章以口语创作传达信息的性质为标准,从叙事、评论、抒情三个方面来讨论口语创作的不同表现。三种不同表现在口语创作中居于不同的地位。叙事是信息传递的基本方式,事实信息在大众传播的口语创作中占有十分重要的地位。较之态度、情感信息而言,事实信息本身就是口语交流中数量最多的信息。在大众传播的口语创作中,这种量的优势又被强化了,这是因为日常生活中人们的交流多数在熟人之间展开,情感、态度信息的交流会多于大众传播中的陌生的或虚拟的对象。叙事是传达事实信息的手段;评论表达的是观念、态度的信息;而抒情是情感信息的表现方式。在第一章中讨论过,口语创作主体可以表达观念,也可以表达情感。评论和抒情的方式恰恰是口语创作主体表达自身的手段。三种方式对于大众传播中任何单一的口语创作而言,几乎都是不可或缺的。通过不同的使用方式,形成不同的整体风格。在这三种类型中,叙事是基础,评论表达主体的概况,抒情表达主体的个性。这三者共同使口语创作成为一个有内容的、有价值的、有血有肉的过程。

第一节　口语叙事

　　通俗地讲,口语叙事就是讲故事。故事是原生口语文化中信息的核

心,不同文明的早期文化都是通过讲故事的形式传承的,如远古的神话故事。所以讲故事可以说是人类最古老的技能之一。叙事是指在时间和因果关系上意义有着联系的一系列事件的符号再现。① 叙事也是口语创作的基本形式。通过上面的定义可以看出,叙事不是对孤立事件的陈述,而是对多个相互联系的事件的表达。这里很自然地会出现一个问题,事件与故事有何不同?事件对故事的定义是否是逻辑上的同义反复?答案显然是否定的。"'事件'意味着变化。如果你窗外的街道是干的,但是你小睡片刻之后却发现它湿了,你便可以假设一个事件发生了。这个事件叫下雨。"②罗伯特·麦基的这个例子简单生动地说明了什么是事件,而故事就建立在这种变化的基础之上,把一系列变化通过因果联系连接而成。口语叙事的一个重要任务就是在再现事件的基础上,把事件之间的因果关系说清楚。于是对于叙事方法、叙事技巧的研究就显得非常重要了。在日常生活的交流中,人们讲故事总是有明确的对象,因为日常生活提供了清晰的语境。而在大众传播媒介中,语境是虚拟的,叙事主体需要一种在技巧上的自觉意识。

一、叙事人称

叙事人称是叙事中讲述者的存在方式。叙事人称可以分为第一人称、第二人称、第三人称,从主体的量的方面又分为单一或者多数。其中第一、第三人称叙事较为常用。这些人称的使用一方面使讲述者以显或隐的方式存在,同时叙事人称的使用往往与叙事视角相结合,这使讲故事显得更加灵活。

(一)第一人称叙事是讲述者的最直接显现

第一人称叙事首先增强了故事的真实性,讲述者以"我"的方式参与

---

① 程锡麟:《叙事理论概述》,《外语研究》2002年第3期,第10页。
② 〔美〕罗伯特·麦基:《故事》,周铁东译,中国电影出版社2001年版,第40页。

到故事情节之中,或者以"我"的视野见证了事件的演进。这样的方式潜在地强调了故事的真实性,讲述中也增强了现场感,比任何类似"这是一件真事儿"的开头更具吸引力。第一人称叙事是对故事本身的一种时空限制。简单地说,所讲故事中涉及的每一个时空环境都必须是讲述者经历过的。当然,这种经历可以是讲述者虚拟的体验,如在故事中的想象与推测。

第一人称叙事一般来讲是内视角叙事,内视角是讲述者亲历的视角,也就是说,讲述者参与到故事的发展中,是故事推进的主要人物甚至是主人公。于是讲述者在故事中一直都是显现的状态,故事发生的时间、空间,就是讲述者所处的时间、空间,对故事环境与其他人物或者信息的讲述,都限制在一个人的认知范围之内。这种叙事方式具有一种在逻辑上的天然的连贯性,讲述者只要遵循自身的认知就不会触犯逻辑错误,甚至在适当修辞的帮助下,能使受众产生一种强烈的参与感。

一般来讲第一人称叙事使用人称代词"我",在故事讲述中"我"不仅指代讲述者,在适当的口语修辞帮助下"我"会转化为听者的自我指代。这时,讲述者的显现状态就逐渐向隐匿状态转化。作为讲述者的"我"消失了,情绪与感受发生了从讲述者向听众的转移。讲述者从显现到隐匿的转变是叙事进入高潮的表现,是讲述者修辞技术的体现。第一人称叙事本质上是一种回忆性、反思性叙事,是讲述者对自身经验的表述。汉语的动词没有时态的变化,于是在讲述故事的过程中,听起来更像是在描述正在发生的事实,现场感在这个意义上也能得到强化。"我"这个代词本身就体现了人对自身的一种反思,自我意识是人区别于动物的重要特征。于是第一人称叙事蕴含了对事件的整体性反思,这种反思体现在对人物心理活动的直接表述上。心理活动是刻画人物的重要手段,是故事重要的构成要素。而对心理活动的刻画往往会造成逻辑上的问题,如小学课本中刻画英雄人物牺牲前的心理活动,这很明显是一种臆想,至多是一种推测,于是故事本身的真实性就受到了影响。在第一人称叙事中,这个问题却很好地得到了解决。通过主人公的视角叙事,其心理活动的表述就显得真实可信了。从口语实践的角度讲,第一人称叙事在大众传播媒介中具有比较固定的形式,主要是被访人物对自己亲身经历的讲述,或者对自己目击事实的描述。这种形式具有一定的特殊性,因为创作主体由采访者和受访者共同构成,整个口语创作的方向与节奏是由双方协调完成的。对于非专业的传播者而言,其口语叙事往往具有松散、随意等特征。对整个叙事结构的把握就需要采访者来完成,而受访者需要投入到真切的回忆与反思中,这样才能把听众带入到叙事情节中。

第一人称叙事具有回忆性、反思性、真实性特点,是整体叙事的重要组成部分。第一人称叙事在创作和接受两个层面对信息的传播产生影响。叙事中的直接引语部分是第一人称表述,对直接引语的表述具有两个方面的意义:一是能通过语气直接体现态度、情感信息,是对故事内在含义的体现;一是直接引语的表述具有较强的对象感,受众能更准确地把握信息。鲁迅先生有篇文章《立论》,这里通过这篇作品的口语表述来说明第一人称叙事对口语传播效果的影响。

立　论

我梦见自己正在小学的讲堂上预备作文,向老师请教立论的方法。

"难!"老师从眼镜圈外斜射出眼光来,看着我,说。"我告诉你一件事。一家人家生了一个男孩,合家高兴透顶了。满月的时候,抱出来给客人看,大概自然是想得一点好兆头。"

"一个说:'这孩子将来要发财的。'他于是得到一番感谢。一个说:'这孩子将来要做官的。'他于是收回几句恭维。一个说:'这孩子将来是要死的。'他于是得到一顿大家合力的痛打。说要死的必然,说富贵的说谎。但说谎的得好报,说必然的遭打。你……"

"我愿意既不谎人,也不遭打。那么,老师,我得怎么说呢?"

"那么,你得说:'啊呀!这孩子呵!您瞧!多么……阿唷!

哈哈！Hehe！he，hehehehe！'"①

这个故事的讲述开始就是第一人称的角度，从学生的角度讲述了一个梦境。这一方面使听众感到这是"我"的一个经历，也给这个故事建构了一个申明主体的语境。这个故事中，满月酒的场景是完整而独立存在的，但是这个场景不足以表达故事中有关"立论"的概念，于是第一人称的"我的梦境"起到了对满月酒故事进行评论的作用。这种评论通过老师和学生的对话来完成，对话采用了口语、直接引语的形式，从引语的角度来看这些都是第一人称叙事。同时，这个故事通过口语的形式来表达具有更好的传播效果。故事中人物的心理特征、个性特征都需要通过语气来塑造，故事的讽刺与幽默的效果也需要通过声音的形象来实现。

(二)第二人称叙事大多用于表现一种可能性的体验

所谓"第二人称叙事"是以"你"或者"尔"等第二人称代词为主语的叙事方式。叙事总是存在对象的，第二人称叙事是叙事主体向对象讲述对象的故事，也就是说是叙述者讲述听话人的故事，这在逻辑上是有问题的。于是，第二人称的使用必须首先对上述逻辑问题作出合理的解释，也就是为什么会有人听别人讲述自己的故事。叙事学理论对该问题有较丰富的研究，有些理论提出"你"在叙事中可能的五种指代：故事中的主人公、被假定的叙述者自指、故事的接受者、某一人物独白时的自称、文本叙述的接受者。② 上述五种指代有口语叙事和文本叙事两种，同时故事的主人公与其他指代具有重复性，简单地说，对于第二人称叙事"你"的指代可以分为叙述者自身和外在对象两种。"你"指代叙事者自身时，叙述对象往往就是叙事者自己。这种指代方式用于主体的自言自语，这时主体与对象是同一个人，于是上述逻辑上的问题就得到了解决。而这种自言自语属于自我传播的模式，大众传播叙事中几乎没有这种自指的指代方

---

① 摘自《鲁迅全集》第二卷，人民文学出版社1981年版，第207页。
② 徐岱：《小说叙事学》，中国社会科学出版社1992年版，第288~289页。

式。于是,这个"给别人讲他的故事"的逻辑问题就依然存在。

第二人称叙事的这个逻辑问题在大众传播叙事中可以通过叙述"可能性"的方式得到解决。第一人称和第三人称叙事通常都是讲述已经发生的事实,于是当事人具有最高的权威,这种叙事在时间上是指向过去的。而第二人称叙事通过指向未来或者可能的方式,使"给别人讲他的故事"变得具有现实意义,变得可以理解。由于是指向未来或者可能的,于是这些信息对于听话人来讲就可能是未知的。例如,2014年2月22日中央电视台《新闻调查》栏目播出的《家有老人》节目中调查记者的结束语:

> 如果是你采访的周大妈,如果你在她生活的那小片地方待过的话,到了这样的晚上你会不由得想起她。这个91岁的老人正自己待在家里,躺在床上。你会牵挂,她睡着了吗?她放水的位置会不会离她太远?她爬着大小便的时候会不会磕着、碰着?我们的城市已经发展到了这一步,24小时便利店随处可见,方便的无以复加。然而在这样的晚上,在城市的角落里,到底有多少老人正在为最起码的需要而感到不便呢?他们的家人和社会还能做点什么呢?

上述第二人称叙事在"如果……那么……"的模态逻辑中展开,于是"你"的某种状态对于"你"来讲很可能是不曾有过的体验。通过一种可能性的假设,传达了事件中蕴含的情绪。这种情绪的传达恰恰是第二人称叙述的第二个特点。当然,抒情已经超出了纯粹叙事的范畴,但是抒情经常与叙事相伴随,甚至是叙事的目的。上述口语描述了一种假设的状态,这种状态是讲述者自身一种过去式的体验。这种体验的本质是情感的,实际上是一种直接的移情。情感信息如果用概念来直接传达是很难形成主客体间的共鸣的,因为情感本质上是一种模糊的感受,每一个个体的情感体验都具有单独的特质,而作为表述情感概念的词语是一般性的,并不蕴含这种特质,因此情绪信息的传达需要通过情景和叙事来完成。第二人称的叙事方式从形式上直接把这种情景或事件的体验赋予对象,起到直接召唤讲述对象的作用。值得注意的是,第二人称的使用在大众传播叙事中的使用应该谨慎,即使是作为一种可能性的描述。这是因为第二人称叙事具有明确的对象特征,很多时候表现为一种猜测或者建议。而猜测和建议对于大众传播主体来讲是具有风险的,因此很容易影响传播效果。

(三)第三人称叙事讲述者经常是隐匿的

第三人称是叙事作品中较为常用的形式。第三人称叙事中,讲述者是不出现在故事情节之中的,经常是隐匿的。叙事者并不是叙事情景和所叙事件中的人物,但是第三人称叙事的讲述者会通过议论的形式显现自身,这种夹叙夹议的创作手法广泛运用于各种叙事作品中,如评书这种口语叙事的典型艺术形式。评书理论上有"跳入""跳出"的说法,指的其实就是第一人称与第三人称的转换。在评书口语创作中,第三人称叙事是基本的,第一人称叙事通常是对书中人物角色的扮演,但说书人经常完全从故事中跳出来对整个故事加以评论,对书中人物进行解释。这时,说书人显现在听众面前。对于第三人称叙事来讲,讲述者的显现就是叙事的中断或终止。这种方式在各种题材的叙事作品中都普遍存在。例如,《史记》中的叙事,叙事终止时讲述者就会出现,对事件进行评论。

> 鲁句践已闻荆轲之刺秦王,私曰:"嗟乎,惜哉其不讲于刺剑之术也!甚矣吾不知人也!囊者吾叱之,彼乃以我为非人也!"
>
> 太史公曰:世言荆轲,其称太子丹之命,"天雨粟,马生角"也,太过。又言荆轲伤秦王,皆非也。始公孙季功、董生与夏无且游,具知其事,为余道之如是。自曹沬至荆轲五人,此其义或成或不成,然其立意较然,不欺其志,名垂后世,岂妄也哉![①]

上述段落中,首先是第三人称叙事,紧接着使用了直接引语,转换到

---

① 摘自《史记·刺客列传》,甘肃民族出版社1997年版,第661页。

第一人称的角度。最后司马迁从自己的角度直接对叙事内容进行评论，是讲述者最直接的显现。"太史公曰"是《史记》几乎所有篇幅结束的形式，这种形式在当下大众传播叙事中也是常见的，尤其是电视新闻报道叙事中，在报道开始或结束时，主持人总是从讲述者的角度对新闻事件进行评论。例如，2014年1月9日，中央电视台《焦点访谈·苦肉计吃苦果》中的叙述：

> 主持人：骗术大家都见识过不少，可是无锡的一些工厂老板却遭遇到一些新的情况，那真是见所未见，闻所未闻。甚至都不用说见闻了，就是事后想想这事，都有些让人毛骨悚然。
>
> 解说：2013年3月，无锡市阳山街道的一家小型企业要招人。贴出招聘广告没两天就来了一个小伙子。……
>
> 黄女士赶紧带着这个叫齐彦昌的小伙子去了医院。经过诊断，齐彦昌的手臂骨折了需要住院……
>
> 主持人：这些苦肉计不只苦自己，这些骗子不只残害了自己的肉体诈骗了别人的钱财，他们更伤害了社会的基本良知。所以法网恢恢疏而不漏，坏人总会自作自受。昨天受的伤是自己寻的，明天受的刑更是自己找的。这里外付出的都是惨痛的代价。希望这能换来骗子发自内心的悔悟，也唤起咱们对于这类骗局的警惕。

上述案例的开头与结尾从第一人称的角度对中间部分的第三人称叙事作出了不同层面的判断。

新闻报道是叙事的一种重要形式，尤其在大众传播媒介中。菲希尔的叙事理论认为，"所有形式的信息传播都可以当作叙事来理解。"[①]在这个意义上，新闻报道是大众媒介中典型的叙事方式。新闻报道要求叙事客观真实，而客观与真实在叙事人称上是存在矛盾的。第一人称叙事体

---

① 〔美〕小约翰：《传播理论》，陈德民等译，中国社会科学出版社1999年版，第305页。

现真实性,而第三人称叙事体现客观性,这种矛盾可以通过视角与不同人称的转换得到缓解。我国传统的口语叙事作品中,第三人称叙事通常从元视角展开,也就是说,讲述者在一个全知的角度讲述故事的发展。这种全知一方面体现在叙事时空上,讲述者对所有的事情都了如指掌,例如评书中所讲的"花开两朵,各表一枝";另一方面,这种全知体现为讲述者对人物心理活动的全知,这种方法在文学叙事中应用比较广泛。而新闻报道的第三人称叙事则是一种典型的外视角叙事,讲述者犹如一个事件的目击者,他的观察受到环境的制约,叙事过程只是对所闻所见的一种再现。新闻报道的叙事在细节上呈现一种描述性。客观性与真实性的矛盾,在新闻报道中会经常出现,客观要求置身事外地描述事件,这种描述方式导致对新闻事件的认识停留在表层;真实要求深入全面地了解,这种描述方式要求报道者参与到事件当中,展开调查。这种矛盾在口语叙事的形式上就显现为第三人称与第一人称的区别,并且通过这种叙事人称的转换来解决这种矛盾。口语新闻报道中,通常解说的部分是第三人称叙事,而访谈的部分则是第一人称叙事。

二、叙事时空

所有的事件都发生在一定的时空之中,口语叙事作为一种以声音为载体的叙事方式对于叙事的主客体来讲都是一种时间上的体验,所叙述的故事也首先以时间的形式展开。任何一个叙事过程都含有两种基本的时间序列——故事时间和叙事时间。故事时间是指事件经历的时间跨度,例如《三国演义》讲述了近百年的故事;叙事时间指讲故事需要的时间,例如一个月就可以讲完整部《三国演义》。从符号学的角度来看,故事时间和叙事时间对应所指与能指的时间。热奈特认为,这两种时间所表示的时间双重性"是口头叙事在一切美学制作层次,其中包括史诗吟咏或戏剧叙述这一十足'文学'层次上的特点"。① 对故事时间与叙事时间的安排是口语叙事的修辞所必须考虑的问题。民间有句俗语"说书的嘴，唱戏的腿"，讲的就是两种时间的关系。叙事时间体现为两种时间的对应，一是时间长度的对应，一是时间序列的对应。口语叙事中的叙事空间体现为一种顺叙，口语叙事中任何的空间信息都必须在时间中显现，因此叙事时间优先于叙事空间，叙事空间也表现为一种叙事顺叙。

(一) 口语的叙事时间是形式与内容共同作用的结果

对于文字叙事作品而言，叙事时间并不是由创作主体单独决定的。叙事时间除了与作品篇幅的长短有关以外，与读者阅读的速度也有直接的联系。对于电影叙事来讲，完成了的叙事作品其叙事时间就已经确定无疑了，与故事时间的关系也确定了，观众的接受对之没有任何影响。这两种特征都基于叙事形式的特点。从实践的角度来讲，文字和图像的叙事时间更多地受到内容的制约，而口语叙事在形式上则更为复杂。一方面，口语创作与接受在本质上是同一个过程，叙事主体可以通过对象的反馈来调整自己的语速，同时叙事时间也随之发生变化；另一方面，大众传播媒介中的口语创作受到媒体的技术性制约，口语速度被限定在一定的范围之内。即便如此，相对于视觉传播而言，口语创作的声音形式在时间控制上依然具有灵活性。举例来说，2012 年浙江卫视的《中国好声音》获得了较多的关注，其中主持人在最后阶段对赞助单位的介绍成为该节目的一个亮点，该段叙述 350 个字，用时 47 秒，平均每秒 7.44 个字。这种语速是无法准确传播信息的，然而很多观众却给予这段表述正面的评价。这说明一方面观众对该段叙述的介绍赞助商的内容并不感兴趣，对于是否听得清楚并不在意；另一方面有字幕的配合，使观众能够大致地获得信息。在这种情况下，反常的口语形式引起了观众更多的注意，于是受众会

---

① 〔法〕热拉尔·热奈特：《叙事话语·新叙事话语》，王文融译，中国社会科学出版社 1990 年版，第 12 页。

不自觉地把视听综合信息都归结到听觉上来。一个"神一样的语速"就诞生了。只要稍加验证就会发现,在没有字幕的情况下,主持人的口语信息是几乎无法识别的。同时,这种无法准确识别的现象,又激起了观众的强烈兴趣,使"主持人说的到底是什么"成了一个有趣的问题。于是其内容通过各种形式在网络上传播起来,反而收到了良好的广告效果。当然,这只是一个投机取巧的技法,不具备推广的普遍价值。但是其所反映出的在大众媒介中进行口语创作的规律是值得注意的。

从更普遍的实践层面来看,大众传播媒介中口语语速反映创作风格,语速能够传达附加的信息。以新闻播音为例,不同内容的新闻播音在语速上有较明显的区别。例如,叙述国家重大事件、会议活动的新闻播音语速相对较慢,目的是在播音中传递一种权威感。体育新闻的播音就呈现出完全不同的语速,通常体育新闻播报语速较快,这一方面提升了体育新闻事实信息传播的叙事效率,另一方面还能形成天然的节奏感,以适应体育比赛快速、激烈的氛围。在口语叙事中,叙事时间不单是指时间长度,而且还是内容与形式共同作用的结果,具有配合语气塑造语境的功能。

(二)故事时间与叙事时间的对应反映叙事效率

故事时间与叙事时间有三种基本的对应关系:一是故事时间大于叙事时间;二是故事时间等于叙事时间;三是故事时间小于叙事时间。大部分叙事是由上述三种对应关系配合共同构成的。但在不同形式的叙事中,三种关系的构成是有明显区别的。在电影图像叙事中,在镜头的基本层次上,故事时间与叙事时间是相等的对应关系。除了少量的由抽帧和高速摄影完成的快慢镜头外,几乎所有的镜头都是对现实事件的真实再现。电影这种写实的艺术恰恰是在最基本的语言要素上实现了两种时间的等量对应。从整体的角度考虑电影叙事,其故事时间与叙事时间的对应也显现为不同的关系。大部分电影的叙事时间都远远小于故事时间,通常用一两个小时讲述几天、几个月、若干年甚至几百年的故事。有些通过精巧的设计,集中叙述冲突强烈的故事,从整体上也能出现故事时间等于或大于叙事时间的作品。而口语叙事则体现了与电影叙事不同的状态,口语叙事更为高效。口语叙事时间要远远小于故事时间,这与电影叙事很相似。一方面,语言具有描述世界的功能,是一种抽象出来的指代符号。柏拉图对话录《克拉底鲁篇》对语言有大致这样的观点:"如果词语能够完全模仿事物的本性,我们就得到完善的语言,然而实际语言却总是由约定来加以补充的。"①这个观点指出语言是一种对世界的不完善的模仿,于是通过语言描述世界其实是一个简化的过程,是一个选择信息的过程。口语叙事时间小于故事时间,这与图像叙事有着根本的区别。口语叙事是高效的叙事,这一点在其实践传统上有明显的体现。例如,作为口语叙事文化传统典型作品的评书艺术讲述的往往都是时间跨度几十年甚至上百年的历史故事,是一种高度浓缩的叙事。评书艺人的一句"暑去寒来"可横跨半年的故事时间;一句"光阴似箭,日月如梭"可能几年甚至十几年的故事时间就过去了。

当然,在口语叙事中也经常出现叙事时间大于故事时间的情形,这种对应关系主要用于对冲突爆发阶段的细致描述,或者对人物心理活动的描述。在这一点上,口语叙事与电影叙事有相似之处,电影叙事会用几个镜头从不同角度交代一名战士中弹的瞬间或者一栋建筑物爆炸的时刻,这是对故事冲突激烈爆发阶段的情感渲染。口语叙事中,叙事时间大于故事时间的对应关系往往也出现在故事的高潮阶段。但是,口语无法从不同角度展现事件,因为图像是对空间的再现,具有多元的视角;而口语是抽象内在的时间描述,于是口语叙事效率降低,往往注重细节的刻画与心理的描述。细节刻画通常是对视觉信息的描述,视觉信息主要是一种空间的存在,而且经常显现为静止的状态,于是叙事时间总是要大于故事时间的。动作信息也是视觉信息的一种,动作带有了时间性质,口语对动作的叙述时间也经常大于故事时间,例如评书讲述中的"说时迟,那时快"。心理描述几乎是语言特有的,图像叙事一般只能传达情感性的心理

---

① 转引自陈嘉映:《语言哲学》,北京大学出版社2003年版,第7页。

信息,而事件性的心理活动很难通过图像传达。口语在人物心理活动的叙述中经常也表现出时间叙事上的低效。口语叙事中,两种时间相等的对应关系出现在直接引语对话的环节中。这时,事件的内容是语言,叙事的形式也是语言,于是在时间上出现了等量。这里通过一个口语叙事的典型作品来予以说明。

后汉三国出了一个莽撞人。

自从桃园结义,大哥姓刘名备字玄德,家住大树楼桑。二弟姓关名羽字云长,家住山西蒲州解梁县。三弟姓张名飞字翼德,家住涿州范阳郡。后续四弟,姓赵名云字子龙,家住真定府常山县,百战百胜,后封为常胜将军。

只皆因长坂坡前,一场鏖战,那赵云单枪匹马,闯进曹营,砍倒大纛两杆,夺槊三条。怎奈马落陷坑,堪堪废命。曹孟德在山头之上见一穿白小将,白盔白甲白旗号,坐骑白龙马,手使亮银枪,实乃一员勇将。心想"我若收服此将,何愁大事不成!"心中就有爱将之意,暗中有徐庶保护赵云,徐庶进得曹营一言未发,见赵云马落陷坑,堪堪废命,口尊:"丞相莫非有爱将之意?"曹操言道:"正是。"徐庶言道:"何不收留于他?"曹操急忙传令:"令出山摇动,三军听分明,我要活赵云,不要死子龙。若有一兵一将伤损赵将军之性命,八十三万人马,五十一员战将,与他一人抵命。"众将闻听,不敢前进,往后而退。一仗赵云怀揣真龙,二仗常胜将军实在骁勇,杀了个七进七出,这才闯出重围。

曹操言道:"这员勇将,焉能放走,后头紧紧追赶!"追在当阳,张飞赶到,高叫:"四弟不必惊慌,某家在此,料也无妨!"让过赵云的人马,曹操赶到,不见赵云,见一黑脸大汉。忙问身旁夏侯惇"他是何人?"夏侯惇言道:"他乃张飞莽撞人。"

曹操闻听,大吃一惊:呀,"想当初关公在白马坡斩颜良之时曾对某家言道,他有一三弟,在百万营中,取上将之首级如探囊

取物,反掌观纹一般。今日一见,果然英勇,撤去某家青罗伞盖,观一观那莽撞人的武艺如何?"

青罗伞盖撤下,但见张飞豹头环眼,面如润铁,黑中透亮,亮中透黑,扎里扎煞一部黑钢髯,犹如钢针,恰似铁线,头戴镔铁盔,二龙斗宝,朱缨飘洒,上嵌八宝,轮、罗、伞、盖、花、罐、鱼、长,腰系丝鸾带,身披锁子大叶连环甲,内衬皂罗袍,足登虎头战靴,跨下马万里烟云兽,手使长八蛇矛。立于桥头,垂胸愤恨,大骂:"曹贼听真,今有你家张三爷在此,尔或攻或战,或进或退,或争或斗。不攻不战,不进不退,不争不斗,尔等匹夫之辈。"大喊一声曹兵退后;大喊二声,顺水横流;大喊三声,把当阳桥吓断。后人有诗赞之曰:"当阳桥前救赵云,吓退曹操百万军,姓张名飞字翼德,万古流芳莽撞人。"这个莽撞人,你比得了吗?

——传统相声《八扇屏》中的贯口《莽撞人》

上述叙事中,整体上叙事时间是小于故事时间的,用几分钟的时间讲述了一个几个小时的故事。叙事开头是故事背景的介绍,这种概括性叙事经常是一种静止的状态,例如人物姓名、家乡的介绍。然后进入正题,开始是动作性的叙事,讲述赵云如何战斗,这时叙事时间依然是小于故事时间的;随后曹操的心理描述、张飞的形象描述中,就出现了叙事时间大于故事时间的对应关系;而在叙述曹操、徐庶、张飞等人的对话中,两种时间是等量对应的关系。

(三)叙事时间与故事时间在序列上的对应关系表现为叙事顺序

故事本身一定是线性的,因为世界存在于线性的时间之中。而人对世界的认识则呈现为不同的状态,人首先通过感官认识世界,通过感官感知的世界与世界的发展在序列上呈现线性的一致性。而人对世界的认识与把握不仅仅来自感官,同时也基于思维。人们用感官认识时空中的世界,用思维去把握逻辑中的世界。人们经常用因果逻辑去认识世界,在故事中体现为一种原因在前、结果在后的线性序列,而人们对因果关系的认识往往是先认识结果然后再进行归因的。人们对故事的逻辑认识与故事本身的序列不总是对应的,而常常是相反的。也就是说,人们通过感官或者思维认识世界时,其时间序列是不同的。对于接受者来讲,电影叙事是通过感官认知的,口语叙事是通过语言思维认知的,两者在本质上有感性与理性的区别。洛克认为,语言所指示的不是具体事物,而是观念。在《人类理解论》中他论述道:"声音必须成为观念的标志。""声音还必须是概括的标记才行。"[①]语言作为一种概括性的观念的标志,是思维对世界简化的产物,因此口语叙事从根本上具有反思性。事实上,对电影图像叙事来讲,只要其打算讲述一个有意义的故事,反思性是不可或缺的。在电影中,这种反思性往往也通过叙事顺序的调整来完成,以符合人们理解世界的时间习惯。叙事理论中,人们用顺叙来概括两种时间序列一致的情况;用倒叙和插叙来概括两种时间序列相异的情况。插叙其实是倒叙的一种,简单地说,顺叙是时空顺序,而倒叙是逻辑顺序。在口语叙事实践中,叙事顺序往往和故事空间、叙事角度密切配合来对接受者的心理产生影响。

接受者对故事的接受往往不仅仅停留在获得情节信息的基础上,其期待中总是以某种情绪或者观念为目的。例如,人们听一个笑话是为了获得快乐,看一部悲剧是为了获得感动,读一本小说是为了理解生活,等等。对受众来讲,无论文本采用何种叙事形式,其接受目的都指向故事情节之外。于是,从满足受众期待的角度来看,叙事需要采取不同的策略。

顺叙是任何叙事的基础。"故事由场景组成。一个场景即是一个微缩故事——在一个统一或连续的时空中通过冲突而表现出来的、改变人物生活中负载着价值的情景的一个动作。"[②]场景对叙事进行了段落的划分,一个场景的叙事总是顺叙进行的。顺叙是依据事件本身发展顺序的

---

① 〔英〕洛克:《人类理解论》,关文运译,商务印书馆1959年版,第383页。
② 〔美〕罗伯特·麦基:《故事》,周铁东译,中国电影出版社2001年版,第271页。

叙事,顺叙更容易被接受、理解,而倒叙提升接受趣味,设置悬念,突显故事的情绪,具有更多"怡情"的作用。倒叙在口语叙事中具有非常重要的作用,故事结构越复杂,倒叙的应用就越广泛。口语叙事与电影叙事不同,电影叙事可以通过剪辑的方式同时对两条线索进行叙事,例如,在平行蒙太奇的使用中,镜头可以频繁地在两条叙事线索中转换。而对于口语叙事来讲,这种双线叙事就无法被分割成小的单元,必须完整地讲完一条线索之后,才能展开另一条线索的叙事,这时在时间上就呈现出倒叙的形式,反而一些结构简单的单线叙事通过顺叙的方式表述,显得清楚自然。新闻报道口语叙事中,顺叙是最常用的方式,顺叙最接近真实的新闻事件,对受众接受心理产生的影响最小。新闻报道中出现倒叙的方法,通常有以下两种情况:一是在新闻深度报道中,引起舆论关注的核心事件通常处于报道所涉及时空的中心,报道对核心时间因果的阐释要求报道向更早的时间追溯;二是在一些结构简单的民生新闻报道中,经常使用倒叙的方式把事件中冲突最强烈的部分展现出来,用来增强新闻报道的戏剧性,增加吸引力。

(四)空间信息经常在叙事顺序中显现

康德认为:"空间无非只是外感官的一切现象的形式,亦即是我们的外直观成为可能的主观感性条件。"[1]空间信息是通过外感官直观的认知,而语言信息的接受与理解是内感官的作用。于是,在口语叙事中,空间信息无法通过直观的形式被受众所认知,而是一个空间表象与空间概念相互转换的过程。对于叙事者来讲,是从表象到概念的转换;对于接受者来讲,是从概念到表象的转换。这个过程与电影叙事中空间的直观显现有巨大的区别,电影叙事中空间信息是准确的,是对世界空间较为真实的再现。而口语叙事中的空间信息仅仅是头脑中模糊的表征,尤其对于接受者而言。这种特征决定了口语叙事中,空间信息只能以时间的形式

---

[1] 〔德〕康德:《纯粹理性批判》,邓晓芒译,人民出版社 2004 年版,第 31 页。

来显现。因而,空间信息经常在叙事顺序中显现,经常成为叙事顺序的依据。

空间顺序实际上是逻辑顺序的一种,是主体在积累一定经验基础上反思而来的。空间顺序的优势在于能够更全面、更清晰地描述事物,接受者也更容易对描述对象形成客观的认识。人对对象感知的过程本来是杂乱的,在全面的了解之后通常会对所经历的事情进行反思,这也是一个对事物从感知到认知的过程。例如,某人第一次来到一座城市,他对这座城市的认识是碎片式的,在不断熟悉的过程中逐渐形成在方向、格局等方面的逻辑认知。如果按照碎片式的感知顺序来介绍这座城市就是上面说的时间顺序,这跟文学创作中的陌生化手法有些接近;如果按照整理之后的顺序来介绍就是空间上的逻辑顺序。在日常生活中,用空间逻辑顺序建构的口语表达的应用更加广泛,因为它往往能更高效、清晰地传递信息。例如在买房子的过程中,销售人员在介绍房子时会依据空间顺序,从整体面积到房间数量,再到格局安排进行介绍;而在进入样板间之后销售人员会按照感官顺序描述房间的情况。前者所要表达的是全面总体的信息,后者是要让购房者喜爱正在参观的样板间。

叙事中的空间信息可以通过整体与部分的范畴进行考察。整体的空间信息通常交代环境背景,部分的空间信息通常反映动作和细节。这些信息在时间上是并存的,但是口语叙事无法同时把它们讲述出来,因此必须依据一定的顺序。不同的空间顺序会对接受者的认知和理解产生不同的影响。从整体到部分的顺序更容易被人们理解,从部分到整体的顺序往往具有更多的抒情作用。首先把最引人关注的信息或者叙事者最希望接受者关注的信息交代出来,引起接受者的兴趣或者突显重点关注。同时,在结构较为复杂的故事中,不同的空间信息之间不体现为整体和部分的关系,而是位置上的并列关系。这些空间信息反映了故事中人物或事物的运动,反映了不同人物或事物之间的关系。对这些信息的叙述依赖于运动的时间顺序或者事件关系的主次,空间信息则作为附加的背景信息被讲述。

叙事时空是口语叙事中重要的构成要素,一方面是环境背景信息的交代,另一方面其效率的高低、顺序的选择都会对叙事效果产生影响。叙事时空规律的掌握,对于口语叙事创作来讲具有重要的实践意义。

第二节 口语评论

口语评论是评论最常用的方式,人们的日常生活中通过口头语言对所见所闻发表的意见、在人际交流中展开的讨论或辩论,以及广播电视媒介中的热点评论等都属于口语评论的范畴。《现代汉语词典》中,把"论"解释为"分析和说明事理"①,"论"的形式是以"理"为内容的。

一、真伪判断

(一)"真理"与"说服"是口语评论的两个目标

在"论"的不同形式中,由其各自不同的传播目的而产生概念上的区别。总体来看,任何形式的"论"其目的更多地集中在两个方面,一是获得真理,二是说服他人。"真理"与"说服"这两个目标在理论上是一致的,这种一致性在不同形式中具有不同的表现,在不同的"论"的形式中侧重也有所不同。例如学术讨论主要为获得真理;法庭辩论在获得真理的基础上向说服倾斜;而辩论赛中的辩论直接以说服为目标,甚至带有更多的表演性;生活中街坊间的闲话议论主要注重娱乐性。"论"的形式很多,从科学用语到日常语言都有不同的表现,大众媒介中的口语评论以日常语言评论为主,但依然夹杂有其他的"论"的形式。例如,科教栏目中的论证力争向学术讨论靠近,尽管其语言通常是通俗化的;大众媒介评论更接近法

---

① 中国社会科学院语言研究所词典编辑室:《现代汉语词典》(第6版),商务印书馆2012年版,第747页。

庭的辩论,追求真相与说服的统一;娱乐节目中的议论更倾向于表演,以娱乐为主要目标。

"真理"与"说服"两个目标在最理想的状态中,是一致的。但是真理的获得往往曲折复杂,同时"说服"又经常带有功利的目的,所以,二者在口语评论实践中经常处于分离的状态:一方面大众传播的媒介特征可能使真理的传播变得困难;另一方面媒介说服受众相信的未必是真理。当然,这里的"真理"是日常语言中的,并非形而上学中的真理。奥斯汀在《真理》一文中把真理定义为"符合事实"。① 在这个意义上,评论的目的首先体现在"真"的层面。沃尔特·翁认为,"至少许多口语文化和有口语文化遗存的文化具有超常的对抗性,在语言表现上是这样,在生活方式上也是这样。"②这种对抗性以"说服"为基本目标。例如《柏拉图对话录》中对现实以及很多形而上学问题的探究,以及中国先秦时期名家学说中涉及的逻辑问题,许多问题并没有真理性的结论,只是揭示了一个说服的过程。亚里士多德专门写了一本《修辞学》来说明说服的方法。

《墨子·经说下》这样阐述口语论辩:"辩也者,或谓之是,或谓之非,当者,胜也。"③墨子的表述说明了口语论辩的两个目的性。首先"是"和"非"可以是对事物的真假判断,也就是经验性的判断,这时"当"的意思就是适当、相符,于是论辩具有了真理性的目标。另外,"是"和"非"可以是逻辑中的肯定与否定形式,在一定的语境限制中,未必就具有真假的性质,于是"当"可以理解为"恰当地表达",这时口语论辩的目标就从"是否与事实相符"转向了"能否说服对方"。《韩非子·说难》中有这样的表述:"凡说之难,非吾知之有以说说之难也,非吾辩之以说说之难也,又非吾敢横失而能尽之难也。凡说之难,在所说之心,可以吾说当之。"④韩非子归纳了说服的几个要素,同时强调了其难点在于"当所说之心"。这个观点

---

① 转引自陈嘉映:《语言哲学》,北京大学出版社 2003 年版,第 232 页。
② 〔美〕沃尔特·翁:《口语文化与书面文化——语词的技术化》,何道宽译,北京大学出版社 2008 年版,第 33 页。
③ 引自《墨子全译》,周才珠、齐瑞端译注,贵州人民出版社 1995 年版,第 478 页。
④ 引自《韩非子选注》,上海市《韩非子选注》注释组注,上海人民出版社 1976 年版,第 57 页。

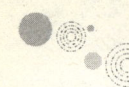

与亚里士多德强调"听众的心理"①不谋而合。

在大众传播媒介中,真理更多地体现为真相,即报道和评论是否与事实相符、是否与逻辑相符,以及是否与人的基本价值观念相符。而说服则有各种各样的目的,通常有政治稳定的需求、有商品推介的需求、有文化认同的需求。大众传播媒介掌握了公共话语权力,相应地,就承担了更多的话语责任,话语责任要求其在评论实践中更加注重"真理"与"说服"的统一性。把说服当作手段和形式,以真理的传播为最终目的;不能把说服当作目的,而真理只是有效手段的一种。

(二)"真"本身的辨析

人们通常说的真假针对两种东西,一类是事物本身,另一类是认识、理解、叙述是真是假,是对是错。② 大众媒介中,口语评论的"真"主要涉及第二个方面。对于新闻报道而言,媒体报道的事件可以假定为媒体认为是真实的事,也就是说对事物本身的真假判断已经在调查或采访中完成。而这个调查或采访的过程或者被删减而做简单报道,或者向受众展示做深度报道,有关事物本身的真实再现是口语叙事的任务。对于口语评论而言,其真假的意义则体现在认识、叙述、理解的真假对错上。思想家们有关真的论述与观点非常多,其中跟大众媒介评论相关的、非形而上学意义的主要有两种——符合论与实用主义。

符合论认为真就是认识与事实的一致,在日常生活中,人们经常去判断事物的真假,例如我们判断一件明代的花瓶是真是假,其实就是判断"这个花瓶是明代的"这个认识的真假。通过各种经验事实,如质料、形状等即可得出结论。但是,在判断认识与事实是否一致的过程中会出现许多问题。例如,语言中使用的概念并非和世界是一一对应的关系,人们该

---

① 亚里士多德在《修辞学》中提出影响演说的三个因素,分别为:演说者的品质、听众的心理、例证。并在第二卷中用大量的篇幅着重论述了不同人、不同性格的特点。参见《修辞学》,罗念生译,生活·读书·新知三联书店 1991 年版。
② 陈嘉映:《语言哲学》,北京大学出版社 2003 年版,第 58 页。

如何判断是否相符？如"世界是有开端的"这样形而上学的命题。当然，口语评论，尤其是大众媒介口语评论中较少涉及这类问题，但是同样会出现判断的困难。例如，什么程度上的信息再现可以认为是真实的。许多虚假报道和错误评论恰恰是建立在不完整的事实的基础之上的。人对现实世界的认知本身就受到各种环境与能力的限制，那么又怎么能得出认识与事实一致与否的判断呢？显然，这些质疑带有明显的形而上学的色彩，这恰恰是符合论所反对的。一个不可忽略的问题是，人们在生活实践中正在应用这种符合论的方法作出自己的判断，有关真的另一种解释似乎是有道理的。

实用主义的代表人物威廉·詹姆士认为："真的东西不过是我们思考道路上的便利之计，就像对的东西不过是我们行为道路上的便利之计。"[①]实用主义似乎能解决符合论的问题。例如对一个人的认识，通常我们只需要记住他的相貌、身材就能判断见到的是不是这个人，这时我们认识的这个人虽然是片面的，但这种认识程度足以满足见面打招呼的需要。于是我们的认识是真的。但如果这个人去看病，医生则需要通过各种仪器了解此人更多的信息，例如内脏器官等的情况。这种实用主义的观点解决了真实概念中整体与部分的矛盾。但是，这种理论对于口语评论而言存在庸俗化的危险，其很容易被简化成"真理即有用的"的结论。这很容易让评论主体把真实当作手段，而把说服当作实用的目的，从而认为只要能达到说服的目的那么我选取的事实就一定是真的。

(三)经验与逻辑是判断真伪的基本方法

通常来讲，判断一个认识正确与否有两种方法，一是经验的方法，一是逻辑的方法。其中经验是判断的基础，也更加直观。许多谚语都描述了经验判断的可靠性，如"用事实说话""事实胜于雄辩""眼见为实，耳听为虚"等等。这些谚语似乎都说明了经验论证的效力是优于逻辑论证的。

---

① 〔美〕威廉·詹姆士：《实用主义》，陈羽纶、孙瑞禾译，商务印书馆1979年版，第114页。

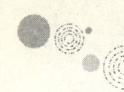

但是,这里要说明的是,在口语评论中,一方面经验论证与逻辑论证发挥作用的层面不同,另一方面二者往往所应用的对象也不同。

首先,逻辑论证在口语评论的整体上发挥作用,经验论证则具有基础性功能。人们用很多成语来形容出色的口才,如口若悬河、滔滔不绝、出口成章、巧舌如簧、唇枪舌剑、铁齿铜牙等等。这些词语从不同的角度形容了出色的口语论证,例如"口若悬河、滔滔不绝"形容了语言的连贯性;"巧舌如簧、唇枪舌剑"形容了口语所蕴含的对抗性;"出口成章"最为全面地形容了优秀的口语表达,"出口"形容了切入主题的速度,"章"具备书面语的客观严谨,于是"成章"体现出所表达的内容在逻辑上的严密和完整。

大众媒介的口语是一种"文字性口语"①,其特征主要体现在整体的逻辑性上。逻辑论证一方面是对真理的演绎;另一方面是对经验事实的有效组织,使其清楚地被受众认知理解。我们先来看一个案例,2012年8月《老梁说奥运》栏目的第14期《刘翔比赛摔倒是怎样一出戏》。

> 主持人:……那么你看这四方面的反应你就知道,刘翔这次预赛通不过早有准备,早有预案。代表团段世杰副团长说:"刘翔有伤,脚跟酸痛啊,很难受。"孙海平也说:"这有反应。"冯树勇也说:"可能会影响比赛。"后来又说影响不了。反正前边这些铺垫就足以说明代表团和他的团队已经做好了刘翔预赛都通不过的准备。就是早就已经准备好了,胸有成竹了。所以你看赛后呢,没有出现什么慌乱。新闻发布会这时候冯树勇来了,简单解释解释,语速还挺慢,没显出什么慌乱啊、意外啊、伤痛啊,没有。
>
> 你再看赞助商那儿,更是如此,早就准备好了刘翔预赛过不去的广告词。最滑稽的是耐克,那边刘翔退赛,因伤下去了。一

---

① 沃尔特·翁认为,"广播电视引发了次生口语文化",同时认为这种口语具有遗存性与"文字性"。参见《口语文化与书面文化——语词的技术化》,何道宽译,北京大学出版社2008年版,第157页。

分钟都不到,耐克新的广告词出来了,13亿人陪你单腿蹦。广告词冒出来了,这说明什么呢?他老早就准备好了!我就奇怪这单腿蹦,是不是事先准备的时候他填了空了、他知道刘翔最后会单腿蹦到终点去。甚至我怀疑耐克连刘翔如果预赛没通过,组织上可能会给他安排的公关危机的预案——你要是万一没通过,你就单腿蹦过去,展示中国运动员良好的形象——是不是这个赞助商都知道。要不然你没法解释,不到一分钟,广告出来了。而其他的刘翔的赞助商啊,他的广告商啊,稀里哗啦广告全出来了,第一时间都冒出来了。早就有准备。你看这说明什么呢?赞助商心里也有底。

你再看媒体,按以往的想象,要是刘翔比赛没通过,那冬日娜不得哭得跟泪人似的,这次没有,非常平静,平静当中带着煽情,跟观众朋友们说:"我们的摄像机镜头,已经追踪刘翔整整12年8个月零7天了。而刘翔的最好成绩也是12秒87。刘翔在用12年来讲述自己的故事,刘翔最后到栏架亲吻一下,好像是要告别他心爱的赛场。"冬日娜这词背的!这说明胸有成竹,早有准备。那有没有哭的?也有哭的,中央台主持人杨建,哭得稀里哗啦:"刘翔太让我感动了。"但回过头来接着说"以我对刘翔的了解,他应该知道他今天跑不到终点。"就应对刘翔赛前那个神秘的微笑,说明杨建心里也有数,他们也都知道。更别说主流媒体了,新华社、《人民日报》,赛前铺天盖地的文章都上来了,伤病啊,要宽容刘翔啊,甚至都说退赛也不丢人。大赛之前有这么报道运动员的吗?这足以说明很多媒体隐隐约约知道了一点事,知道有可能出现这样的事。也可能刘翔的团队向媒体放风了。

......

该期节目的主要内容是判断"刘翔在奥运会上摔倒是演戏"这个命题

的真伪,是典型的对新闻事实真伪的判断。主持人在评论中使用了大量的例证,如领导、教练、广告商、媒体对该事件的反应。但这些经验事实与核心论证之间并不存在事实上的必然因果联系。这些事实是零散的,被淹没在数量巨大的相关事实之中。主持人通过思维上的逻辑联系把这些事实有效地组织在一起,于是这些事实就成了论证其观点的有力证据。一系列事件的因果联系在主持人的口语评论中展开,同时在受众的思维中形成判断。这些经验事实构成了整个论证的基础。

经验论证多数以人或事物为对象,逻辑论证往往以言论或观念为对象。上面的案例中,逻辑论证是隐匿的,也就是说,演绎的过程没有直接显现出逻辑论证的过程。而在以言论为对象的评论中逻辑形式往往就会显现出来。言论本身就具有议论的性质,因此对一种言论的真假判断往往会转换为观点的正确或者错误。这时,观点的正误就不仅与前提和结论相关,也和论证过程有关。也就是说,言论的正误不仅与经验事实有关,同时也和形式逻辑相关。例如,2010年4月美国《时代》周刊启动了100位全球最具影响力人物的评选,中国80后作家韩寒成为200个候选人之一。很多网友质疑韩寒的全球影响力,《南京零距离·孟非读报》针对此事做出评论:

……

《时代》周刊引发的这场口水战的关键就在于,韩寒有没有具备跻身100位全球最具影响力人物。100位牛人,他有没有这个实力。我个人以为不仅有而且大大的有。我来说说我的看法,首先我认为,当今世界上能影响中国的人必能影响世界。大家都知道在今天世界的舞台上中国有多大的分量,如果认同这一点也许就不会完全否定我的说法,所以其他国家的人们是不是读过韩寒的小说或是其他的文章并不重要。这毕竟不是评选诺贝尔文学奖。退一步说,即便是评选诺贝尔奖,诺贝尔奖的那些得主们,他们的作品也未必,或者说大多数也不是畅销书。

……这样一个非主流的话语者能够在当今中国拥有最多的粉丝、最多的博客读者,你能否认他的影响力吗?前不久媒体上有大块的文章把韩寒和上海市的市长韩正弄到一块,两张照片中间大大的两个字母"PK"。还有人怂恿韩寒去竞选上海市市长。这件事情在主流媒体当中本来已经属于非常罕见的事情,但是这件事情在媒体把它小小地炒作了一下之后,在今年的全国"两会"上竟然有记者当着上海市市长韩正的面就向他提这个问题,提到两个韩市长这个事。我曾经说过,全国"两会"的时候,全国"两会"的那些记者都像人来疯的小孩一样,平常不敢问的问题都铆足了劲、憋足了劲跑到全国"两会"上撒着欢儿地问,然后"两会"完了回来该什么样还什么样。当记者拿这个问题问到韩正的时候,韩市长竟然非常谦虚、非常谦恭地面对这个问题。还说了一些希望韩寒多对政府的工作提意见之类的客套话,这种事情在现阶段的中国恐怕也是绝无仅有的……

这段评论主要是针对"韩寒具备全球影响力"这个认识的正误判断,主持人孟非通过自己的论证得出了肯定的结论。这段口语论证具有较强的说服力,但事实上其论证依然存在问题。该论证的基本逻辑是:当下来看,影响中国的人就能影响世界,韩寒影响了中国,所以韩寒影响了世界。从形式逻辑来看,这是一个正确的论断,尤其是其结论也可能是正确的。对于支持韩寒的人来讲,这个论证很容易接受。在这个逻辑框架下,主持人通过经验例证前提,尤其是小前提"韩寒影响了中国"使整个论证丰满而充实。主持人在论证中,也直接明确了自己的论证逻辑。但是,这个论证的关键在于其大前提是有问题的,至少主持人对其的论证是不够充分的。其逻辑错误在于通过中国在世界的影响力强大而得出影响中国就影响世界的结论是不成立的。"中国影响世界""韩寒影响中国"这个命题中的"影响"具有不同的内涵。但是不得不承认的是,整体上正确的形式逻辑给这段论证增添了很强的说服力。

二、价值判断

口语评论不仅仅围绕"真假"的问题展开,在评论实践中,尤其以各种社会热点事件与言论为对象时,口语评论的角度往往会转向"好不好、该不该"等层面,因此,真伪判断就需要向价值判断的层面过渡。价值判断是一个伦理问题,除了事实之外,它关系到人们通过什么原则去评判利弊、善恶。

(一)价值判断的内涵

事实层面的判断侧重于认识与对象的一致性,是一个以对象为标准衡量主体认识的形式;价值层面的判断则体现一个相反的过程,是以主体的需求与理性为标准去衡量客观对象的形式。英国哲学家休谟较为清晰地区分过事实判断与价值判断,他说:"我所遇到的不再是命题中通常的'是'与'不是'的等系词,而是没有一个命题不是由一个'应该'或一个'不应该'联系起来的。"[1]上述分析从形式上区分了事实判断与价值判断。在大众媒介的信息传播中,事实判断往往通过叙事的形式完成,如新闻深度报道;而口语评论往往更多地把焦点集中于价值判断的层面。从更抽象的层面来讲,任何判断都是对主体与对象关系的体现,事实判断要辨别真伪,强调人的认知能力与智力水平;而价值判断要辨别善恶与利弊,体现人的需求与道德理性。从亚里士多德对知识的区分开始,人的理性就被区分为真、善、美的不同层面。[2] 价值判断正是从实践的层面、"善"的角度而进行的。伦理学家把价值区分为道德价值与非道德价值,简单地说,道德价值体现"善"与"恶"的问题,而非道德价值体现"应该"与"不应该"的问题,这个区分着眼于人类理性的不同层面。

首先,价值判断基于事实判断的基础之上。认识世界本身就是人的

---

[1] 〔英〕休谟:《人性论》,关文运译,商务印书馆1980年版,第509页。
[2] 亚里士多德在其《工具论·论题篇》中把知识分为理论知识、实践知识和创制知识。

一种需求,就像人们需要通过新闻报道了解世界发生了什么一样。这种"真"本身在一定程度上具有自身的价值。任何功利性或者道德的判断都需要建立在事实的基础之上,这样其判断才能产生意义。事实与价值是内在统一的,正如伦理学家所说:"那些对道德事实的匆忙而肤浅的判断和所有'半瓶醋'的真理一样危险。"①大众媒介的口语评论对象往往是具有一定影响力或者具有一般性的人或事。新闻评论的对象是具体的新闻事实,评论的成功必须建立在新闻事实清楚且全面的基础上。从新闻本身的职业道德规范来讲,真实性的追求恰恰是其不可动摇的伦理原则。

其次,价值判断以人的需求为标准。价值判断是以主体的标准去衡量对象,这与事实判断恰好相反。也就是说,所有的价值都是人的价值。例如,在人们的伦理常识中,杀害小猫小狗是不对的,而消灭老鼠就是正当的;人们认为应该保护环境,同时又认为开采自然资源是正当的。这些都说明,价值判断随着人的利益而变化。在社会活动中,不同群体之间的利益往往会发生冲突,于是人们对同样的事物往往会作出不同的价值判断。这一点在大众媒介的口语评论中显得特别重要。因为媒介站在什么立场上发言,媒介代表什么人的利益,评论的目的性是否会影响事实判断等类似问题都会直接对价值判断产生影响。从这个意义上讲,价值判断具有一定的相对性。价值判断需要客观的、稳定的原则来指导。

最后,价值判断具有一定的客观原则。如果把事实判断和价值判断的方法进行比较就会发现,事实判断中最直接有效的方法是经验论证,因为经验事实是具有客观性的;价值判断则是以人的认识为判断基准,只有具有客观性的认识原则,才能进行有效的价值判断。当然,人们对这些伦理原则也会产生分歧,许多伟大的思想家都对伦理原则发表过不同的意见。但是这些不同,不是基于个人或者团体的利益的差异,而是基于人的理性。于是,在社会生活实践中,一个人即使从未学习过伦理学,仅仅依靠常识也能对世界进行基本的价值判断,对待道德价值尤其如此。通过

---

① 〔美〕弗兰克·梯利:《伦理学概论》,南京师范大学出版社2004年版,第16页。

大众媒介进行的价值判断应该怎样进行,这本身就是一个伦理问题。口语评论中的价值判断,其对象往往是具有影响力的公共事件或人物,因此仅仅依靠自发的价值常识去判断是不够充分的。例如,孩子们从小就被教育要乐于助人、见义勇为,这些是一般性价值判断的结论。在对公共事件或人物进行评论时,这些一般性的结论往往会被当作一种标准。对于优秀的口语评论来讲,这些原则显然是不够的,受众要求掌握话语权的媒介传达更具理性意义的信息,所以,对价值判断原则的应用就显得尤为珍贵。大众媒介口语评论中的价值判断应是一个理性论证的过程,而不是一个宣传说教的过程。

(二)口语评论中价值判断的原则

价值判断的相对性主要体现为价值主体的不确定,因此确定的价值主体是价值判断获得受众认可的基础。在当下新媒体环境中,大众传播媒介的受众组成复杂,价值观念的构成具有多样性与复杂性。即使对于单一的受众来讲,其价值观念的构成也往往是多元的。在社会实践中,个体对于事件的价值判断往往会首先基于自身的利益。即使在公共事件中,不同群体的利益往往也难以达成统一。大众媒介口语评论的价值判断往往是一定群体利益的代表,因此一种功利主义原则便成了价值判断所使用的原则之一。边沁认为,功利主义原则是指:"它按照看来势必增大或减小利益有关者之幸福的倾向,亦即促进或妨碍此种幸福的倾向,来赞成或非难任何一项行动。我说的是无论什么行动,因而不仅是私人的每项行动,而且是政府的每项措施。"[①]功利主义原则不仅仅是对个体而言的,对集体而言也同样具有实践意义,所以不仅个人行为而且政府措施也在以此为原则,因而集体利益的最大化成为价值判断的一般标准。功利主义原则指导下的价值判断仅仅是从结果出发,在口语评论中,只要针对对象事件造成的结果对于社会整体利益的利弊进行价值判断,就能得

[①] 〔英〕边沁:《道德与立法原理导论》,商务印书馆2005年版,第58页。

出相应的结论。"功利主义原则的计算方法是将每个被一个行为影响到的个体算做一个并且只算做一个,然后将所有受影响的个体的功利加起来得出总功利值。这种方法不仅应用于单个行为,而且应用于社会政策的制定中。"[1]在针对公共事件的口语评论中,价值判断的认识原则就要运用功利主义原则。在口语评论的价值判断中,精确的计算似乎是难以实现的,但是其方法是可以得到广泛应用的。通过功利主义计算的方法进行价值判断,首要的是分析对象事件中的价值主体由哪些方面组成,然后把每个组成部分看作一个个体,于是可以在量上得出价值增长或者减损的结论。总体上的功利得失即是价值判断的依据。当然,在功利价值判断中,量的计算只是一个方面,不同价值类型质的比较也是必要的。必要比不必要更具价值,充分比不充分更具价值,主要比次要更具价值。例如,对普通人来讲,健康比审美更具价值,因为健康更为必要;对于城市交通而言,建设比管理更具价值,因为建设是管理的基础;对于相声艺术而言,娱乐比教化更具价值,因为娱乐是相声的主要目的。

  功利主义原则在口语评论中经常使用,但是功利主义自身的缺陷也决定了其不能解决所有的价值判断问题。例如,功利主义计算在实践层面上往往难以准确地进行;例如,在某些情况下功利主义原则与人们日常的伦理观念相抵触。在人们对世界的判断中,结果是否带来更多的利益是一个重要的标准,但显然不是唯一的标准。因为人们同样从义务的角度关注价值问题。义务论着眼于事件本身的道德性质,建立在人的理性的基础之上。义务论与功利主义的最大区别在于它不从结果的角度对事件进行判断,而是关注事件本身。例如撒谎是不对的,这与为什么撒谎以及撒谎带来的利益增损无关。义务论强调规则,对事件的价值判断以理性、伦理道德常识、法律规范这些原则为依据。这与功利主义的出发点是不同的,在具体的评论实践中,义务论给价值判断提供了更多的方法。通常人们把义务分成消极与积极两个方面,"消极的义务要求人们不做某些

---

[1] 程炼:《伦理学导论》,北京大学出版社 2008 年版,第 162 页。

事情,如不伤害、不谋杀、不撒谎等;积极的义务要求人们做某些事情,如行友善、礼貌、利他、公正之举等"。① 在这个划分的基础上,消极的义务优先于积极的义务,也就是说二者发生冲突的时候,消极的义务更具有制约力。在媒介口语评论的实践中,经常把法律法规作为价值判断的标准,因为法律法规相对于道德原则具有更高的准确性。康德认为:"伦理义务是广义的责任,而法权义务则是狭义的责任。"②伦理原则往往模糊而且存在自身的冲突,而法律法规则明确清楚地利于判断的形成。"因为违法,所以不对"是在新闻评论中常见的一种逻辑。例如,2014 年 5 月 16 日浙江卫视钱江频道播出的《九点半》节目中的评论:

> 陕西延安的一家洗浴中心里面呢,来了三位客人,进行了简单的洗浴之后,其中一位带着酒气的男子来到了休息区,提出说:"我,要找小姐。"洗浴中心的工作人员拒绝了,拒绝了之后呢,这名男子开始骂骂咧咧把所有客人都赶走,而且还掏出一张工作证,声称:"我是警察。"后来派出所的民警呢把这三个人给带走了,一查,这个人还真是个警察。今天延安市公安局证实,当事人是延安市公安局治安支队行动大队的副大队长高某。现在呢,已经被撤职并且辞退。其他几名民警也被作出了相应的处分。我记得公安部去年的三条禁令啊,不准见死不救,不准酗酒滋事,不准进出娱乐场所。三条禁令他就违反了两条,确实该被严肃处理。

上述评论中,公安部的三条禁令就是作为法规信息支撑了对新闻事件的价值判断,是在人们常识基础上的一种强化。在同期节目中有评论如下:

> 虽说处处是商机啊,这位王某在洋垃圾里淘金的时候也不

---

① 程炼:《伦理学导论》,北京大学出版社 2008 年版,第 169 页。
② 〔德〕康德:《道德形而上学》,张荣、李秋零译注,中国人民大学出版社 2013 年版,第 174 页。

知道他有没有意识到,替不法分子加工外币同样属于犯罪。由于数额特别巨大,最近呢王某被温岭法院判处有期徒刑两年两个月,罚金5万。

该段评论中,只是指出"替不法分子加工外币同样属于犯罪",并没有对相应的法律条文进行引证,于是论证就显得不够充分。法律法规不是人们对新闻事件进行判断的常态,大部分的人不具备足够的专业法律知识来进行所有的判断,人们在现实生活中的价值判断更多是出于伦理常识。行动义务论认为,道德的行动不靠规则来指导,要决定在特定的情景下如何行动,人们只需要诉诸良知、信仰或者直觉。① 这种观点所倡导的就是通过人的常识进行判断,只对具体的事件进行判断。常识判断与理性判断更多地体现为结论的一致,但是也经常出现矛盾冲突。大众媒介新闻评论的任务之一,就是通过理性的论证纠正常识判断的错误,至少补充常识判断的缺陷。例如,上述节目中的另一段评论:

> 主持人:去年6月份,温州14岁的"驴友"小温在户外旅行的过程中意外失踪,最终死亡。如今,小温的妈妈一纸诉状把同行的6名旅友告上了法庭,要他们对小温的死负责并赔偿。官司已经开始了,可是事实上小温并不是一个人和这个陌生旅友外出的啊,恰恰是有妈妈陪着他一起出游的。那么这个官司又从何谈起呢?首先我们通过一个短片来回顾一下整个事件的经过……
> 法庭的辩论很激烈,在母亲看来呢,孩子之所以与自己走散乃至最终死亡都是因为同行的几位旅友没有帮忙照顾好。而旅友们也很委屈,说这本来就是AA制自发组织的活动,自己该做的事儿都做了。失踪死亡也都是意外,痛失孩子的母亲的心情可以理解,但是让很多人不理解的是,作为第一监护人的母亲,当孩子和自己一起出游而遭遇意外的时候,她竟然选择了起诉

---

① 程炼:《伦理学导论》,北京大学出版社2008年版,第168~169页。

同行的陌生人。网友"明天会更好"说:"如果小温妈妈和小温分开的时候亲手把小温交给6位旅友,并且说了要旅友们负责的话,那么旅友就应该有责任。但是这个赔偿的数字好像有点大,做妈妈的责任最大,不交给6个旅友不就没事了。"再来看一条网友的评论:"父母作为监护人,应该负99.999%的责任,同行人能不能和愿不愿照顾你那是道德问题,不存在责任问题,法院若受理此案也是笑话。"法院受理没问题,怎么判,咱们可以接着看。暂且撇开一些细节,单纯从法律上讲,小温的死其他旅友到底有没有责任呢?这恐怕也是目前大家都迫切想要得到解答的一个疑问。

律师:如果确确实实在这个过程中,这位母亲与小温分头行动了,那么这6位同行的旅友在同意他父母离开的情况之下,就有一种临时的监护责任。在这样的情况下没有把他看好,这6个旅友的责任可能会加重一下,但是我们认为主要的责任仍然在父母。

主持人:临时监护的前提是这位母亲把孩子委托给你,而你也接受并且同意。假设这个前提成立的话,那么后边的问题就更加关键了,你到底有没有照看好呢?这言下之意就是,如果照看好了是有可能可以免责的。说实话,这个事我觉得不太好衡量,咱们再来梳理一下意外发生前的几个关键点。首先,小温离开妈妈是在途中离开水库的时候,小温跟着几个旅友去走水路了,而妈妈走旱路。接下来呢,徐某和小温掉队留在了峡谷里过夜,这也正是小温妈妈质疑的关键点。第二天,徐某独自离开把小温一个人留在了峡谷里面,之后呢小温就失踪了。而徐某的说法是,自己和小温分开是为了寻找通讯信号向外求助。不仅如此,旅友还说他们在出发之前呢,就已经多次提醒小温的妈妈不要带未成年人参加探险,而这位妈妈并不理会。

律师:相应的警示和提示义务已经做到了,在这种情况下你仍然置若罔闻,或者坚持要参加这个活动,最后发生了损害的结果,你就应对这个结果的发生承担一个加重的责任。相应地,如果可以证明这些细节真实发生,被告的法律责任也会减轻。

该段论述对事件作了简短的交代之后,首先引述了网友们对该事件的价值判断。这些判断是出于常识对事件整体的判断。在结论上也有一些差异,引起了争论。此时,媒介评论的功能需要通过理性分析来实现。然后,主持人提出法律问题、律师对法律问题的解答,都构成了对该事件进行价值判断的重要依据。这段评论补充了人们常识判断的不足,从理性的角度分析了事件细节,具有指导受众生活决策的现实意义。

(三)审美价值判断

审美价值不涉及伦理问题,与功利的结果和出于义务的原则没有关系。在大众传播中审美判断的应用相对较少,通常在评论对象涉及文艺范畴时会出现有关美的判断。例如,对一部电影或电视剧的推介或批评,对某个演艺或歌唱明星的专业水平判断等等。维特根斯坦说:"凡是能够说的事情,都能够说清楚,凡是不能说的事情,就应该保持沉默。"[1]有关"美是什么"的问题是应该保持沉默的,审美判断中人们关注的问题是"这个美吗",而这个判断一般是通过直观的形式来完成。这就与口语评论要展现的论证过程产生了矛盾,审美依靠直觉,而评论要展现逻辑推论,这说明大众媒介评论中的审美判断与人们生活中的审美判断具有不同的性质。稍加思索就可以发现,大众媒介评论中的审美判断带有自身功利性的目的。例如,推介一部电影、捧红一位明星。也就是说,评论中的审美判断实际上不是一个审美的过程,而是一个说服的过程。按照海德格尔的思路,美的本质是存在的,但又是不能言说的。[2] 美虽然不可言说,但是审美过程是可说的,大众媒介口语评论中的审美判断正是审美过程的

---

[1] 〔奥〕维特根斯坦:《逻辑哲学论》,郭英译,商务印书馆1962年版,第20页。
[2] 张法:《美学导论》,中国人民大学出版社1999年版,第39页。

言说。审美判断直接和受众的娱乐生活联系在一起。"美"是一个极其模糊的概念,对美与丑的判断就显得较为困难,尤其是在大众媒介的评论中判断具有一定的普遍意义。俗语说,"一千个读者有一千个哈姆雷特",这恰恰描述了审美活动中形成普遍客观认识的难度。大众媒介评论中的审美判断具有两个方面的特殊性,一个强调美的无功利性,一个强调审美的客观意义。无功利性要求审美判断把那些属于伦理范畴的对象排除在外,如"最美妈妈""最美司机"等问题,这些问题的讨论实际上是道德价值的范畴,"美"的概念在这里被泛化了。而审美的客观意义强调在一定的标准下进行审美判断,以达成受众认同为目标。

　　审美活动中,审美既体现个体的主观性,同时也具有群体的客观一致性。"情人眼里出西施""儿不嫌母丑"等俗语都从主观差异的角度描述了审美的主观性。审美的主观性以情感为依据,当个人的一种情感体验得到普遍的受众共鸣时,这种主观性就获得了普遍的客观意义。对这种获得普遍意义的方法的归纳即是审美的客观标准。这种标准就是评论中审美判断的依据了。于是,评论中的审美价值的判断就需注重两个层面,一个是把握与受众之间的情感共鸣,另一个是应用某种艺术形式的专业化的普遍标准。例如,2013年12月播出的第13期《老梁看电视》针对电影《武林外传》作出审美层面的价值判断:

> 刚才我们看了这个片子,大家会发现,电视剧它有充足的时间来展现每个人的特色,你从哪来啊,到哪去啊,性格怎么形成的。电影没这个时间,所以你从这点就能看出导演尚敬借助电视连续剧这样的一股余波,拍这电影的聪明之处。你比方说,你平常一个大导演拍个电影的话前不着村,后不着店,他必须给这个故事讲明白了,太费劲。可是《武林外传》这个电影呢,它不用。因为咱们都对这个电视连续剧太熟悉了……
>
> 你会发现,喜剧题材的艺术作品与悲剧题材的艺术作品是完全不一样的,喜剧题材特别重视故事情节,也就是说如果你喜

剧题材的电影和电视剧编剧要是不行的话，那整个剧就一塌糊涂，立不住。而往往悲剧题材的电影哪怕故事情节不那么令人信服，而表演的演员本身能够深刻地把握住这个人物性格的话，那么这个悲剧电影一样能立得住。我们经常说，角捧戏，戏捧角，悲剧电影有时候是要靠角来捧这戏的，而喜剧电影必须故事要好，有时候要靠戏捧角。你看《武林外传》电视剧上映的时候，大家可能都知道，你说是闫妮、沙溢包括姚晨，哪个当时是大腕儿？你不能说他们籍籍无名，但总而言之绝不是一线演员。可是这个戏演完了，这几位陆续都火了。所以说是这个戏本身捧红了他们，这也是喜剧电影、电视剧的一大特点……

上述评论是非常典型的从艺术作品本身的审美甚至创作规律出发，从一般的审美原则观照具体的艺术作品的过程。电视剧与电影的审美规律的差异，喜剧与悲剧审美规律的差异，这些专业化的知识本来不是观众所必须了解的，但是在评论中通过这些一般性的原则来提升受众的审美水平恰恰是评论深度的体现。再如，2013 年 3 月 2 日播出的《老梁看电视》针对歌手张学友歌曲的评论：

这个歌呢，其实你听着在卡拉 OK 里很多人在唱，但你发现很难有人能把这个歌唱好。这里面不经意之间那种真假音的转换、高低腔的转换，是需要很大的技巧的。专业的难度，在这一点上张学友体现了他超人一等的唱功……

那么还有一首独特的歌叫《秋意浓》，写得诗情画意，不少朋友也会唱，它的粤语名字叫《李香兰》，本来是电视剧《李香兰》的主题曲，后来呢这首歌传唱得非常广，有个朋友看过周星驰演的《国产凌凌漆》那个电影，那不就是杀手，袁咏仪演的，要刺杀周星驰，周星驰那时候弹着钢琴唱着这首诗歌，把杀手感动得哭了。那一幕虽然很搞笑，但我们也知道《秋意浓》这首歌确实有一种能够直入人心的力量。

上述针对流行歌曲的审美判断，先从歌曲本身所需技巧的角度论证，强调了艺术品审美的普遍标准。第二段的论述则从受众情感的角度，通过一个电影的桥段说明《秋意浓》这首歌曲具有直入人心的力量，唤起了受众直观的情感。目前来看，大众媒介中以文艺作品为对象进行审美价值判断的栏目和评论都较为稀少，尤其是像《老梁看电视》这种注重审美水平、提出鉴赏观点的栏目。审美判断不仅是受众娱乐的需求，还体现出电视媒介对自身的一种反思。

第三章 口语创作的声音形式

任何媒介的内容都是另一种媒介。① 口语传播媒介在这个意义上体现为不同的层次。口语概念本身就包含了媒介信息,古代汉语中"语"字的首要含义就是指"谈论、说话"②,"语"本身就是与口头表述紧密联系的。"口"事实上是对"语"的形式的一种强调和重复,这种形式就是口语最基本的传播媒介——声音。口语和声音之间是实体和属性的关系,二者不可分离。口语的诸多特征都与其声音的媒介形式有着密切的联系。声音作为语言的媒介,而传播工具又作为声音的媒介,声音对语言具有限制性,声音是语言信息的载体,是一种稍纵即逝的声波现象。③ 作为语言信息载体的声音需要区别于其他的声音,这种区别体现为规律性,以保证语言在时间上的可持续性。语音学把语音放在发声、声音的传播、声音的接受三个阶段进行研究。这个过程就是口语创作通过声音媒介的实践形式。口语也恰恰在这三个方面对声音进行了限定。语音是人通过发音器官发出的声音,这些声音要在其物理要素上遵守一定的法则,这些声音是否能起到传递信息的作用与接受者有密切的联系。我们可以看到,在整个口语传播的过程中,发声和接受都带有强烈的主观性,因此口语对声音

---

① 〔加〕马歇尔·麦克卢汉:《理解媒介——论人的延伸》,何道宽译,商务印书馆2000年版,第34页。
② 《古汉语常用字字典》编写组:《古汉语常用字字典》,商务印书馆1993年版,第354页。
③ 周同春:《汉语语音学》,北京师范大学出版社1990年版,第6页。

的客观限制集中体现在声音的传播阶段。音强、音高、音长、音色构成了声音的四要素,对语音的客观考察通常也通过这四个方面进行。

第一节 价值标准与创作目标

口语创作声音形式的价值标准首先是结果主义的,也就是说,其好坏仅仅与表现出来的声音有关,而与创作过程无关。创作过程只是为获得好的声音形式提供参考方法,不能成为衡量其价值的标准。这一点在传统的创作理论中没有得到明确的说明,价值标准的模糊使创作无的放矢。

《实用播音教程》第一册中,有这样一段话:"我们对播音发声的要求可以归纳为这样几句话:准确规范,清晰流畅;圆润集中,朴实明朗;刚柔并济,虚实结合;色彩丰富,变化自如。"[1]"归纳"的结论应该是由科学的方法得到的。由四字短语组成的口诀朗朗上口、便于记忆,同时也损害了其意义的准确性。所有的句子都没有主语,也就缺失了描述的对象。而且上文中的短语所省略的主语在逻辑上也是不能统一的。"色彩丰富,变化自如"的含意就非常模糊,是文学性的描述。口诀中使用了较多带有明显文学色彩的词汇,意义不明确。在创作实践过程中是否达到了这些要求是无法判断的,比如"圆润""朴实"甚至还有"色彩",这些词如果和描述对象连在一起或意义模糊或语法错误,只能是类似抒情诗一样的对个人感受的表达,而无法在创作实践中起到真正的规范作用。类似这样的口诀在播音理论中不在少数,由于其在形式和内容上都缺乏足够的科学性,所以给对口语创作在声音形式上进行判断带来了更多的困难。当判断一个创作的声音形式"朴实明朗"的时候,其实没有传递出任何信息。从这个意义上来讲,它是个形而上学的命题。

同时,一些传统理论试图以过程与方式为标准去衡量一个声音形式

---

[1] 吴弘毅主编:《实用播音教程》第一册,中国传媒大学出版社 2002 年版,第 257 页。

的好坏,这也是值得商榷的。例如,"胸支"的概念。所谓"胸支"是指在有声语言表达中,随着气息的变化,胸部产生的一种震感点。① 这个定义具有一定的迷惑性,因为"胸支"在定义中被描述成一种物质存在,貌似是人身体的某个部位。如果留心一下就会发现"胸支"定义的真相:第一,"点"是先验的概念,只有标示位置的功能,其本身不对应客观的物质存在。第二,在定义中用到了"震感"一词,而不是"震动"。也就是在定义的限制性中加入了意识的条件。而且,"胸支"被定义为某种条件下的由震动引起的某种感觉的位置,类似于"疼的位置"。在我们的语言中,"疼的位置"和"这个位置疼"在用法上没有区别。维特根斯坦认为:"一个词的含义是它在语言中的用法。"②所以"胸支"所表达的只是发声时的一种感受,是完全主观的,而且这种感受也无法通过表情、肢体动作等观察而来。我们这里不再讨论"胸支"是否存在,因为这是一个不能被经验证实或证伪的形而上学命题,是没有意义的命题。这个概念只能给声音创作带来巨大的迷惑。发声理论中类似这样的概念还有"气息支点"、发声位置的"前""后"、声音的"弹性"等等。虽然这些概念在播音发声理论的建设中有一定的作用,但或多或少都在阻碍着创作实践的进步。因为在理解这些概念的过程中最主要的是依据无法量化的个人感受,这些感受无法通过外在的形式进行准确的观察和判断。因此,大家在使用这些概念的时候无法达成一致。而不一致的概念在交流中是无效的,会阻碍正确信息的传递。③

声音的形成是一个极其复杂的过程,索绪尔认为:"要把语言行为的一切细节拍成照片是不可能的:一个词的发音哪怕是一个很短的词的发音都是无数肌肉运动的结果,是极难认识和描绘的。"④在这个意义上,口语声音形式的价值判断是无法依据其形成过程的。于是,声音的效果就成了唯一

---

① 李晓华:《广播电视语言传播发生艺术概要》,北京广播学院出版社1999年版,第174页。
② 〔奥〕维特根斯坦:《哲学研究》,陈嘉映译,上海世纪出版社2005年版,第25页。
③ 王振宇:《播音基础教学中的模糊概念及方法批判》,《新闻界》2011年第6期。
④ 〔瑞士〕索绪尔:《普通语言学教程》,高名凯译,商务印书馆1980年版,第8页。

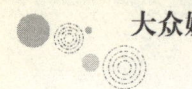

的价值标准与创作目标。这种标准的描述必须是清楚的,且具有普遍意义的。这种普遍意义要求把价值标准还原为声音的物理要素。

一、清晰准确

口语声音通过广播、电视、网络等媒介的传播与生活中的人际语言交流在效果上有着明显的区别。媒介传播会使口语声音的信息传播效果衰减,于是在媒介中需要更清晰准确的声音表达。这种衰减效果首先是因为录音录像技术效果的限制,其次是受众对媒介信息注意力的衰减。技术性限制使人际交往中综合直观的信息传播变成了视听分离的传播形式,例如,电视图像与解说往往传达不同层次和类型的信息。这种分离使受众对口语声音的注意力大幅度地衰减了。同时,受众接受媒体信息一般没有明确的目的,其注意力往往不处于集中的状态。广播、电视、网络等现代媒体的声音传播中的"鸡尾酒会效应"[①]很难保证口语信息传播的有效性。当然,讨论口语声音形式,仅仅明确清晰准确是不够的,更重要的还在于明确清晰准确的普遍意义。清晰准确与声音的物理要素有密切的联系。

首先,口语声音的清晰度体现在音强方面。声音传播的物理过程这里不赘述,但值得说明的是,口语声音的强度具有两个方面的含义:一是声音的大小与声带振动的幅度有关;二是发音的纯粹程度与吐字归音的位置与力度有关。从方法上来讲,口语声音的强度一是指气息的强度,二是指咬字的强度。声音强度是口语传播的基础,人们通常用"声如洪钟"来描述强度大的语音,传统的播音发声理论也强调对声音强度的控制。但是需要明确的是,对于当下的媒介技术而言,声音的大小不再是判断是否清晰准确的最关键要素。在媒介技术不发达的时期,大范围的口语传

---

① 鸡尾酒会效应,也叫选择性关注,是指人的一种听力选择能力,在这种情况下,注意力集中在某一个人的谈话之中而忽略背景中其他的对话或噪音。该效应揭示了人类听觉系统中令人惊奇的能力,使我们可以在噪声中谈话。鸡尾酒会效应能够让多数人将很多无关的声音关掉,只选择听自己关注的那一个声音。

播需要通过大音量来保证清晰准确,例如传统的话剧表演、相声表演、歌唱表演等等。技术环境的限制使大范围口语传播的声音形式形成了固定的传统习惯。这种习惯本来是技术性的,而后演化成一种审美倾向。就像摄影技术中的景深效果本来是一定时期内无法克服的技术难题,却在发展中逐渐成为一种摄影艺术的审美要素。而在当下的大众媒介传播中,口语声音形式中音量的要素几乎不再是影响清晰度的要素,音强的意义更多体现在咬字发音的准确度方面。一些咬字力度较弱的口语表达一旦遇到略显不足的视听技术条件,其基本信息的传播效果就难以保证。以孟非曾主持的新闻评论节目《孟非读报》为例,该节目是新闻评论节目的典型代表。但是孟非的口语表达清晰度较低,这源于他咬字的力度太弱。这种声音形式使受众在观看节目时必须投入更多的注意力,这在一定程度上阻碍了有声语言的高效传播。

其次,清晰准确与声音的速度和高度相关。口语声音的速度取决于两个因素,音节的长度和音节之间的停顿。汉语普通话具有基本上一字一音一义的特点,于是发音的音长会直接影响口语的速度。日常生活中人们交流的语速一般在每分钟 200 字左右,大众媒介传播中一般要求的语速通常在每分钟 150 字左右,这正是基于保证清晰准确的目的。清晰度与音高也有一定的关联,通常来讲,音高较高的声音衰减的速度较慢,因此较高的语音相应地也就更清晰准确,例如广播体操口令中的语音都是采用音高较高的声音,从而使之在大范围的传播中也能保证清晰度。传统的新闻播音通常也采用较高的语音,因为在当时的技术条件下,只能通过音高的高度来弥补技术缺陷以达到清晰准确的效果。

不同类型口语对清晰准确具有不同程度的要求。大众媒介口语创作中包含的信息具有不同的类型,主要包括事实类型的信息和情态类型的信息。信息的类型不同对清晰准确的要求也有明显的不同。事实类型的信息要求清晰度较高,这类信息的传达主要依靠口语的文本内容传达;而情态类的信息要求清晰度相对较低,主要依靠语气等外在形式传达。例如新闻播音的声音传播就具有语速较慢、重点突出、力度较强等特征,要求使用标准的普通话,职业化口语特征明显,这些都是以口语的清晰准确为基本目标的。而在许多娱乐节目的口语表达中,清晰准确的要求就相对减弱,主持人可以更灵活地使用语言,甚至可以运用具有方言特征的口语形式为节目增添活力,使声音形式具有表演的艺术化特征。例如,前面提到的《中国好声音》中主持人的结束语就完全不具备清晰度,反而却凸显了其娱乐化的传播效果。

二、重音突出

重音是口语创作声音形式的灵魂,口语声音形式的一切变化都与重音有着密切的联系。这里需要明确重音的概念:"突显(prominence)指一个音节或语音成分在其语境中比其他音节或语音成分听起来更为突出显著。重读(stress)指为突显词或句子里的某个或某些语音成分而特别用力的发音方式。重音指音节的相对突显程度;也可以指重读的、相对突显的音。"①这个概念具有普遍性,但是与此同时,对口语创作的指导价值也就减损了。在这个概念中,重音无所谓正确与否,而在口语创作经验中,尤其是在播音创作的口语经验中,重音是有正误之分的。于是重音在口语创作实践中的定义得到了延伸。张颂先生在《播音创作基础》中这样定义口语重音:"对那些重要的、主要的词或词组,播音时,要着重强调一下,以便突出地、明晰地表达出具体语言的目的和具体的思想感情。我们着重强调的词或词组,就是重音。"②张颂先生从创作的角度给重音下了定义,强调了重音的文本意义,同时说明重音的概念蕴含着主体意志。

(一)重音的形成

首先,有些重音的目的是传达事实信息,是表意的。例如逻辑重音:

---

① 语言学名词审定委员会:《语言学名词》,商务印书馆2011年版,第47页。
② 张颂:《播音创作基础》,北京广播学院出版社1990版,第85页。

"在文学作品的朗诵中,那些不受语法限制,而由句子的潜在含义所确定的必须强调的音节,就是逻辑重音,也叫逻辑强调音。"①从上述概念中的"不受语法限制,而由句子的潜在含义所确定"论述来看,逻辑重音似乎是不以表达主体的意志为转移的,由文本的逻辑决定,于是被称为"逻辑重音"。而句子的潜在含义产生于两个方面,一是文本语境,二是主体意志。我们再来重新审视上述两个关于重音的定义,在范围上,第一个定义是纯语音学的,不涉及意义。第二个定义说明了语句的范围,也就是说逻辑重音和文本语境无关,而仅仅作为文本的句子本身,不能产生内在含义。因此所谓"句子的潜在含义所确定的必须强调的音节"是不存在的。逻辑重音应该由句子本身决定,由通过语言表述世界的先验逻辑决定。语言本身具有表意的目的性。在语言的多种功能中,表意性是最重要的。一句话中不同的词语所蕴含的信息量是不同的。在表意目的的限制下,信息量最多的词语往往成为句子的逻辑重音。因而,需要解决的问题就变成了什么样的词语信息量最多。信息量的多少取决于三个方面:一是语境,二是句子构成,三是词语本身。上文论证过,逻辑重音和语境无关,因此这里我们只讨论后面两个方面。

句子的构成影响逻辑重音。信息存在于与词语中的可预测性形成的相反关系之中。很多情况下,句子中缺失某个词的时候,都能被接受者自动补充完整,而不影响意义的传达。接受者在阅读或者听到句子时其时空顺序是客观的。在意义重合的情况下,前面的词语具有更多的优越性。例如,在"硝烟在战场上弥漫"中,"硝烟"这个词在可能性的逻辑中高度蕴含了"弥漫",因为"硝烟"能形成或者实施的动作是极其有限的,所以在这个句子中"硝烟"就成为信息量最多的词,就成为句子的逻辑重音。汉字是一种表意文字,基本上具有一字一音意的特征。从这个意义上讲,词语的字数决定了其信息量的多寡。在一句话中,字数最多的词语往往形成逻辑重音。例如,我们把"硝烟在战场上弥漫"改成"战场上硝烟弥漫",其

---

① 赵兵、王群:《朗诵艺术创造》,汉语大词典出版社2001年版,第66页。

逻辑重音就发生了变化,"硝烟弥漫"作为一个整体而成为句子的逻辑重音。一般情况下,四字成语或短语通常会成为句子的逻辑重音,复杂的名称往往是句子的重音。需要指明的是,并不是所有的句子都具有逻辑重音。词语在句子中信息量的多少是影响逻辑重音的根本要素。上述三个方面不存在严格的普遍性意义,只是几种在实践中经常会遇到的情况。从文本的整体来看,词语的信息量也会受到语境的影响,但不属于逻辑重音的范畴。

其次,有些重音的形成基于表达情感态度的目的,是表情的。我们举个例子,"有些人做事总是马马虎虎、半途而废,从来没认真做过一件事。"这句话在不同的语境中会有表意和表情的差异。假如这是在给孩子讲道理,那么遵循信息量的原则,会把重音放在"半途而废"上;假如这是在生气状态下教育孩子,则会把重音放到"从来"和"一"上,表示程度和数量。情感重音的形成主要来源于表达者的主观意图,在文本上具有倾向于副词的特征。这说明,表达的重点发生了从事件信息到情感态度的转移。更重要的是,情感重音的意义更多地体现在声音形式上,在后面的章节中我们会重点予以讨论。

另外,有些重音的形成基于其在接受者心理和声音形式上的优势,是先天的。例如从接受者心理的角度讲,由于首因效应和近因效应的影响,句首和句尾的词语经常会更容易被认知。通常来说,短句的句首词语和长句的句尾词语是最容易被感知的。这虽然不属于重音的范畴,但其在实践上有一定的意义。另一种先天重音基于词语先天的声音优势,例如在汉语普通话口语中,字音在声调上的差别就能构成其在重音上的优势。

(二)重音的表达

研究表明,情感句的重音与对应的中性句重音有明显的差异,而且每种情感语句中的重音体现出一定的模式。① 实验性的研究给情感重音的存在提供了经验论证的支持,同时也证明了重音和声音的属性之间具有规律性的联系。从接受者的角度来讲,重音要被明确地感知。这种感知来自于两个方面,一是差异,一是量的优势。"音强、音高、音长、音色"是声音的四要素。四要素在口语表达中分别体现在"强弱、高低、快慢、虚实"中。

首先,上述四个方面都具有表达重音的功能。"音强、音高、音长、音色"是声音的物理特性,"强弱、高低、快慢、虚实"是听觉感受,二者密切相关,后者可以通过前者实现量化,因此,在接受者的感知上就出现了差异和量的对比。人在对事物的感知中,差异性是具有优势的,面对两样东西人们通常会对它们进行区分。语言中的重音则通过声音的不同被感知。通常来讲,人们习惯用在量上更具优势的声音来表达重音,也就是更强、更高、更慢、更虚的声音。其中,强度、高度、速度可以更清楚有效地传达信息;虚声体现了一种更强烈的送气方式,往往体现情感的加重。

其次,重音的声音形式分别被应用于不同的表达情景中。

我们知道,音高变化体现重音。口语表达在很多情境中具有音乐性,例如,受众较多的演讲、娱乐节目主持、朗诵、表达强烈的情感等等。一方面高频声音衰减慢的特性让其在传播信息方面具有更强的优势;另一方面高频声音符合人在情绪激动时的生理表现。在播音创作中,音高变化成为最有效的表达重音的方式。口语中存在有规律的音高变化,以汉语普通话为例,调值从形状和相对值两个方面对音高变化进行了规范。四声的调值为"阴平 55、阳平 35、上声 214、去声 51",高平调的阴平处于优势地位,从而更容易被认知;加之由于日常发声习惯,也更容易被强调,上声则反之。在严格意义上说,四声之间的音高差值是固定的,不遵循这个相对音高的语言不是普通话。人们在日常的口语表达中,很少用提高音高的方式强调重音。

---

① 李爱军:《情感句重音模式》,《第七届中国语音学学术会议暨语音学前沿问题国际论坛论文集》,2006 年。

在播音创作中,口语表达要求具有音乐性的美,调值的限制性只在"形状"的方面起作用,而字词之间的相对音高限制则被打破了。在播音创作中,很多情况用绝对音高的提升来表达重音。例如,春晚中节目主持人说,"大家新年好"。其中,"好"字本来是上声,处于全句中音高的最低值,但主持人往往把这个字音发得很高以表达激动热烈的情绪。

强弱和快慢的变化,较之其他两个变化更为复杂。强弱变化体现在力度变化和气息量变化两个方面,在日常口语表达中通常会用更强的咬字来表达重音。咬字力度的提升有两个方面的效果,一是使词语更清晰,一是通过生理上的联动来小幅度提升气息量从而提升音量。强弱变化经常被用来在强烈情绪中表达重音,例如"咬牙切齿"这个词就描绘了仇恨的发声状态。快慢的变化体现在音长的变化和停顿的变化两个方面。快慢的变化也被广泛地应用到各种情景中的重音表达上。一般情况下,被拖长的字词和停顿前后的字词都能有效地得到强调。之所以要单独讨论情感重音的表达,一方面因为它较之逻辑重音的表达更为复杂,另一方面它的构成正是从表达的意义上实现的。表达逻辑重音最典型的口语形式是新闻播音。在早期的新闻播音中,重音通过提高音高和放慢语速的方式体现。这些年,新闻播音逐渐放弃了提高音高的方法,改用更接近日常口语的加强咬字来表达重音,同时也相对提升了语速。这体现了新闻播音实践放弃情绪渲染,力图向客观传递信息的态度转变的趋势。而情感重音的表现则需要相反的模式,强烈的反差和大气息量体现强烈的情感,所以情感重音的表达是综合性的体现。其中虚实变化具有一些优势,因为虚实变化能最直接地体现气息量的变化。另外,情感重音的构成和表达体现在词语在句中的不同位置。很多语音学研究者通过实验的方法试图找到不同情感支配下情感重音的一般模式。

最后,情感重音的表达模式具有一定的普遍性。

情感的表达在理论上不仅仅和重音有关,在口语创作基础理论中,情感的表达主要通过语气来实现,和节奏有着非常密切的关系。无论是语气还是节奏都可以整体或者部分地还原到"重音"概念的层面来解释。这里的"重音",指的就是情感重音,主要受音节在语句中位置的影响,和句子的意义无关。这里的"重音"是纯语音学的。我们把人的情感从方向和能量两个方面进行划分。方向指的是人在情感上的积极和消极体验,例如喜悦就是正向的情感,忧郁就是负向的情感;能量指的是情感兴奋程度或表达情感所释放的能量,例如痛苦的能量较高,而郁闷的能量则较低。在这样的划分下,我们可以通过高低和虚实两个维度对情感重音进行把握。句末重音影响情绪的方向和能量,同时体现疑问语气。但相关研究表明"情感句中重音落在句末韵律词上的概率更大。……愤怒的句重音在句末的情况占有绝对优势,几乎没有在句首的情况。"[1]相比之下,情绪的能量越低,句末重音出现的概率也就越低,在不同的情绪下句末重音的出现和表现形式也会有所不同。在负面情绪的支配下,句末重音的表达通常通过声音的增强来实现,声音的增强源于气息和唇齿力度。在正面情绪的支配下,句末重音的表达通常通过音高的提升来实现,体现出一种类似疑问句的上升语调。例如在"非常高兴"的情绪支配下,句末重音会增强和较大幅度地提高音高。这和人在激动时的生理状态有关。重音的虚实集中反映了情绪的能量。情绪的能量和语言气息量的多少具有生理上的牢固联系。而在日常语言交流中,气息量的多少主要通过声音的虚实得到体现。比较常见的例证是,口语中的语气助词如"啊、呀、哎"等,都是通过送气的方式来表达的。在情感重音的表达中,虚声具有同样的作用。从对词语的考察中可以得知,描绘正向情绪的词语较少,而且含义区分较小;描绘负面情绪的词语较多,而且特色鲜明。负向的情绪显得更为复杂,虚声在负向情绪的表达中通常被使用的更多。

三、声显其情

口语通过语气表达情感,语气是声音形式中的一个综合概念。张颂

---

[1] 李爱军:《情感句重音模式》,《第七届中国语音学学术会议暨语音学前沿问题国际论坛论文集》,2006年。

先生认为,语气由两个方面构成:一是一定的具体的思想情感,二是一定的具体的声音形式。① 这里谈到了"思想情感",思想和情感属于两个不同层面的意识范畴,思想通过语言的内容传达,情感与态度通过声音的形式传达。因此,语气是表现具体的情感、态度的声音形式。传统理论中首先讲解了语气的感情色彩和分量,列举了正确、错误、反对、支持、赞扬、批判、严肃、亲切等态度概念,以及挚爱、憎恨、悲痛、喜悦、热望、焦虑、恐惧等情感概念。这些概念其实就是态度与情感本身,而称之为语气的感情色彩是牵强的,也是没有意义的。因为语气是表达这些情感的声音形式,不能把情感与语气等同起来,或者认为其是语气的一部分。当然,情感与语气的关系是非常紧密的,对于口语来讲情感与语气是实体和属性的关系,二者是不可分的。例如,我们总是说"亲切的语气""令人恐惧的语气"等等。对于口语创作来讲,仅仅停留在概念层面是不够的。情感、态度与声音形式都必须在更细致的层面建立对应关系,这样才能使概念与理论具有实践意义。简单地说,"亲切的语气是什么样的?"回答了这个问题,才能把语气的概念和理论应用到实践层面。对这种问题的回答,需要把声音形式还原到声音要素的层面,一方面对情感、态度进行划分,另一方面用"强弱、高低、快慢、虚实"去衡量每一类情感态度,从而建立起有效的联系。

(一)情感态度的划分

情感态度是一种特殊的意识形式,它介于人的直观感性与思维理性之间。人的意识形式从欲望到情感意志再到思想,是一个逐渐提升的过程,这个过程的形式是从直观到反思的变化,从感官到语言的变化。假设在饥饿时想吃红烧肉,如果闭上眼睛想象,这时头脑中的表征是以图像的形式出现,也就是一碗肉而不是"红烧肉"三个字。低级的意识形式往往通过视听感官形式表现,而思维层面的意识则只能以抽象的语言作为表

---

① 张颂:《播音创作基础》,北京广播学院出版社1990年版,第96页。

现形式。情感、态度恰恰处于中间状态,一方面情感基于动物性的欲望,另一方面还受到理性伦理的制约。于是作为听觉直观与抽象语言结合的口语形式就成为表达情感态度的最佳形式。情感的特殊复杂性决定其多样性与模糊性,例如"高兴""快乐""喜悦"等概念很难理清它们之间的区别。对情感态度的划分不能过于细致,需要在一定的标准下进行。

斯宾诺莎认为:"所有一切情感皆从欲望、快乐或痛苦派生出来,也可以说,除了这三种情感之外,没有别的情感,所有一切不同的情感不过是用来表示这三种原始情感间的关系和外在迹象的变迁之不同的名称而已。"①这三种基本情感为所有的情感形式提供了划分的标准,快乐与痛苦从给人自身意志带来增加或者减损的角度进行划分。斯宾诺莎说:"快乐与痛苦乃是足以增加或减少、促进或妨碍一个人保持他自己存在的力量或者努力的情感。而所谓保持他自己的存在的努力,就是同时与心灵和身体相关联而言,即是冲动和欲望。"②欲望的增加或者减少体现了快乐与痛苦,增加或减少的程度体现了情感所蕴含的能量。从这个角度而言,情感可以通过方向与程度两个方面进行划分。从方向上来讲,分为积极与消极的情感;从程度上而言,分为强烈与平淡的情感。根据上述标准,情感划分如下:

程度 方向	强烈的	平淡的
积极的	兴奋 喜悦	开心 窃喜
消极的	痛苦 仇恨 恐惧 惊慌 焦急 歇斯底里 愤怒	忧伤 抑郁 失望 惋惜 厌恶 羞耻

情感的命名直接对应了人们对情感的理解,可以发现描述积极情绪的词语非常少,而且区分度较低;描述消极情感的词语较多,而且各具特色。这与语言的功能性有关,人处于积极快乐情绪时,通常是感官作用,

---

① 〔荷兰〕斯宾诺莎:《伦理学》,贺麟译,商务印书馆1958年版,第151页。
② 〔荷兰〕斯宾诺莎:《伦理学》,贺麟译,商务印书馆1958年版,第140页。

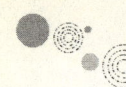

从而反思性差,于是词语单调;处于消极情绪时,处于排解宣泄的状态,需要进行准确的反思与描述,于是就会呈现出多样性。文艺作品所表现的人类情感也体现出类似的特征。当然,无论是情绪还是程度的方向,其变化都是一个循序渐进的过程,积极、消极与强烈、平淡只是提供了一个方向。这个类型化的情感判断就是口语创作的情感基调,方向、程度和声音形式中的各种要素具有一定程度的对应关系。后面将会详细讨论这个问题。

情感的构成具有复杂性。简单的快乐与痛苦无法体现细节,于是对语气的讨论也只能停留在基调的层面。因此,对情感的划分需要进一步细化。笛卡尔在《论心灵的情感》中说道:"简单的和初始的激情的种类并不多。这样的激情只有六种,即惊奇、爱、恨、欲望、高兴、悲哀。其他各种激情都是由这六种组成的,或从属于这六种。"[1]笛卡尔在书中探讨了激情与肉体是如何相互作用的,试图建立意识与肉体之间的某种联系。例如笛卡尔认为惊奇的独特性质是我们看不到心脏和血液的变化,这种论述恰恰类似于语气的研究,研究情感如何与声音形式相互关联。笛卡尔的六种基本情感较之斯宾诺沙的划分,最明显的是独立提出爱、恨这两种态度性的情感。态度区别于情绪的最主要特征是其对象性,"情绪"是一种自在的状态,而"态度"则必须有对象,无论是人还是其他事物。在口语创作中,态度的表达非常重要。当然,态度同样可以纳入方向与程度的范畴,但是态度的表达涉及"对象感"和"内在语"的问题,从另一个角度影响口语的声音形式,下个小节将讨论该问题。

霍布斯认为:"这些被称为欲望、爱好、爱情、嫌恶、憎恨、快乐和悲伤等等单纯的激情,在不同的考虑下,名词也不同。第一,当它们一个接一个出现时,便会随着人们对于达到其欲望的可能性的看法的不同而有不同的名称;第二,它们也会由于被爱好或被憎恨的对象而有不同的名称;

---

[1] 〔英〕笛卡尔:《笛卡尔的智慧》,王劲玉、刘烨编译,中国电影出版社2007年版,第201页。

第三是由于许多激情总在一起考虑;第四则是由于变动或连续状体本身。"①霍布斯的划分与笛卡尔的一致性程度较高,只是在方向与程度的基础上加入了爱情、憎恨等态度概念。这些对情感、态度的划分大多是试图找出人类情感构成的基本要素,然后与人的行为建立充分的联系,这种探索是具有科学态度的。在面对口语表达的声音形式与情感、态度之间的联系时,这种科学的态度显得尤为重要。对于口语创作者来讲,类似于"这里应该用肯定的语气!""这里应该用怀疑的语气!""这里应该用赞美的语气!"这样的判断是不充分的,需要进一步落实到声音形式的具体构成因素上去。

(二)情感、态度与声音形式的关联

上面曾经提到,声音形式的变化由"强弱、高低、快慢、虚实"四个方面构成,这四个方面的变化通过人的生理机制与情感、态度产生联系。也就是说,某种类型的情感、态度在声音形式的变化上具有一定的规律。当然,这种规律不如自然科学那般严格,只是对生活经验的一些归纳和解释,仍然会有一些特殊的情感形式超出整体规律之外,这些情感、态度大多细致而复杂,其表现往往不是靠单纯的声音形式就可以表现的。

首先,情感的方向与声音的高低变化有关。声音的高低变化集中体现为语势,尤其是句尾的语势最能体现情感的方向。声音的高低取决于声带振动的频率,而声带振动频率与声带的松紧相关。声带越紧其振动的频率就越高,类似于乐器的弦。人的身体状态往往体现出在整体上的一致性,快乐的情绪是自身力量的增加,这种增加是身体逐渐紧张的过程,于是声音的音高会随之提升。音高由低到高的变化能体现出快乐的情绪。例如,联欢会主持人的语言总是把句尾高高的上扬以烘托热闹的气氛。在日常生活的口语交流中,快乐的情绪也通过这种上扬的语势来表现。反之,痛苦的情绪通常由下降的语势来表现,人的状态从积极到消

---

① 〔英〕霍布斯:《利维坦》,黎思复、黎廷弼译,商务印书馆1985年版,第39页。

极的变化伴随的是力量的缺失,句尾在声音的强弱和高低方面都会有所下降。值得注意的是,这种规律是情绪表现的规律,在态度表达上往往会呈现略微差异的样式,例如对仇恨、愤怒的表达,其句尾的声音形式往往也是释放性的,这些情绪由于有特定的对象,句尾在高低和强弱上的释放是针对对象的体现,而且根据情绪表达的整体来看,其走势依然是渐弱的。

其次,情感的程度与声音的强弱、快慢、虚实等相关。情感的强烈程度通过人在身体上的反应与声音产生多方面的联系。通常来讲,情感越强烈,声音越强、越快,声音中的虚声越多。这三个方面的声音要素主要通过呼吸与情感发生联系。强烈的情感会引起人的一系列身体变化,例如瞳孔放大、心跳加快、气管扩张等,其中与声音形式发生强烈联系的变化就是呼吸的变化,强烈的情感增大了气息量,具体反映在呼吸的频率和每次吸气的强度上。气息量直接决定了声音的强弱,呼吸的频率又影响了语速和声音的虚实程度。气息量越大,声音就越强,相应地引起音高的上升,例如生活中歇斯底里的叫喊就是由大气息量支撑的一种高强度的声音;呼吸频率的增加,或引起语速的加快,或增加语言中单音节的呼气量。由于口语表达中音节的长度是有限的,大气息量往往通过虚声送气来实现,因此,情感的强弱程度通过呼吸与声音的强弱、快慢、虚实正相关(如下图)。

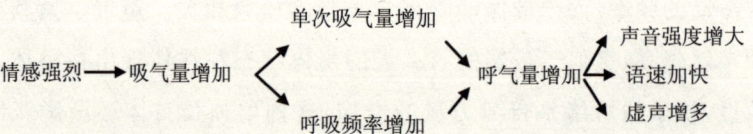

情感与声音形式的联系虽然是多方面的,但其实都源于同样的生理过程。在口语创作实践中,可以通过呼吸控制直接反映不同程度的情感。当然,情绪表达需要通过专业的发声基础训练才能熟练掌握。

(三)口语创作的情感坐标

影视拍摄理论研究中有学者提出了"情节—情绪线"的概念,"所谓'情节—情绪线'就是一个坐标图。横坐标是情节线,表示情节发展线索,纵坐标是情绪线,表示情绪类别。使用'情节—情绪线'有助于摄制组系统控制影片的影调。"[1]这个理论对于口语创作具有极大的借鉴意义。同样的结构下,我们可以建立口语创作的情感坐标。纵坐标代表情感的方向与程度,原点以上代表正向积极的情感,原点以下代表负向消极的情感,每个情感点在纵坐标上的映射到原点的绝对值代表情感的强烈程度。也就是说,越向上的点越体现快乐情绪,越向下的点越体现痛苦的情绪,情感程度与其到原点的距离正相关。横坐标代表口语创作的时间轴,代表不同的叙事或者议论内容在顺叙上的先后。通过情感坐标可以对口语创作进行整体的情感把握,同时曲线的走向可以直观地反映出语势与气息控制的基本方法,从而使情感与声音形式保持整体的一致性。这里以屠格涅夫的短文《麻雀》的朗读为例,直观地对情感坐标加以说明。短文朗读是"死口"的口语创作形式,在播音理论中属于"有稿播音",这使我们更容易把视点集中于情感与声音形式的联系的层面。

我打猎回来,走在林荫路上。猎狗跑在我的前面。突然,我的猎狗放慢脚步,悄悄地向前走,好像嗅到了前面有什么野物。

风猛烈地摇撼着路旁的梧桐树。我顺着林荫路望去,看见一只小麻雀呆呆地站在地上,无可奈何地拍打着小翅膀。它嘴角嫩黄,头上长着绒毛,分明是刚出生不久,从巢里掉下来的。

猎狗慢慢地走近小麻雀,嗅了嗅,张开大嘴,露出锋利的牙齿。突然,一只老麻雀从一棵树上飞下来,像一块石头似的落在猎狗面前。它扎煞起全身的羽毛,绝望地尖叫着。老麻雀用自

---

[1] 刘书亮:《影调之情与影调系统控制——"情节—情绪线"在影视拍摄中的作用》,《当代电影》2000 年第 2 期。

己的身躯掩护着小麻雀,想拯救自己的幼儿。可是因为紧张,它浑身发抖了,发出嘶哑的声音。它呆立着不动,准备着一场搏斗。在它看来,猎狗是个多么庞大的怪物啊!可是它不能安然地站在高高的没有危险的树枝上,一种强大的力量使它飞了下来。

　　猎狗愣住了,它可能没料到老麻雀会有这么大的勇气,慢慢地,慢慢地向后退。我急忙唤回我的猎狗,带着它走开了。

该短文是一篇叙事性的作品,从情感层次上大致可以分为以下几个层次:前两段是平实的叙述,情感是平淡的;第三段情绪的强烈程度有所上升;第四段达到整个故事的高潮,结尾趋于平淡。这是一篇"麻雀虽小,五脏俱全"的短文,起承转合的结构十分完整,其朗读从口语叙事角度而言具有代表性。

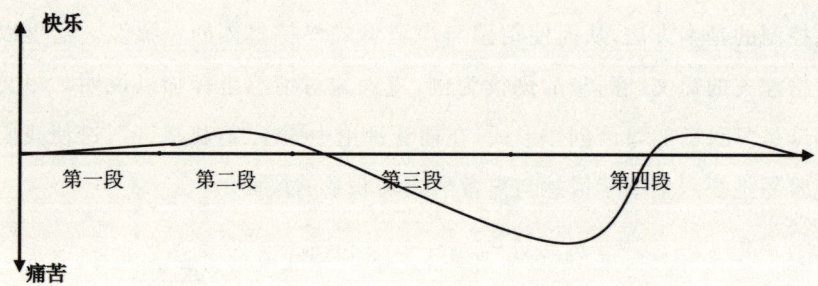

通过上面的坐标可以看出,整个作品的情感高潮处于强烈的消极情绪中,是从平淡的积极情绪逐渐向下的一个过程。在口语创作过程中,曲线的方向表明不同语句的语势,曲线的幅度给呼吸控制提供了参考。当然,该段曲线是整体性的,分析式口语创作的应用需要更加细致的情感曲线,这里不再赘述。

四、对象感

"对象感"是播音主持创作中的一个常用概念,它一方面有指导播音语言创作的方法论意义,另一方面也是对播音主持创作进行审美批评的重要依据。"对象感"本应在上述两个方面体现其实践价值,但是传统理论中对于它的演绎显然不足以起到应有的作用。"播音员、主持人必须设想和感觉到对象的存在和对象的反应,必须从感觉上意识到受众的心理,如要求、愿望、情绪等,并由此调动自己的思想感情,使之处于运动状态。"[①]张颂先生把对象感定义为思想情感的一种运动状态。而"思想情感在运动"与"运动的思想情感"在意义上并没有太大区别。在这个定义中,思想感情是对象感最后的载体,于是思想感情就成了人们判断一次播音创作实践是否具有对象感的依据。而事实上,思想感情必须在表情和声音上得到体现,才能被认知对象所接收。所以对象感若能充分发挥其方法论意义,就必须在声音形式上得到落实。同时,只有把审美标准建立在显现的声音形式上,审美主体才能有效地进行批评和赏析。

对象感在播音创作理论中是作为内部技巧的一种存在。"内在语、情景再现、对象感"共同构成了播音创作的内部技巧,而这三者在性质上有明显的区别。内在语是一种含义,情景再现是一种方法,而对象感则是一种表现。从结构上似乎形成了"含义通过方法得到显现"的过程,然而实际上三者又指向不同的内涵与表象。这种混乱一方面是由于用词造成的,另一方面则源于概念本身的模糊特征。所以在这里,需要重新审视"对象感"的清楚含义。

斯坦尼斯拉夫斯基曾说:"没有对象,这些话就不可能说得使自己和听的人都相信有说出的实际必要。"[②]这句话被认为是对象感的理论依据,但原有概念对它的演绎和分析尚有不足。从斯坦尼斯拉夫斯基的描述中可以推论出,表达过程中,对象的存在对主客体都产生影响,使传播者和接受者都"相信有说出的实际必要"。于是对象感是播音创作实践中主客体共同产生的一种感受,这种感受在传播者那里是方法,在接受者那

[①] 张颂:《播音创作基础》,北京广播学院出版社1990年版,第61页。
[②] 转引自张颂:《播音创作基础》,北京广播学院出版社1990年版,第60页。

里是审美效果。这就又一次指向了开始谈到的对象感的两个意义。然而"感受"是主观的,主客体之间无法通过类似心灵感应的方式对这种感受进行统一,在这个层面上对象感仍然是形而上学的概念,无法在实践中得到印证。所以主客体的感受之间就需要一种可量化的现实存在作为连接,从而把对象感具体化。只有具体化的对象感才有指导实践和进行审美批评的功能。《现代汉语词典》中把对象定义为"行动或思考时作为目标的人或事物。"① 从定义中可以发现,对象以思考或者行为为基础。口语创作中的对象感以口语创作实践活动为基础。在不同的口语创作实践中,对象可以划分为虚拟的对象与现实的对象。所谓虚拟的对象是指创作文本中涉及的表达对象,例如某个表达母爱的作品,母亲就是虚拟的对象。所谓现实的对象是指传播活动中的受众。

我们先来考察虚拟对象。从先验逻辑的角度出发,在时空、量、质、关系、样式五个方面对虚拟对象进行分析,并探讨其与声音形式的关联。

第一,时空指的是口语创作活动的传播环境,主要体现为主体和对象的空间距离。对于不同距离的对象通过声音高低的变化来实现其对象感的变化。高频率的声音在传播过程中衰减得较慢,所以传得更远。而声音频率的高低体现在听觉上就是音高的变化。人们习惯于用更高的声音来和远处的人对话。通过对时空环境的准确想象,调整在音高和音强上的具体变化,是实现对象感的有效途径。这里的准确想象部分地印证了内部技巧中的情景再现。情景再现也只有通过具体的时空划分才能产生效果。

第二,量指的是对象的数量。传播活动中,对象的数量是非常重要的因素。从文本到形式,它从很多方面都对传播活动产生影响。首先对象数量的变化在很大程度上影响了时空的变化,所以对象的数量也和音高变化产生了直接的联系。更重要的是,对象越多,就要求在语言表达中越形象、清晰、简单。勒庞提出:"影响群众想象力的,并不是事实本身,而是

---

① 中国社会科学院语言研究所词典编辑室编:《现代汉语词典》(第6版),商务印书馆2012年版,第330页。

他们发生和引起注意的方式。"①这里的方式和语言表达的声音形式有着密切的联系。对象的数量越多,在表达中就需要越多的情绪,而情绪的多少在声音形式上体现为变化的幅度和气声的使用。通常来讲,高低、强弱变化的幅度越大,情绪就显得越饱满;由气息引起的虚声越多、越强,情绪就显得越激动。勒庞还提出:"作出简洁有力的断言,是让某种观念进入群众头脑最可靠的办法之一。"②在某些特定的播音创作活动中,声音的强弱也和对象的数量紧密联系在一起。这里的强弱,不仅仅指音量的强弱,也指口腔控制的咬字力度的强弱。强有力的咬字正是"简洁有力的断言"的有效形式。

第三,质指的是对象的性质。这里主要指年龄、性别、个性等。在划分对象的五个标准中,质与声音形式的联系是最复杂的,涉及高低、强弱、长短、虚实各个方面。因为对象往往是各种性质的综合体,所以声音形式的体现就更为复杂。人们在生活中与婴儿或者儿童说话时,往往会用又高又弱的声音,而且变化幅度较大。这种方式被心理学家称为"母性语言"。这种现象不仅仅发生在对儿童说话时,人们总是在企图用一种与对方更为接近的方式进行交流,例如和年轻的姑娘交流时男士会不自觉地提高音高、减弱强度。播音创作过程中的虚拟对象往往是模糊的,或者作为某种被强化的角色出现。

第四,关系指的是主体和客体所处的地位差异以及主体对客体的情感、态度。一些科学家发现,在各种不同的场合之中,男人会不自觉地把自己的实力、地位与其他男人相比,然后把说话的音调调高或者调低。人们在生活中习惯于用说话音高的变化来体现与对象之间的地位差异。说话声音的高低主要由声带的松紧控制,人们在紧张的状态下声带会拉紧从而提高音高,在放松的状态下则相反,因此,人们用较高的音高来表达适度的紧张从而体现尊重,用较低的音高来表达权威和自信。这种差异

---

① 〔法〕古斯塔夫·勒庞:《乌合之众》,冯克利译,中央编译出版社2005年版,第51页。
② 〔法〕古斯塔夫·勒庞:《乌合之众》,冯克利译,中央编译出版社2005年版,第102页。

体现了主体和对象之间的地位关系。

第五,样式指主体在语言表达中的目的性。这种目的性是明确的指向对象的目的性,例如希望从对象中得到某种事物或者情感的回应。类似于对象感传统理论中提到的"播讲愿望",这种愿望不以播讲本身为对象,而以播讲对象为对象。目的性建立在现实性的基础上,体现为对可能性的一种预期。具体表现为"欲望、志忑、坚定、恐惧"等虚拟语气。虚拟语气的表达在声音形式上与虚实变化的关联程度最高。通常来讲,慢速实声显得目的性弱,快速虚声显得目的性强。呼吸的频率也能体现出目的性的强弱,而这种频率也通过虚声得到显现。对象感与声音形式的关联以先验逻辑的角度主要从声音的高低、变化的幅度、声音的强弱与虚拟语气的表达得到显现。[1]

第二节　创作技巧

就声音形式的层面而言,创作技巧就是创作目标的实践方法与实现过程,是口语创作的目的与情感外化为声音形式的过程。张颂先生把播音创作技巧划分为"内部技巧"与"外部技巧",其实这两部分之间是内容与形式的关系。《播音创作基础》中,创作技巧被简称为"内三外四","内三"指的是"内在语、情景再现、对象感","外四"指的是"重音、停连、语气、节奏"。这些概念在规范性上有一定的局限。如果对这些概念进行反思,我们会发现其实内在语就是口语创作的目的与情感,是内容;情景再现是创作过程与方法,是手段;对象感是传播效果,是目的。而外部技巧是传播效果与声音形式的直接联系,是对更基础层次进行还原的结果。如果沿用原有的概念,那么创作技巧可以简化为,如何把内在语外化的过程,

---

[1] 上述五个方面内容参见王振宇:《电视播音主持中对象感的声音形式》,《边疆经济与文化》,2014年第2期。

是一个对象感得以实现的过程。这个过程不是唯一的，口语创作可以通过不同的方法实现内在语及对象感的显现。这里从分析与综合两个角度来讨论创作过程与方法。这个过程的讨论在深层次上说其实是对人的意识情感与生理反应之间关系的讨论。情感的生理外部表现通常表现在面部表情、姿态身段、语言三个方面。面部表情和姿态身段通过肌肉和腺体的变化来体现情感；语言通过声音形式的诸多要素反映情感变化。几乎所有的情感变化都会伴随着人生理上的变更，如心跳、血压、生物电反应、瞳孔等等，这些变化往往是不受人的主观意志支配的，也就是在不自觉的状态下实现的。情感与生理状态的相互作用一直是心理学研究的主要内容之一。这个相互作用的不同过程恰恰决定了口语创作技巧的不同方法。

一、综合法

美国心理学家詹姆斯和丹麦心理学家兰格提出情感是植物性神经活动的产物。詹姆斯认为，情感体验是人对生理机能的主观体验，先是有机体变化，然后才有情绪。例如，"悲伤由哭泣引起""愤怒由打斗招致"。格兰认为，情绪是内脏活动的结果，特别是与血管变化有关。两人的表述有所差异，但基本观点是一致的：外部刺激引起生理反应，进而刺激产生情绪体验。该理论在心理学研究中颇有争议，但是至少对于口语创作技巧而言，是具有很大实践价值的。"情景再现"的方法，即通过身体状态的变化带动情绪变化的过程，这个过程是直观的，是通过身体状态的自觉调整引起情绪变化从而作用于声音形式的过程。这个过程中没有对声音形式诸多要素的分析，没有对口语文本逐字逐句的处理，因此这个过程是综合的。

(一)"情景再现"的批判与继承

"播音员理解和感受稿件的过程，不但感受到了内中的形象：'景'，而且感受到了内中的神采：'情'，从而达到了情景交融的境界。这个过程，

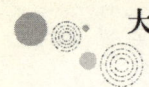

我们就叫它'情景再现'。"①这个定义是《播音创作基础》中张颂先生提出的,当然其口语创作的主体被限定在了播音员的范围,创作活动也更倾向于有稿播音的形式。可以看出这里再现的对象是以文本为依据的,情与景皆是文本中所体现的情与景,而文本本身是没有情与景的。对于口语创作而言,无论是完整的稿件还是口语提纲,都是以抽象文字为载体的。这些文字只有在与创作主体充分结合之后才能产生所谓的"景"与"情",因此再现的对象只能是情感本身,而不是口语文本。当然,张颂先生强调的是创作主体要能对口语文本注入情感,并且表现出来。同时,在内部技巧的层面强调情感的注入,然而这个过程对于受众来讲是没有意义的。前面我们曾谈到,衡量口语创作作品的标准是从结果出发的。也就是说,创作主体是否感受到了情感并不重要,重要的是受众是否感受到了情景的显现。对于受众的接收效果而言,创作主体积极的情感投入是一种有效的方法,但不是必要的,同时也是不充分的。情景再现中的"现"具有两个层面的含义:一是创作主体感受的再现,是方法;一是受众接受效果中的再现,是目的。本章主要讨论方法意义的情景再现。

情景再现是对创作主体身体状态的一种再现。詹姆斯的理论认为,刺激通过身体状态的变化引起情绪的改变。在这个过程中,身体状态的变化是不自觉的。而情景再现要求创作主体做出积极主动的身体状态的调整,从而引起情绪的变化。身体状态的调整依赖自身生活经验的积累,同时也可以通过专业的学习获得。张颂先生说:"情景再现不是被动的自然物,它必须通过主持人的主动进取。"②这说明了情景再现的主动意义。然而传统理论中对情景再现过程的梳理是值得商榷的。这个过程被描述为"理清头绪—设身处地—触景生情—现身说法"。

"理清头绪"主要针对"景"的再现,要求明确再现画面的发展以及景别、布局等图像要素,这个过程是很难实现的。视觉信息在头脑中的表征

---

① 张颂:《播音创作基础》,北京广播学院出版社 1990 年版,第 51 页。
② 张颂:《播音创作基础》,北京广播学院出版社 1990 年版,第 52 页。

通常是模糊的、轮廓性的,而且具有瞬时记忆的特点。对于普通人而言,图像细节的还原需要投入大量的精力,这个过程很难和口语表达同时进行。而且,即使表征信息被想象得非常清楚细致,其与声音形式之间的关联性仍然是缺失的。并不是头脑中想到了,说出来的就一定是生动的。例如对诗歌的朗读,"明月别枝惊鹊,清风半夜鸣蝉。稻花香里说丰年,听取蛙声一片。"这是典型的景物描写,第一句是近景描写枝头的鸟儿飞走了,第二句是全景描写并伴随听觉信息,第三句是远景描写并伴随听觉信息。把这些视听信息在头脑中进行想象是很容易完成的,问题在于想象对于表达能起到多大的作用以及为什么能起作用等问题是没有答案的。理清头绪作为一种分析步骤与情景再现这种综合直观的方法是相悖的。

"设身处地"更进一步地强化综合性感受,要求通过想象的方法假设自己的在场性,从而获得现场感。这比"理清头绪"具有更多的价值,其目的性是明确的,就是要创作主体获得一种现场感受。而如何获得现场感受仍然是需要解决的问题,人的经验是极其有限的,即便是自身体验过的情景也未必能有真切的记忆。因此,"设身处地"需要更明确的规范性信息。这里现场感的获得,就是一种身体状态的获得,是可量化、可模仿、可学习的一种状态,而不是纯粹意识的、主观感受的获得。例如对《骆驼祥子》片段的朗读:"那天,天热得发了狂。太阳刚一出来,地上已像下了火。一些似云非云、似雾非雾的灰气低低地浮在空中,使人觉得憋气。一点风也没有。祥子在院中看了看那灰红的天,打算去拉晚儿——过下午四点再出去;假若挣不上钱的话,他可以一直拉到天亮:夜间无论怎样也比白天好受一些。"该段落描绘了炎热的天气以及祥子的心理活动,按照设身处地的要求,要假设自己也在炎热的天气中。对炎热体验的回忆是很容易的,关键在于这种回忆如何反映在口语创作的声音形式中。因此,这时需要再现的不是天上炽热的太阳、空气中的温度等等,而是在炎热天气中说话的状态,是对呼吸、肢体等动作姿态的再现,并通过这些影响口语的声音形式。只有如此,这个再现的过程才能得以实现,从而体现设身处地的价值。

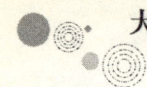 大众媒介口语创作

"触景生情"被认为是"情景再现"的核心。而传统理论对这个核心概念的解释却无法令人信服。例如"是一种'水到渠成''月移影动'的心理机制","刹那间动员了全部经验积累和张开了全部认识神经而达到的'顿悟'",这种完全缺乏科学性的语言,无论从发展理论还是指导实践的角度来看都没有积极的价值。从整体上看,传统理论表述的情景再现的问题在于割裂地看待"情"和"景"。所谓"触景生情",强调"触"的在场性,而不是通过头脑的想象,"触景生情"是自发的过程,这与创作技巧要求的主动自觉性也是相悖的。因此,情景再现中所需要的不是"触景生情",而是通过自觉调动身体状态而产生情感。

"现身说法"原是佛教语言①,指通过世俗的形象传播佛法。现代的含义为,通过具体的情景尤其是亲身经历来说明某种道理。也就是说,现身说法是以说理为目的的,在这里引申为情感的传播。这个阶段是情景再现涉及受众的阶段,也是触及了目的性价值的阶段。这里"现身"需要限定在声音形式的范畴之内,而不包含形象化的语言内容。"法"指情感受,"现身说法"其实是"情景再现"的同义反复。由此可以看出传统理论中情景再现的步骤对于口语创作来讲,其实践价值是不够充分的。对方法意义上的"情景再现"的理解,需要建立在还原身体状态的基础之上,也就是前面所提到的:情景再现是创作主体身体状态的一种再现。

(二)身状态的控制要领

情感与身体状态相互作用的过程中,身体的生理变化体现在血液、腺体等内部层面。而这些内部层面的身体状态不是主观意志可以控制的,对身体状态的控制体现在几个直观外部层面上。"情绪和情感是一种内部的主观体验,但在情绪和情感发生时,又总是伴随着某种外部表现。这种外部表现也就是可以观察到的某些行为特征,这些与情绪、情感有关的

---

① 出自《楞严经》卷六:"我与彼前,皆现其身,而为说法,令其成就。"

行为表现,叫做表情。"①心理学研究认为:表情分为面部表情、姿态表情、语调表情。口语创作过程中,正是需要通过对面部表情与姿态表情的控制,实现语调表情与情感的一致。表情不仅仅是情绪的外部表现,按照詹姆斯—兰格理论,这些客观生理表现引起了主观的心理情绪。尽管这种理论存在有争议,但是表情对情绪的反馈作用却得到了普遍性的认可。心理学家做过这样一个实验:要求实验者假装微笑或者通过皱眉来收缩面部肌肉,然后向实验者呈现一系列卡通片。结果表明,假装微笑组比皱眉组报告感觉愉快且认为卡通片更有趣。其他相关研究还表明,假装的表情可以使人感受到恐惧、发怒、悲伤和厌恶。这说明面部表情可以激活或放大某些情绪状态。② 身体姿态的相关研究也有与此大致相同的结果。口语创作过程中,创作主体原本是处于没有情感表达的状态,通过面部表情与姿态的主动调整使身体进入某种情景之中,这种情绪自然地带动语调表情,于是情感就通过声音传达了出来。这个从情感到声音的过程是直观综合的。

使用面部表情带动各种不同情绪,是口语创作的重要技巧。情景再现首先是通过回忆和联想唤起自己的某种表情经验。人的面部由44块肌肉和两块骨头组成,由于面部肌肉并未与骨头紧密连接,于是肌肉可以灵活自由地移动。研究表明,整体来看人的表情大致有7000多种。人们的面部表情可以引发其他人的面部表情,例如微笑往往会得到微笑的回报。因此,主动自觉地控制表情对于口语创作的情绪表达来讲尤为重要。在印度,有大约600个大笑俱乐部,这些俱乐部的活动主题即是大笑,从假装笑逐渐变成真正笑。③ 这个过程正是通过面部表情的活动来控制情绪的实践。对表情的主动控制主要通过面部几个关键性的肌肉活动。负面情绪的获得可以通过眼眉之间的"达尔文忧愁肌"④来完成,正面情绪

---

① 彭聃龄主编:《普通心理学》,北京师范大学出版社2001年版,第371页。
② 彭聃龄主编:《普通心理学》,北京师范大学出版社2001年版,第375页。
③ 《五官奥妙》,BBC纪录片,James Erskine/David Stewart 导演,2001年。
④ 达尔文忧愁肌,指眉毛内侧向中间靠拢,形成马蹄状。

的获得主要通过嘴角的上扬与眼睛周围的肌肉运动获得。如何判断一个人的笑容是否发自内心,一个重要的表情因素就是眼睛周围肌肉紧张与否。"人的表情肌集中分布在面部,其中又以两眼的神经末梢最为集中,人们情绪的细微变化将随时通过瞳孔表现出来。"① 贝尔用下面一段话来说明眼睛的动作:"不论是在由衷地笑、在哭泣、在咳嗽还是在打喷嚏的时候,在每次激烈的呼吸动作里,眼轮匝肌就把眼球紧紧压缩起来。"② 对眼睛及其周边肌肉的控制,是再现情绪的重要手段。

达尔文在其最后的著作《人类和动物的表情》中,对人的表情作了详细的研究。以下是几种典型情感的面部表情动作:

痛苦:在尖叫的时候,他们的眼睛就紧闭起来,因此眼睛周围的皮肤起有皱纹,而前额则皱缩起来。嘴张得很大,而双唇以奇特状态向后收缩,因此就形成了一种近于四方的形状,牙龈或者牙齿多少显露出来。

苦恼:在受到长久的苦恼以后,双眼变得晦暗,缺乏表情,并且时常带有少量眼泪。眉毛也时长倾斜,这是眉毛的内段向上升起的缘故。因此,在前额上形成特殊形状的皱纹,同时嘴角向下牵引。

笑:在大声笑或满脸微笑时,两颊和上唇被用力提升起来,鼻子缩短,鼻梁上的皮肤起有细小的横皱纹,并在它的两旁出现斜纵皱纹,通常会露出上门齿。鼻唇形成显著的鼻唇沟。

出神、默想:当一个人陷入深思而忘记了周围的事物,那么他并不会皱眉,不过他的双眼会显得呆木无光。这时候,通常下眼睑向上提起,并且皱眉,正好像一个近视的人尝试去辨认远处物体的情形一样,同时上眼轮匝肌略微收缩起来。

愤怒:在适度愤怒的时候,双眼变得明亮,呼吸也略微加速。鼻孔两翼略微被提升起来。嘴通常紧闭,而且在额上常有皱纹。

冷笑、挑战:露出一侧的犬齿,单单上唇后缩,而且只是后缩到面部一

---

① 欧泽纯:《影视微相艺术论》,中国广播电视出版社 1999 年版,第 27 页。
② 转引自达尔文:《人类和动物的表情》,周邦立译,北京大学出版社 2009 年版,第 103 页。

侧犬齿显露出来的状态;面部本身一般略微向上扬起。

轻蔑:轻蔑的表情由鼻孔附近或者嘴周围的肌肉共同完成。在轻蔑的时候,鼻孔略微向上翻起,显然这是随着上唇的翻起而发生的。所有这些动作都像是我们在闻到一种恶浊气味而想要把它隔开或者排除出去的时候所采取的表情。

惊奇、吃惊:双眉上升,嘴张开双唇突出。瞳孔扩大,颈阔肌收缩。

恐惧:双眼和嘴张得很大,双眉向上升起。鼻翼扩大得很厉害,眼球固定在恐惧的对象上。[①]

姿态表情与有声语言的联系主要体现在身体的松紧状态与呼吸的控制方面。与面部表情主要带动情绪的方向不同,姿态表情还能带动情绪的程度。人处于紧张状态时,身体会相应地收缩,这种收缩主要体现在关节位置上。双肩、肘部、拳头、脚踝、脚趾等位置的收缩与发力,可以使人处于一种紧张的状态之中。此时,情绪的程度就得到了扩张。在口语创作中,力量感可以通过身体的调整获得。著名配音演员童自荣通过穿皮鞋与拖鞋的区别来调整不同角色的情感,这其实就是借助身体发力的状态来影响一系列发声器官的运作,从而对配音的语气产生影响。对于口语创作的情感表达而言,再现身体状态是情景再现这种方法中最核心的内容。通过柔软的、放松的、舒展的状态再现程度较低的情感;通过发力的、紧绷的、收缩的状态再现程度较高的情感。这种状态能够直接作用到声音控制的层面。

除了身体关节的松紧之外,姿态表情内在地受制于呼吸控制,呼吸控制是情绪体验与表现的重要因素。呼吸直接通过氧气影响血液的状态,是主动调整情绪的最好途径。例如,生活中人们经常利用深呼吸平稳情绪。同样的道理,人也可以通过加快呼吸来使情感变得强烈。呼吸大致可以从两个方面进行考量,一是方式,二是频率。呼吸的方式主要由吸气

[①] 达尔文:《人类和动物的表情》,周邦立译,北京大学出版社 2009 年版,第 93、115、133、148、161、162、169、185、193 页,有删减。

的方式决定,分为提气与沉气两种。提气主要通过胸腔肌肉控制来完成,特点是进气量较小同时也比较省力,每次呼吸完成的时间较短;沉气主要通过腹部肌肉的控制来完成,特点是进气量较大同时也相对费力,单次呼吸完成的时间较长。不同的情绪表现出不同的呼吸方式,同样,不同的呼吸方式也能增强不同情绪的体验。例如,笑和哭是人们表达情绪的基本状态。笑的呼吸方式首先是沉气,通过一吸多呼的方式完成,呼气的过程通过膈肌抖动形成发力的停顿。人们总是说"笑得肚子疼"即是由膈肌发力导致的。而哭的呼吸方式首先是提气的,通过多吸一呼的方式完成,吸气的过程通过胸腔控制完成进气量往往不够。人们常说"哭得喘不过气"即是吸气空间局限造成的感受。从更细致的层面来看,痛苦、仇恨、愤怒、幸福、失望等情绪是沉气呼吸;紧张、恐惧、急躁、惊喜等情绪是提气呼吸。通过呼吸频率可以调整情绪的强度,通常来讲,频率越快强度越大。

从严格意义上说,语调表情也是身体状态的一种。在口语创作中,语调表情的获得既是情景再现这种综合方法的目标,又是调整面部表情与姿态表情的目的。语调可以通过重音、节奏等技巧分析予以认知,也可以通过呼吸、力量等状态综合进行把握。张颂先生在《播音创作基础》中对一系列情感的语调表情[①]作出了直观的描绘:

喜:气满声高,口腔似千里轻舟,气息似不绝清流。

爱:气徐声柔,口腔宽松,气息深长。

怒:气粗声重,口腔如鼓,气息如椽。

憎:气足声硬,口腔紧窄,气息猛塞。

悲:气沉声缓,口腔如重负,气息如尽竭。

惧:气提声凝,口腔似冰封,气息如倒流。

欲:气多声放,口腔积极敞开,气息力求畅达。

急:气短声促,口腔似弓箭,气息如穿梭。

---

① 这里的"语调表情"是心理学概念,泛指语言的声音形式变化。播音创作理论中"语调"特指音高的变化模式,创作基础中情感的声音形式被称作"语气"。

冷：气少声平，口腔松软，气息微弱。

静：气舒声细，口腔轻松自如，气息舒缓通常。

疑：气细声黏，口腔欲松还紧，气息欲连不断。①

这些方法之所以是综合的，在于它们主要通过气息与口腔的身体状态建立情感与声音的联系，对声音的描绘已经涉及了分析的方法。上述方法的具体实践与应用存在一定的难度，原因在于对状态的描绘长于文学修辞，而失于准确清楚。例如"不绝清流""似弓箭"等描述很难获得普遍性的认知效果。这也是口语创作理论需要改进的。

二、分析法

在声音形式的层面，口语创作综合法从情感出发，通过身体的感触实现声音与情感的一致。而分析的方法首先是着眼于口语文本的，在对内容精致分析的基础上，直接形成确定的生硬表达的方法，通过这种声音形式来表现感情。通俗地讲，综合法是"以情带声"，而分析法是"以声显情"。当然，口语创作的任务不仅仅是显情，即使在声音形式的层面而言也是如此。分析需要一定的步骤，在不同的阶段完成不同的任务。而且这些步骤需要准确清楚的表达，才能具有实践价值。

第一，明确信息核心，确定重音位置。

情绪信息在大部分的口语创作中是附加的，尽管它经常以聚合的形式与事实信息紧密联系。明确核心信息是口语创作的基础。无论是精致的"死口"创作，还是带有即兴特征的"活口"创作，明确核心信息才能确定声音表达的重点。明确核心信息，首先是对语句目的的明确，语言的逻辑意义、内在的态度情感都包含在声音形式之中。例如2004年《今日说法》栏目播出的《教案姓公还是姓私》节目中的一段评论：

---

① 转引自李新宇主编：《播音创作基础训练教程》，中国传媒大学出版社2011年版，第214～215页。

主持人：其实高老师**不光**是教案的损失，我觉得对于高老师来讲和**学校**打官司，一打打一年多的时间，而且现在还在**反复地**上诉，我觉得好像有些**成本过高**的感觉。打这种官司对双方都是痛苦的，而且你**毕竟**作为这个学校的老师，将来还要**继续服务**于这个学校。

主持人：其实这个案子就让我们看到，现实生活的**复杂性**和**多样性**，任何一个事情我们既可以从这个角度理解，**也可以**从那个角度理解。可能在现实生活当中，很多人会遇到觉得自己受**委屈**的情况，或有别人对待自己**不公平**的情况。在这些情况下，一定要想清楚自己的**处境**是什么。比如说今天我们讨论的案例，**打官司**未必是解决问题最好的方法，协调解决、和平解决可能是能够让**双方双赢**的一个更好的途径。感谢您收看今天的节目。感谢沈教授参与现场讨论。①

该期节目讲述了一位教师因上交的教案丢失与学校发生的一起纠纷，主要涉及教案的归属权问题。通过节目内容和最后的评论可以发现，节目立场是比较明确的。最后两段评论的核心信息有："观点：打官司不值。"——"论据：成本过高，可能引起学校的报复。"——"提炼：能协调解决，最好别打官司。"这里不讨论评论的优劣，基于这样的态度信息要相应地确定声音表达的重音位置（黑体字位置）。这些位置的词语起到了强化态度的作用，当然其表达方法需要更细致的研究。例如，第一句话，"不光""学校""反复地"三个词语在句中的位置相似，容易形成声音形式上的机械重复。因此，三个重音的表达方法应有所区分，例如，"不光"可以用提升音高的方式，后面两个就用放慢语速的方式，以达到形式上的和谐。新闻评论的口语创作中，相对而言运用分析法是更合适的。因为评论时情感、态度的表达相对内敛，情景再现的综合方式更适于带有文艺性质的口语创作。除了情态信息之外，新闻叙事中，需要根据事实信息的逻辑性

---

① 黑体字部分是重音。

确立其表现的重点。例如上述节目中的一段叙事:

> **2002 年 4 月**的一天,**重庆市**南岸区四公里小学的**高丽娅**老师要写一篇教学论文,在经过认真准备、查阅大量资料后,她还想补充一些素材丰富论文的内容。这时,她忽然想起自己当教师这些年上交给学校的那些**旧教案**应该能派上用场。于是,她向自己任教的学校提出,把她以前上交的教案**全部还给她**。几天之后,学校只还给她四本教案,这大大少于高老师上交的数量啊。高丽娅觉得有些奇怪,按照常规,本学校的老师**一学期**基本上要用两个教案本才能备完一册教材。这十几年来,高老师共交给学校 **48 本**教案,其他的在哪里呢?之后,高丽娅**多次**找到学校,要求学校把她的教案全部给她。在她的一再催促下,校方最后告诉她,老师们交上来的旧教案一般都放到**教导处**,如果两年后没有老师取回,学校就把它们统统移交到**档案室**,而档案室再保留两三年后就**自行处理掉**。所以,高丽娅其他的四十几本教案已经**没有**了。①

叙事内容的重音位置与评论性内容往往有较大的区别,前面曾经阐述过该问题。从上述两个案例可以看出,评论性的重音属于"表态"性的,经常出现在副词及修饰词的位置;而叙事中的重音是"表意"性的,通常在表明时间、地点、任务、事件等实词的位置上。明确口语创作的意图,明确核心信息的性质,确立重音位置通常是分析过程的第一步。

第二,预期效果定位,选择表达方式。

口语创作主体需要了解受众的情绪,并且能够引导与控制受众的情绪。这种引导与控制内在地表现为口语创作过程中对传播效果的阶段性的预期。也就是说,创作主体要对自己口语表达的不同阶段,可能收到什么样的反馈有充分的准备以及相应的策略。类似于相声表演中的"铺垫、

---

① 黑体字部分是重音。

包袱"等不同的"活儿"。观众什么时候放松、什么时候紧张、什么时候感动、什么时候笑以及笑到什么程度等问题,表达者要做到"心中有数、应对有方"。"数"就是预期效果的定位,"方"就是表达方式的选择。这里的"数"和"方"都与声音形式具有密切的联系。例如,马三立先生的相声《祖传秘方》中的一段表演:

> 我表弟翔凤,聪明、机灵!怎么样了呢?上当了!他呀是个大胖子,有一毛病,喜欢泡澡,每天都得到澡堂子找那个最热的池子,把浑身上下都泡红了、泡紫了,他才美。要不他身上刺痒,睡不着觉!
>
> 那天晚上一出门,赶上一位,拿着个大塑料包,里面放着好多锡纸包儿,一边走一边吆喝:"带零钱的算来着了啊!嘛玩意儿。家传秘方儿,专治皮肤病。长疖子、长疮、蚊子叮,身上刺挠、痒痒,就用我家传秘方儿,一毛一包,不灵不要钱!"旁边儿这还有翘托的。"来、来、来十包,来十包。""十包不卖您呐,一人就能买两包,家传秘方儿!不灵不要钱!"翔凤一听,不灵不要钱?赶紧过去了:"来两包!来两包!"买这么俩锡纸包儿回去了。
>
> 刚巧赶上那天没泡澡,晚上身上刺痒,睡不着啊……想起这家传秘方儿来了,拿出这锡纸包儿来打开一瞧啊,是个红纸包儿,把红纸包儿打开一瞧是一白纸包儿,打开白纸包儿一瞧,又一白纸包儿……越打越着急,越着急身上越刺痒"这家传秘方儿嘛玩意儿这家传秘方儿?!"打开最后这个白纸包儿啊,里面是一小纸条儿,打开纸条儿一瞧啊,上面写俩字儿:"挠挠。"

这个段落的核心在最后两个字"挠挠",抖包袱的时候要收到良好的效果,也就是观众的笑声。整个创作过程服务于最后的包袱。前面较多的叙事只有两个任务:一个是交代基本的信息,另一个是给笑作铺垫。整个段落的表达大致可以分为三个部分(由段落显示),第一部分交代任务背景信息,第二部分是叙述过程,第三部分进入抖包袱的环节。前两个部分的内容相对乏味,因此尤其需要通过声音形式去凸显其趣味性,使观众保持足够的注意,进入到故事之中。只有引起了观众足够的注意,最终的包袱才能"抖得响"。因此,一些细节上的趣味点就必须强化,例如"最热""泡紫了"中的"紫""他才美"中的"美"必须通过发力和拖长的方式加以强调,虽然不会引起大笑,但却能让观众保持趣味。

第二部分的叙事相对烦琐,有人物对白。马三立先生的创作首先通过天津方言对直接引语作了区分,增强了语言的生活化,使观众能更好地进入到故事情景中去。而且该段落的第三人称叙事部分基本由细节描绘和心理描写构成,这种内容上的差异就对声音创作提出了不同的要求。直接引语部分语速较快,以方言的形式夸张地表达,会增强趣味性;第三人称叙事部分语速相对较慢,注重细节刻画,这是引导观众进入情景。这些目的能否实现直接决定了最后抖包袱的效果。

第三部分采用了相声创作中常用的"三翻四抖"的方法,连续的几个纸包与心理活动都是对最后"挠挠"的铺垫。铺垫的过程需要相对详细,通过虚实结合的声音体现现场感,通过悬念设置让观众进一步进入故事情境。"挠挠"之前适度的停顿,以及忽然换成天津方言说这两个字,这些都增强了幽默的传播效果。通过一系列的铺垫,"包袱"就顺理成章地抖响了。

类似于相声创作中的这种效果预期与方法选择,在口语创作中具有一般性的方法意义。只是不同类型、不同目的的创作预期效果上有所区别而已。例如,有些口语叙事更注重悬疑色彩的设置,有些评论更注重受众情绪的认同感在何时达到高峰,有些脱口秀注重哪些表达能让观众开怀一笑,等等。

第三,节奏与旋律的控制。

节奏和旋律的控制是口语创作声音形式的一般性法则。无论何种类型的口语创作,节奏与旋律的控制都直接决定了受众是否愿意继续听下去。节奏与旋律的控制目标用最简单的话来形容就是"抑扬顿挫"。抑扬即是旋律,往往指句中音高变化的幅度;顿挫是节奏,指快慢与强弱变化的规律。平淡的口语表达在表意上不够清楚,使受众的信息接收变得更加费力;同时,也无法体现有声语言的形式美。例如,网络节目《晓说》就是缺少重点、节奏拖沓的典型代表。

在大部分的语境中,"节奏"意味着周期性,即在时间上有规律的重复的模式。[1] 在音乐中,节奏体现为强弱交替的周期的速度。广播电视口语中的节奏,也通过语音强弱的周期性来实现。在这里,节奏表现为语音强弱对比的程度和周期变化的速度。汉语普通话具有基本上"一字一音一意"的特征,这种特征使口语具有天然的节奏感,口语表达以单个字音为天然的单元。在这个意义上,节奏体现为语速的快慢。同时,口语中的重音强调是通过语音强弱来实现的。在这个意义上,节奏体现为重音表达的力度。在口语创作中,通过调整节奏的快慢、强弱来实现信息的整合、态度的显现。通常来讲,大众媒介口语的节奏比生活口语的节奏更强。这是因为,较之日常口语交流中的接收者,广播电视受众对口语信息的注意力是不足的。一方面,受众对广播电视信息的接收被动性较强;另一方面,图像的信息分散了受众的注意力。认知理论认为:"系统对没被注意的信息的意义不做任何加工,因为被试对刺激的意义没有任何察觉。"[2] 在受众注意相对缺失的广播电视口语传播中,强烈的节奏感是对受众"刺激"的提升。这种方法多用于主持人的口语创作。例如,凤凰卫视主持人马斌就善于通过强烈的语音节奏强化受众需注意的内容,形成了自己独特的口语风格。

旋律体现为一种声音高低的排列变化。汉语普通话作为一种声调语言,有其天然的音乐美。在口语创作中,旋律的主要作用是具有审美意义。一方面口语旋律体现为对节奏的应和,旋律与节奏二者共同起到提升刺激的作用;另一方面更重要的是,旋律能直接地对受众的审美感受产生影响。有的理论这样描述旋律,"它是音高变化序列在心理上产生的一

---

[1] 〔美〕帕泰尔:《音乐、语言与脑》,杨玉芳、蔡丹超译,华东师范大学出版社2012年版,第70页。
[2] 〔美〕M. W. 艾森克、M. T. 基思:《认知心理学(上册)》(第4版),高定国、肖晓云译,华东师范大学出版社2004年版,第179页。

个相互联系的模式网。"①也就是说,旋律可以脱离内容对受众产生直接的影响。旋律在广播电视口语创作中的应用主要体现在解说词配音、广播散文口语表达等领域。例如,纪录片《舌尖上的中国》的解说词配音、《人与自然》的解说词配音都能通过旋律的变化体现与其主题相关的美感。节奏与旋律特征是区分口语形式的重要条件,从生活化口语到职业化口语再到艺术化口语,是一个变化逐渐夸张的过程。可以用曲线图直观地描绘三种口语形式在节奏与旋律方面的不同:

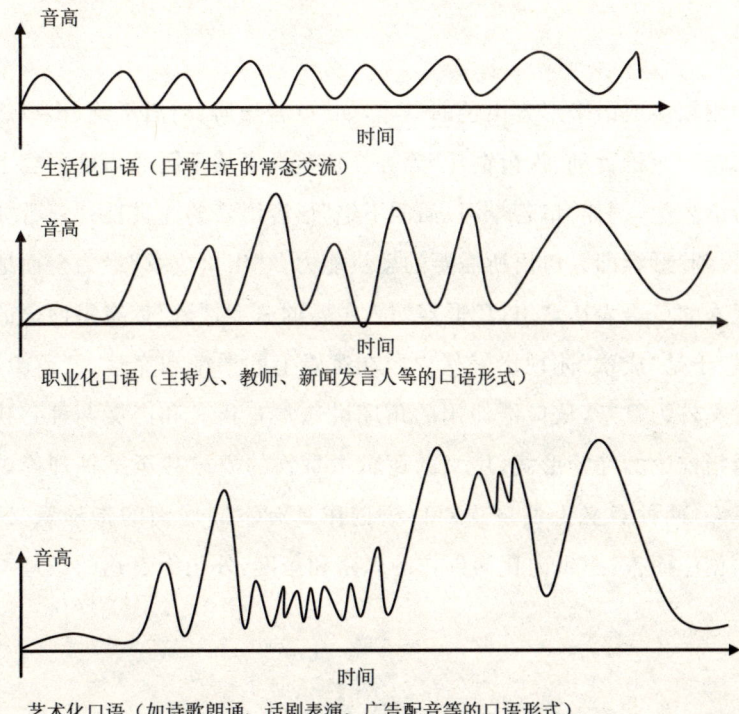

生活化口语(日常生活的常态交流)

职业化口语(主持人、教师、新闻发言人等的口语形式)

艺术化口语(如诗歌朗诵、话剧表演、广告配音等的口语形式)

---

① 〔美〕帕泰尔:《音乐、语言与脑》,杨玉芳、蔡丹超译,华东师范大学出版社2012年版,第142页。

第四章　口语创作的逻辑

人们用很多成语来形容出色的口才，如"口若悬河、滔滔不绝、出口成章、巧舌如簧、唇枪舌剑、铁齿铜牙"等等。这些词语从不同的角度形容了出色的口语表达，例如"口若悬河、滔滔不绝"形容语言的连贯性；"巧舌如簧、唇枪舌剑"形容即兴口语所需要的思辨能力。"出口成章"最为全面地形容了优秀的口语表达，"出口"形容切入主题的速度，"章"带有书面语的客观严谨，于是"成章"体现出表达内容在逻辑上的严密和完整。"逻辑"一词的含义较为复杂，从口语使用的角度讲通常有狭义和广义两种。狭义的逻辑指推论的纯粹形式，广义的逻辑指事物的规律甚至某种理论观点、道理等。两种意义上的逻辑对口语创作具有不同层面的指导意义。对于口语创作而言，逻辑内化为创作的思路和角度，外化为表达的条理与结构。

第一节　形式逻辑的作用

形式逻辑指研究思维形式结构的逻辑。[①] 也就是说，口语创作过程的样式与创作主体的思维形态紧密关联，这种联系就是形式逻辑的作用

---

① 宋文坚主编：《逻辑学》，人民出版社1998年版，第19页。

过程。形式逻辑作用于口语表达的条理与结构。思维形态主要有概念、命题、判断、推理、论证等,这些形态在口语创作中对应不同的要素。概念对应口语创作对象,这里的对象指表达的题材,而不是传播对象。口语创作从对题材的明确与分析开始,这个过程就是概念解析的过程。对象概念的明确使口语创作能控制在有效的范畴之内,避免了"信口开河、离题万里"等创作缺陷。同时,对概念的分析能给创作提供完整的结构,对其发展提供更为细致的框架。命题与判断对应口语表达的观点,观点通过命题的形式表达,判断是添加了主体因素的命题。判断的真假与内容有关,判断的形式直接影响表达的正误。推理、论证对应口语创作的整体结构,对于口语创作具有方法论的意义,推理论证过程的正确、完整与否影响着口语创作的传播效果。

一、对象概念的划分结构

概念的划分结构包括内涵与外延两个方面。概念的内涵就是反映对象的特有属性或本质属性,概念的外延就是指具有所反映的特有属性或本质属性的对象。[①] 在对应现实世界的概念中,内涵反映的是全体的一般性,而外延附加了个体的多样性。例如,"笔"的内涵是"用于书写或者绘画的工具",表现的是所有这类事物的共性特点。而作为外延的各种各样的笔在材料、颜色等方面就产生了多样性的差别。作为口语创作对象的概念通常具有现实性,是对现实世界事物的指称。罗素认为,"所有词语都在一种简单的意义上具有意义:它们都是代表不同于自身的某个东西的符号。"[②]对作为口语创作对象的概念的解析,从内涵与外延、一般性与多样性两个方面展开。

首先,划分的方法展现了概念外延的多样性,细化了口语创作逐渐展

[①] 吴家国主编:《普通逻辑原理》,高等教育出版社1989年版,第29页。
[②] 转引自陈嘉映:《语言哲学》,北京大学出版社2003年版,第49页。

开的结构。划分就是把一个概念的外延分为几个小类的逻辑方法。例如,人们把学科分为哲学、法学、理学、工学、农学、文学、医学、经济学、历史学、艺术学、教育学、军事学、管理学等等。人们在通过网络看电影的时候也会使用由喜剧、动作、悬疑、科幻等组成的电影检索目录。这些都在或严格准确或模糊随意地使用划分这种逻辑方法。对于口语创作来讲,划分就是对表达对象进行分析或认识,然后形成一种描述或者评论的结构。例如,当"学生"成为表达对象的时候,就可以建立"小学生、中学生、大学生、研究生"这样的分类结构,于是对象被细致化了,思路同时也得以打开。值得注意的是,概念是划分的对象,口语表达的对象有时是概念,例如"学生"这个词语也可能是指代具体的形象。当面对形象的时候如果继续使用划分的方法,就基于概念的提炼和形成。例如,面对一个具体的人,人们可从他身上找出多种概念,学生、男孩、帅哥等等。那么,将之划分为"学生"还是划分为"帅哥"就需要加以选择。因此,对于形象的表达对象而言,概念的确定是划分的前提。

  人们在生活中对事物进行划分的时候经常会出现逻辑错误。比如上文我们提到的对于电影的分类就是不准确的。划分有基本的规则,把一个大类分成几个小类,前者叫作划分的母项,后者叫作划分的子项。例如,把脊椎动物划分为:哺乳动物、鱼类、鸟类、爬行动物与两栖动物,脊椎动物就是划分的母项,哺乳动物、鱼类、鸟类、爬行动物与两栖动物就是划分的子项。在这里简单介绍一下划分的基本逻辑规则:

  第一,划分的各子项应当互不相容。所谓互不相容,就是指各子项之间不能有重复。有些研究电视节目的书籍经常把电视节目分为"新闻节目、娱乐节目、谈话节目、体育节目、儿童节目"等,而有些节目既属于新闻节目也属于娱乐节目,比如谈论娱乐新闻事件的节目。这种划分的方法是不够严谨的,在表达中容易引起混乱。

  第二,各子项之和必须穷尽母项。所谓各子项之和穷尽母项,就是各子项之和必须和母项相等,不能多也不能少。比如把少年儿童分为学龄前儿童、小学生、中学生,这种分类就没有穷尽母项,因为忽视了有些少年儿童是不上学的。同时,有些高年级的中学生已经成年,不再属于少年儿童,这就超出了母项的范围。

第三,每次划分必须按同一划分标准进行。划分的标准是一个属性或一些属性。这条规则比较容易理解,违反这条规则往往是导致前两个错误的原因。例如上述电视节目的划分中,新闻是内容、娱乐是目的、谈话是形式、儿童是对象,每一个类别都是基于不同的属性,划分的标准不同,得到的结果一定是混乱的。这一点在构建口语表达结构的时候尤为重要。值得注意的是,划分的逻辑方法给口语表达的结构提供了一个建构的方向,但是,在实际的口语表达中往往不必严格遵守严密的逻辑结构,在内容的选择上往往具有更多的情感或者意志的倾向性。

其次,口语创作中的划分具有常见的标准。受限于口语表达的技术性限制,成为其对象的概念往往具有指称事物的特征。奥古斯丁这样描述人学习概念的过程:"我看见大人称谓某个对象,同时转向这个对象。这时我会猜测,他们用这个声音来指称他们所要指出的那个对象。……我一再听到人们在不同句子中的特定位置上说出这些词语,从而渐渐学会了去理解这些词语是哪些对象的符号,并逐渐学会用自己的口舌吐出这些音符来表达自己的愿望。"[1]人们往往通过指物定义的方式掌握概念,这些概念更多地成为口语创作的对象。也就是口语创作的对象的外延可以通过感官认知,不必有思维的介入——一些涉及具体的事物,例如"电影""灯光";一些涉及人的情感,例如"友谊""爱情"。而抽象概念和哲学概念往往不会成为口语表达尤其是大众传播中口语表达的对象,例如作为单位的"牛顿""摩尔"等。形象概念划分的方法是多样的,但在实际的实践过程中有些常用的方法可以为口语创作提供一般性的思路。

时间和空间给形象概念的划分提供了标准。任何形象的事物都处于时空之中,其自身也经历着时空。于是"时间和空间"配合"主体和对象"就至少从四个方面给形象概念提供了划分的标准,分别是"主体经验的时

---

[1] 〔古罗马〕奥古斯丁:《忏悔录》,周士良译,商务印书馆1997年版,第11~12页。

间""对象经验的时间""对象所处的空间""对象自身的空间",而且这种标准的延伸是开放性的。例如,以电视节目作为口语表达的对象,其可划分为:1980年代的电视节目、1990年代的电视节目、2000年以后的电视节目,这是以主体经验的时间作为依据的划分。而从对象经验的时间则可能是:半个小时以内的电视节目、半个小时至一个小时的电视节目、一个小时以上的电视节目。不同的标准给予评论对象不同的限制性,其评论的角度和方向会发生变化,其开放性展现在对于时间尺度的把握上。又如以"汽车"作为对象,可划分为:美国的汽车、德国的汽车、中国的汽车等等,这是以主体所处的空间为依据的划分。而从对象自身的空间可划分为:小型车、紧凑型车、大型车等等。其开放性体现在对于空间尺度的把握上。

这里我们看一个电视新闻口语表达的实例,以2013年12月8日播出的《焦点访谈·多地遭遇持续雾霾》为例:

> 主持人:今天中央气象台提示的第一句话就是,冷空气将开启中东部"清洁"之旅。深受雾霾影响的人们终于等来了这个好消息,可很多人从来没有像现在这样在大冬天里盼着冷空气,盼着北风刮。一连多日,全国从南到北多个省市都拉响了雾霾警报。
>
> 解说词:12月4号,杭州西湖断桥入冬以来最大范围雾霾让西湖游客骤减;12月5号,上海陆家嘴街头浓雾漂浮,上海遭今年最严重雾霾;12月6号,江苏南京受严重雾霾天气的影响,在户外举行的T台秀上,模特走秀纷纷戴上了口罩;12月7号,河南安阳一名交警在雾霾中指挥,而画面几乎看不见来往的车辆。画面中,雾霾肆虐的场景在全国很多城市纷纷出现。这是中央气象台从12月5号到12月8号公布的霾区分布图,浅色代表中度霾,深色代表重度霾。从图中可以看出,此次雾霾首先以华东地区为主,随后几天华北地区也逐渐被雾霾所笼罩。可以说,这是今年入冬以来,中国范围最大的中度到重度霾天气过程。

该段解说首先采用时空划分的结构,通过细节展示了雾霾天气的严重,其报道的目的恰恰在于说明此次持续雾霾天气的普遍性。在接下来的报道中,延续了这种空间结构。报道的内容逐渐向更一般的层面靠拢。

解说词:在持续发布雾霾红色预警的江苏南京,通过对比可以看到,此前的高楼大厦都已隐藏在一片雾霾之中,甚至连轮廓都模糊不清。本是清晰可见的玄武湖,雾霾来了,湖也看不见了。而在空气指数曾两次达重度污染,PM2.5曾两次爆表的上海,雾霾天气可以说创下了历史纪录。昨天上午9点,记者登上在建的上海中心看到,太阳被雾霾遮住,除了能看到边上的环球金融中心、经贸大厦和东方明珠外,黄浦江对面的建筑都看不清楚了。上海中心的玻璃幕墙吊装工史红利告诉记者,他在上面根本看不到东西,工友之间的合作只能靠对讲机。安徽也是此次雾霾袭击的重灾区,昨日71个市县发布雾霾预警,全省仅4个县幸免。桐城局部地区能见度甚至不超过10米。由于看不清红绿灯,交警只好用哨子来指挥交通。而在山东枣庄,雾霾甚至让市民一度迷路。昨天下午4点,河北省气象台也发布了霾橙色预警和大雾红色预警信号。

此段报道从更全面的角度展开,不再仅仅展示细节,通过访谈的形式更详细地描述了雾霾天气在不同地区的严重状况,是对主体的进一步深化,其结构是空间划分式的。这部分与第一部分结合在一起,整体上也是空间划分的结构,只是在具体部分的描述上有详略的区别。

解说词:受到影响的首先就是人们的出行。河北省东南部,除京昆高速外,其他12条高速全线关闭。石家庄正定国际机场航班也一度停飞。严重的霾不仅对人们的出行,更对日常的生活和工作造成了影响。为了孩子们的健康,江苏一些地区的学校甚至为此停课。而不少人也因为雾霾严重尽量减少了外出。与此同时一些针对雾霾的调侃,也在备受雾霾困扰的公众中流行。类似"遛狗不见狗,狗绳提在手。见绳不见手,狗叫我才走。"这类打油诗让人忍俊不禁之余,也实感无奈。只是无奈归无奈,谁也躲不开。没事不出门,出门戴口罩。在一些受雾霾影响严重的城市,街头戴口罩的人也是越来越多。记者从某大型网站的销售数据观察到,从12月3号开始,口罩的销售量大增。这星期比上星期成交增长了214%。而与去年同期相比增长了903%。成交最多的正是此次受影响最严重的上海、浙江、江苏、北京等地区。不仅人要戴口罩,甚至连火车头在雾霾天气中也用上了特殊装备。由于雾霾空气中含有大量的重金属粒子和粉尘,这些脏物质会附着在车顶严重影响机车的通断电功能。12月5号,首批具有抗雾霾功能的火车头投入运营。

第三部分从雾霾对人们生活影响的角度展开,和前两部分形成了因果结构。但从其段落的内部来看,依然采用了划分的结构,其事实之间呈现明显的并列关系。事实的叙述依然服务于对雾霾天气普遍性的论证。

  解说词:此次雾霾与以往不同的是,人们熟知的雾霾大多发生于北方地区。而这一次南方很多地区也未能幸免甚至更为严重,这是为什么呢?(通过采访来解释)此次大范围的雾霾,已经再次给人们敲响警钟。"同呼吸,共命运"这绝不是一句口号,而"冰冻三尺非一日之寒"这句话可以来形容雾霾成因的复杂。除了工业排放因素外,专家分析目前城市发展无序也是造成大气污染叠加效应的因素。目前环境保护部的数据显示,全国20个省份、104个城市空气质量达到重污染的状态。京津冀、长三角污染区已连成片。今天下午开始,冷空气将自北向南推进,逐步瓦解中东部雾霾困局。

  主持人:以前大家以为雾霾只是京津冀这一带的事儿,但前天东北地区的一些地方已经到了白天伸手不见五指的地步。而现在,"重度污染"这几个字又成了江浙沪天气的主题词。今年这个冬天雾霾已经影响了中国 25 个省市,几乎是大半个中国。环保部的专家说,中国接下来将进入雾霾的高发期。如果城市污染治理不到位,如果不注意城市之间的相互影响,这种状况至少还会持续一二十年。形势逼人,雾霾面前谁都躲不开,防雾霾、治污染已经没有退路。

最后的部分强调了整期节目通过空间划分结构所展示的现象的普遍性。新闻报道的目的从单纯的事实信息延伸到了"防雾霾、治污染已经没有退路"这样的判断。这种判断依据雾霾天气在空间上的普遍性,而这恰恰是通过空间划分的结构所展现的。

对形象概念的多种限制提供了划分的标准。任何划分都是基于对象限制的过程,限制性就是划分的标准。上文提到的时空标准是划分形象概念的基础形式,实际表达过程中的划分往往依据对象自身特点选择不同方面的限制。比较常用的有"质料""数量""功能""承受"等等。例如日常生活中,人们对于眼镜的划分就经常使用"材质"作为标准,分成金属、塑料等等,有时也采用"功能"作为标准,分成近视镜、太阳镜等等。

尺度与标准的选择对表达内容是否有意义、在多大程度上有意义具有决定性作用。这种尺度的选择往往建立在相异的基础上,也就是只有划分之后的各部分之间体现了明显的差别,这种划分的意义才能得以体现。这种差异性也正是表达的关键所在。值得注意的是,划分提供的不仅仅是表达的结构,同时也是思考的方向。表达主体对对象的认识往往可能通过不同尺度的划分而发生改变,也就是对象在多样的逻辑方法中展现其自身。

在口语创作中经常会使用比较的方法,比较作为一种常用结构是划分方法的逆向变形,也就是归类。这种结构首先需要对对象所处的范畴进行判断和选择,其标准选择的方法和划分一致。两种结构的表达在结果上一定是相异的,划分是分析性的,而归类是综合性的。划分的结构表达的重点往往在于对象本身,而归类的结构表达重点往往在于对象的价

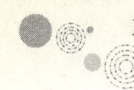

值。前者注重事实,后者注重功效。例如对"娱乐节目"的划分结构,往往更利于表达节目的发展、制作等方面;而其归类结构往往关注其影响。在对 1990 年代娱乐节目和当下娱乐节目的比较中,表达的重点可能有逐渐低俗化的倾向,也可能是娱乐结构的变化;而在娱乐节目和其他电视节目的比较中,往往呈现的是娱乐节目产生的社会影响。

"划分—归类"的逻辑结构很广泛地应用在人们的学习知识的过程中,体现在口语创作中虽不甚严谨,但仍然不失为一种构建的逻辑方法,只要没有明显的逻辑错误就可以被受众接受。这种结构关注事实、关注现象,而不进行价值判断或逻辑推理,于是在形式上是接近于客观表达的结构。

二、判断形式与观点表述

康德认为,单独一个表象(无论是感性表象还是概念)并不构成知识,只有把两个表象或概念用一个"是"联结起来形成一个判断,才构成知识。[1] 口语创作中仅仅有概念是无法表达观点的,判断是概念之间建立联系的形式。不同的判断形式对于口语创作观点所涉及的性质具有直接的影响。一方面,判断的形式影响观点涉及对象的量的范畴,另一方面也在质的层面体现了肯定与否定的差异。这给观点的形成与表达提供了多样性的思路。

从量的角度而言,判断可以分为全称判断、单称判断、特称判断,这是判断对象上量的区分。全称判断对应全体性,通常用"所有的"表示;单称判断对应单一性,通常用"这个"或者专名表示;特称判断对应多样性,通常用"有些"表示。例如,"所有的汽车都有发动机""这辆汽车是我的""有些汽车是电动的"分别为全称、单称与特称。康德的先验逻辑范畴表从单一性、全体性、多样性角度来分析概念为我们提供了思路。当创作主体面

---

[1] 邓晓芒:《康德哲学诸问题》,生活·读书·新知三联书店 2006 年版,第 6 页。

对一个需要进行表述或判断的表象或概念时，可以从全体性出发作出整体性、概括性的交代；还可以针对某个具体的个体进行细致、生动的表述；还可以针对某个部分进行表达。整体的交代通常强调普遍性，语言往往在抽象的层面；个体的表述通常生动，而且具有典型意义；某个部分的表述通常强调其与其他部分的差异。也就是说，通过对对象量的分析，创作角度得到了丰富。当然，从整体上看，很多口语创作是几种角度的结合。

全体性的判断在口语创作中往往起概述或总结的作用，这种文本具有较强的书面语的性质。当判断停留在个体性层面的时候，其所描述的世界是主体直接参与的、形象的社会体验，这恰恰是口头语言的特征。而关注整体性层面的时候，却往往呈现相反的状况"书面文字产生一种与直接体验脱节的抽象的知识"，[①] 由于这种抽象的特点，使得其语言表达难以生动。这个特征对于口语创作来讲，可以说是致命的。例如 2010 年 9 月 16 日《新闻 1+1》节目中的表达：

> 主持人：就在昨天，最高检、最高法、公安部还有司法部对外发出了一个通知，通知里面这么提到："罪当判处死刑的要坚决依法判处死刑。"到底是一个什么样的事情，让公、检、法、司措辞如此严厉，如此重视呢？

主持人的开场语对所论述的观点作出概括性的表达，可以看到其核心判断"罪当处死刑的要坚决依法判处死刑"是全称判断，"罪当判处死刑的"省略了限制词"所有的"，是一般性、概括性的表述。而且该段落简练，起到了总述的作用。

> 解说词：今天，众多媒体报道纷纷将死刑与食品安全放到了一起，而报道的来源是 4 个部门联合发布的一份通知。昨天，最高人民法院、最高人民检察院、公安部、司法部联合发布《关于依法严惩危害食品安全犯罪活动的通知》，要求依法遏制和从严打

---

① 〔美〕约翰·菲斯克：《电视文化》，祁阿红、张鲲译，商务印书馆 2005 年版，第 152 页。

击危害食品安全犯罪活动。事实上早在今年2月,高调亮相被给予厚望的国务院食品安全委员会由15个部门组成,公安部就是成员之一。时隔7个月,公、检、法、司4家又联手发文关注食品安全。这样的姿态向公众透露出的显然是一个强烈的信号。

解说词交代了新闻事件,关于四部门的通知的表述是单一性的。但这个段落的核心在于对观点的补充,回答了主持人的提问。此时,"危害食品安全犯罪"依然是在全体性的层面。以"危害食品安全犯罪"为主语的判断是全体性的层面,而"三鹿事件""苏丹红事件"等名称就具有单一性。也就是说,当口语表达的对象涉及具体的单一性危害食品安全事件时,创作角度也就发生了变化。整体性、抽象层面的表达几乎占据了该期节目的全部篇幅。仅仅在电话连线的访谈中,嘉宾提到了单一性的案例。这种长期停留在全体层面的表述会对受众在认知和接受心理方面起到负面的作用。相比之下,个体的、单一的角度会使口语的内容更加具体形象,从而提升口语创作的趣味。例如,2014年6月20日《新闻1+1》节目关于高考状元的论述:

> 片头解说:去年,他是辽宁文科状元,然而他退学港大重新复读。今年,他又是辽宁文科状元,然而面对媒体,他希望"把我忘掉"。包揽文理状元,连续15年夺冠,河北衡水中学,今年再发高考喜报。学校生产高考状元,社会关注。高考状元,《新闻1+1》今日关注:高考状元,遗忘还是热捧?

该段片头解说没有从"高考状元"这个概念的全体性出发,而是着眼于一个人。从个体出发的角度较有故事性,容易引起观众的注意。同时,对与高考状元密切相关的"中学"的表述,也是从单一的角度出发,简述了河北衡水中学的事迹。这些都是单一角度的体现。

> 主持人:一说到农作物,在全国很多的地区,更多的是在秋天的时候进入到收获的季节。但是如果说是高考状元的话,那

么6月底,也就是这段日子就是收获的季节。你看这个分,全国各省市自治区出来已经快一个星期了,关于状元的新闻一个接着一个让你还真是眼花缭乱。但是突然想起,三年前的时候教育部的新闻发言人就明确表示过,希望不再炒作状元。来,听听三年前的那段同期声。

教育部发言人:教育部一直要求各地的教育部门,不要对考生成绩进行排名,不要公布高考状元。我们也特别真诚地希望,各方面都不要炒作高考状元。推进素质教育需要全社会的努力,大家共同为孩子的全面健康成长营造一个良好的氛围。

主持人开场以及访谈作为整期节目的开头,依然从整体性的角度进行综述。但紧接着,其论述马上又进入单一性的层面。

这是辽宁省今年的文科高考第一名刘丁宁通过当地媒体发出的一封公开信。这封公开信发出之后,被许多媒体原文转发,而信的内容主要是教育、责任、梦想三个主题。除此之外,刘丁宁着重表达的是,希望能够按照自己的意愿安静生活。

从量的角度而言,判断的形式给观点表述提供了思路。结合现代媒体的技术特点,全体性与个体性的层面应用于口语创作的不同阶段,发挥各自的功能。这是遵循逻辑思维与媒介特点的结果。

从质的角度讲,判断具有肯定与否定两种形式。"在自然语言中,当我们要否定一个命题时,可以把否定词加在整个命题上,也可以把否定词加在该命题的某些成分上。"[①]口语中观点的表达经常以否定的形式出现。康德的范畴表中通过肯定性、否定性、限制性来分析判断。面对一个对象概念时,形成判断的多样性也可以从这个角度展开。肯定的判断形成知识,而否定的判断主要是形成批判。否定使知识得以发展并保持其科学性。否定判断说明事物之间不存在某种联系,其具有拆穿虚假联系,

---

① 宋文坚主编:《逻辑学》,人民出版社1998年版,第45页。

揭示真相的作用。在媒介口语创作的观点表述中,否定的形式是常见的,这与媒介的舆论监督与社会批判职能有关。值得注意的是,无论是肯定还是否定,结论通常是在有限的范畴内,是在一定的条件下成立的。对这种限制条件的分析是媒介论述事实的重要思路与方法。在形式逻辑中,否定命题被称为负命题,是对一个肯定命题的否定。于是在负命题与原命题之间形成了一种相反的真假关系,两种形式集中体现了逆向思维。在媒介口语创作中,对人们常识判断的逆向思考往往能找到创意的突破口。当然,逆向思维不是简单的"抬杠",不是做直白的是非善恶的争论,而是通过论证与解释原判断的负判断去发现新的问题。在限制性的条件下,使论述更具科学理性的精神。例如,在人们的常识中,"赔偿"与"责任"具有肯定性的联系,"赔偿的人是有责任的",但是法律却规定了一些"无责任赔偿"的情况。这些规定是基于理性而非常识的,因而对这个逆命题的关注就容易把握冲突,使口语创作显出新意与深度。再例如,"犯罪"与"刑事责任"、"运动"与"健康"、"传统文化"与"继承"等等,这些概念在常识上都具有肯定性的联系,而其否定形式往往对创作思路具有启发作用。

例如,2009年7月北京教育电视台《大家说法》栏目报道了一起交通事故。一男子行窃后翻越护栏,结果被撞死。死者家属把司机及保险公司告上法庭。栏目围绕该事件进行论述,其中一段访谈如下:

主持人:……应该说呢,这个案件到现在为止呢,我们会发现这样一个问题是比较关键的,就是这个事情算不算是一个交通事故?

被访律师:是的,因为我们从法律方面规定就是说,指车辆在道路上有过错嘛,或者说意外造成的人身伤亡或者财产损失的事件,那么都算作是交通事故。……

……

主持人:……就是说哪些事情不算是交通事故?

被访律师：如果说行人是故意撞机动车的话，这是不负赔偿责任的。所以这个故意呢，可能也就变成了争议很大的事情。本案中机动车也属于无过错。确实我也能够理解，机动车的车主觉得自己很冤枉，但是这里头有个问题就是法律就是这样规定的。我们更希望，将来法律当中可以更细化这个条款。

　　该案件中，保险公司认为此事件不是交通事故，并以此为由拒绝赔偿，所以"这件事是不是交通事故"这个问题就显得很重要。律师的观点是肯定性的，这也代表了节目的观点。而主持人在接下来的访谈中从否定的角度重新对观点进行了反思，"哪些事情不算是交通事故？"这个问题的设计思路显然是从否定的角度出发的，这使主持人和嘉宾共同完成了一次相对更全面、深入的口语创作。

三、口语中的逻辑论证

　　普通逻辑中的论证就是用一个已知为真的判断确定另一个判断为真的思维过程。[①] 论证由论题、论据和论证方式三个方面构成。论证是一个推理的过程，推理是论证的形式，论证是推理的具体应用。口语创作需要通过有声语言把这个过程展现出来，从而表达观点，起到说服的作用。论证根据其应用的推理形式的不同，可以分为演绎论证、归纳论证、类比论证三种基本类型，分别是演绎推理、归纳推理与类比推理的具体应用。简单地说，演绎论证是从一般性到特殊性的推理过程；归纳论证是从特殊性到一般性的推理过程；类比论证是从特殊性到特殊性的推理过程。不同种类的论证在口语创作中有着不同程度的应用。对于受众而言，不同形式论证的传播效果也具有一定的差异。整体来说，口语的瞬时性特征与推理过程的复杂程度是相悖的，抽象复杂的推理过程很难被受众完整地记忆，从而给其认同带来了巨大的困难。

---

① 吴家国主编：《普通逻辑原理》，高等教育出版社1989年版，第29页。

演绎推理在口语创作中需要以最简单的形式体现。关于口语形式与抽象内容的关系前文有所论述,因此口语中的演绎推理需要具备前提表述简单、推理步骤少、结论形式简单等特征。例如,下面这段演绎推理就不适合用口语的形式表达:

> 法律对自杀的惩罚是没收动产。本法案免除了对他的没收财产之惩罚。自杀对国家的损害比带着财产离开国家的人要小。如果后者不加惩罚,则前者也不应受惩罚。至于其树立的榜样,我们不必害怕他的影响。人们太爱惜生命了,不会经常去剥夺自己的生命。无论如何,没收财产这种惩罚不会防止自杀。因为发现一个人能这样冷静地决定放弃生命,是那样厌倦了此世的生活,以至于宁肯去做死的实验,我们能假定处于这种心理状态的他会担心没收财产对他的家庭造成的损失吗?①

这是一段相对复杂的演绎推理,其基本逻辑是这样的:第一,对国家损害更大的行为要受到更严重的惩罚。带着财产离开国家比自杀危害大,应该比自杀受到更严重的惩罚,带着财产离开国家不受罚,因此自杀不能受罚。第二,没收动产的目的是为了通过震慑防止自杀,自杀的人不会被没收财产所震慑,没收动产不能防止自杀。综上所述,自杀的人不应该没收其动产。这个论证由两部分组成,提出了两点理由支持核心观点。无论从部分还是从整体来看都是演绎推理的过程对于相对复杂的过程,若通过口语的形式表述则会造成信息传递的障碍。在口语创作中,演绎推理基本都由简单的三段论构成。但值得注意的是,演绎论证有一定的科学规则,而媒介口语创作经常因其关注的问题而隐含地违反规则。在第二章中列举了《南京零距离》栏目有关韩寒的论证,其演绎过程是这样的:影响中国就能影响世界,韩寒影响了中国,于是韩寒影响了世界。这是一个简单的三段论形式,其逻辑推理过程没有问题。但是问题在于论

---

① 美国总统杰斐逊为《罪刑相称法案》的条文所做的注释。

证中的关键概念"影响"是模糊的。论证规则中,论题必须是一个有确定真值的命题,论题中的谓词必须有确定的外延。① 上述论题中,"影响"一词就没有确定的外延,该概念具有程度上的不确定性,这种不确定性无法形成客观或者公认的标准。论证这样的论题,就相当于论证"苹果比橘子好吃"这样的观点。《时代》周刊对"影响世界100人"的评选及其候选人的公布,本身就是一个缺乏严肃性的娱乐事件,而媒介把它当作严肃的新闻事件强行用演绎逻辑去论证,于是其评论虽能一时服人之口,却无法长久服人之心。大众媒介口语创作中所涉及的概念经常涉及艺术、娱乐等审美问题,社会新闻事件的评论也往往涉及人的主观意识,模糊概念的出现几乎是不可避免的,所以,论证的这条法则就显得尤为重要。

演绎论证由于其抽象特征在口语创作中的应用受到了较多的限制,归纳论证与类比论证的方式则恰恰适应了口语传播的技术特点。归纳推理的论证过程由特殊性的事物组成,对于受众而言,具体的事件、直观的事物在认知上没有难度,因此,这种方式在大众媒介中应用比较广泛。例如,2013年7月27日《新闻调查·城管与小贩》的开头解说:

> 7月17日,湖南临武县瓜农邓正加在与当地城管的肢体冲突中倒地死亡,6名城管被警方以涉嫌故意伤害罪拘留,目前邓正加的尸检结果还没有公布,具体的冲突过程和死因结论还不明确,公众还在持续关注当中。
>
> 其实这些年来,每过一段时间,人们都会听到一起城管和小贩之间暴力冲突的新闻,不是城管伤小贩,就是小贩伤城管。近两个月就已经连续发生了几起暴力事件:5月31日,延安城管踩踏一名商户头部引起公愤;6月2日,广州又传来城管遭小贩殴打的消息。城管和小贩之间为什么会频频以暴力相对?《新闻调查》前往延安和广州,在这两个新闻事发地进行调查。

---

① 宋文坚主编:《逻辑学》,人民出版社1998年版,第360~361页。

该段解说的目的在于引出该期节目要分析的核心问题"城管与小贩之间频频以暴力相对",命题本身的成立是所有论述的基础,该段落通过归纳的方式说明了这种现象的普遍性。归纳的方式通常从直观经验开始,到普遍规律结束,是一个由表及里、由浅入深的逻辑过程。类比论证是一个从特殊经验到特殊经验的推理过程,如果两个事物之间具有某些相同的特殊属性,其中一个具有某种属性,那么推测另一事物也具有该属性。类比推理是或然性推理。与演绎推理的必然性不同,归纳推理和类比推理都是或然性推理,也就是说,即使前提正确,其结论也未必是正确的。相比之下,类比推理结论的可靠性相对较低。但是由于其从经验到经验的形式特别适应口语的需要,因此在大众媒介口语创作中被广泛地应用。例如,2014年5月23日《老梁观世界·宽恕需要资格》节目中的一段论述:

> 第二点,这封信里面写了,刚才我们大家也看到了,说林森浩啊其实平常是个好人。汶川地震时候他捐了800元,比绝大多数人捐款都多。而且平常省吃俭用的,家里很困难。曾经在医院工作的时候拒收红包,为农民工连续服务一周都不喊累。由此可见他不是极其凶残的人,应该给一条活路。我认为这更加不成立,为什么呢?世上就没有绝对的坏人和绝对的好人。即使是一个非常凶残的坏人,你也能在他身上找到类似林森浩这样的优点。因为没有人会坏透了,一点优点都没有。那么我们怎么能因为他平时的一些优点,就对他所犯的重大罪刑网开一面呢?我给大家讲一个故事,可能有朋友知道,在1996年到1998年期间,中国发生了一个特大的杀人案——白宝山案件。这个白宝山虽然文化不高,犯罪智商却极高。在监狱里杀死了两个人,出来之后杀死了包括军人、警察和无辜群众15个人,这可以说非常凶残。可是就是这样的人,最后警察把他抓走的时候出现了这样一幕,他最后交代的时候说:"其实你们几个警察

来身上带着枪我都知道。我这也有枪,我完全有能力把你们都打死。"因为这话不是白宝山吹牛,他的射术非常精准。可是他为什么没有掏枪打那些警察呢?他说:"正在这个时候在我家,我妈进来了。我根本不可能当着我妈的面杀人,我做不到。"你看,如此凶残的罪犯,他在母亲面前都表现出如此柔软令人动容的一面。但是我们能根据这个就说你白宝山不判死刑了,你的罪大恶极的那些事情就不处理了,这是不可能的。所以说这177名同学说出这些理由完全不成立。

该段落主持人要论证"177名同学说出这些理由完全不成立",首先采用了演绎论证的方式,也就是从"世上没有绝对的坏人……"这个一般性经验上进行推理。然而,在口语中这些论述显得不够有力。随后主持人采用了类比论证的方式,与白宝山案件进行了比较,从而从更直观的层面得出了结论,起到直指人心的作用。当然这个论证未必能让人信服,一方面类比论证本身就是或然性论证,另一方面白宝山案件与复旦大学投毒案件并非在多方面都是高度相似的。在类比推理中结论的可靠性由以下两个方面决定:第一,如果前提所提供的类比对象相同(或相似)的属性越多,那么,结论的可靠性就越高;第二,前提中所提供的相同属性与推移属性之间的联系越密切,则结论的可靠程度就越高。[①] 口语创作中的类比推理也需要遵循其本身的逻辑规则。在同期节目中,另一个类比论证,相对就有更多的可靠性:

> 二审判决的重中之重,最关键的,什么呢?就是我们要判断林森浩是直接故意杀人还是间接故意杀人。有人说,你说这什么意思啊?比方说,两口子领个孩子,这个男的恨这个女人,恨他老婆背叛,他就想了一招,在自己家的饭菜里下毒,把自己老婆毒死。那么下毒的过程当中,他老婆吃了毒死了,结果孩子跟着吃

---

① 吴家国主编:《普通逻辑原理》,高等教育出版社1989年版,第249页。

了也毒死了。那么这个时候呢，其实他完全能想到自己在饭菜里下毒，不仅会毒死自己的老婆，也会毒死自己的孩子。那么他没想害自个儿孩子，可是他应该预计到这个下毒两个人都会吃。那么他杀死了他的老婆，这个叫直接故意杀人；那么他害死了他的孩子，这叫间接故意杀人。这个在私法上量刑是不一样的，那么我们现在看，林森浩是直接故意杀人还是间接故意杀人呢？

上述段落用了一个简洁的故事与复旦大学投毒案件作类比，除了与复旦大学投毒案件具有更多的相似之外，该故事还起到了解释说明的作用。在议论的过程中，为了解释某个事件或者原理往往通过类比的方式去简化事件，具有说明的功能。如上述议论就是用简洁的故事解释直接与间接故意杀人的概念，虽然不是科学严谨的表述，但更容易理解，传播效果更好。

演绎论证、归纳论证和类比论证各自具有不同的功能，结论的可靠性也有所区别，传播效果也不尽相同，在大众媒介的口语创作中，无论哪种方式，经验论证的部分总是需要凸显的。所谓"事实胜于雄辩"在口语文化的语境中得到了强化。三种论证方式中，类比论证是最具影响力的，而演绎和归纳的方式，往往作为对口语创作的整体的布局谋篇策略，类比的方式更多体现为一种处理具体问题的技巧，三者具有不同层面的作用和功能。

第二节　因果关系

亚里士多德认为："人们如果没有把握住一件事物的'为什么'，是不会以为自己已经认识这一事物的。"[①] 因果关系是人们最重要的信息需求，受众通过媒介了解世界、认识世界，因果关系自然也是最核心的信息之一。在形式逻辑中，如果一个现象引起了另一个现象的发生，那么二者

---

① 北京大学哲学系外国哲学史教研室编译：《古希腊罗马哲学》，商务印书馆1982年版，第249页。

之间就具有了因果关系。前者是原因,后者是结果。原因和结果具有时间上的线性关系。人们认识因果关系的过程往往是非线性的,总是先认识结果,而后才认识原因。与此同时,人们还具有对未来进行合理判断和预期的能力。人们习惯于对原因和结果作出分析,因果关系是人类认识世界的基本逻辑方法。在人类的各种文化中,对因果关系的讨论不胜枚举,很多著名的思想家也都对该问题作出过深刻的论述甚至怀疑。

一、因果关系的基本含义

这里不打算涉及因果关系在哲学上的争议和复杂争论,只是从逻辑常识的角度,从因果关系的常识性认识出发,试图说明因果关系对口语创作的价值和意义。通常的意义上,原因发生在结果之前,原因导致结果的发生,原因和结果之间有必然的联系。在口语创作中,特别是大众媒介口语创作中,对于因果的解释和分析是评论的重要方法和常用结构。这种结构更多地适合于分析或者论证的形式,许多新闻事件作为口语创作的对象其价值不仅仅在于事件本身,更重要的是事件的起因和影响。围绕任何一个中心事件都存在两对基本的因果事件,可提出两个基本问题,即为什么会发生?事件的发生导致了什么?

将全部自然科学主要建立于因果性之上其实正是西方科学精神的根本特色。[①] 在自然科学领域中,所有事件的发生都遵守自然因果的规律,分析因果关系的意义就在于这种联系本身。在人们参与复杂的社会事件中,每个人的决策都参与到了因果关系之中,有一个环节充当了非常重要的意义,那就是自由意志。自由意志使人能够采取主动的行为,这种行为可能对相继而来的事件产生决定性的影响。在这种情况下,人的决策行动并不取决于周围环境因素的影响,所以对于事件的因果判断就出现了因果关系之外的价值。因果结构的核心不在于事件本身,而是对事件中

---

① 邓晓芒:《康德哲学诸问题》,生活·读书·新知三联书店 2006 年版,第 47 页。

各种人的决策作出道德或价值的判断。这里举例说明,比如以"中国当下城市的交通违章现象"为题进行论述。如果对这个概念进行"划分",那么可能建立"机动车的违章、非机动车的违章、行人的违章"这样的评论结构。在这样的结构下,交通违章的各种现象得以更细致、更全面的展现,可使受众更深入地了解哪些行为是不合法的。而在因果判断的作用下,建立"交通违章现象、机动车数量的增加、路权分配的改变、人们交通意识的滞后"这样的结构。这个论述过程把"交通违章现象"作为结果,探究结果产生的原因,整个论述的价值在于找到问题的关键症结,并试图通过分析讨论解决问题的方法。价值判断是口语评论的重要目标。在当下人们的伦理常识中,其依据在于行动者的动机和结果与影响的功利性。人们行为的动机是因果判断中一个重要的主观因素。例如上一节《老梁观世界》有关复旦大学林森浩投毒案件的案例中,主持人对林森浩是主观恶意的分析,即是因果探析的一种体现。

在口语创作的因果结构中,核心事件不仅作为结果出现,同时也作为原因存在。也就是通过对事件结果产生的各种影响进行论述,建立一种时间上指向未来(相对核心事件而言)的因果结构。在这种结构中,判断新闻事件在功利主义原则中的善恶往往是其目的。在大众媒介口语创作中,因果结构能把各种事实组织在紧密而有效的联系之中,不同经验事实间构成时空上的连续性,而不是并列关系。因果结构常常用于新闻评论,在评论中探寻新闻事件发生的原因,同时对新闻事件所引发的结果进行价值判断。从原因到结果,结果作为原因再到结果的过程,向受众展示出一个从事实到判断的思维过程,从而展开口语评论的内容,评论的深度也通过这个思维过程得以实现。

在大众媒介口语创作中,因果关系的含义非常丰富。一方面它是不同事实间联系的展现,另一方面它也能显现为一种思维的联系。这在媒体实践中是十分常见的。这里通过一个案例来说明这个问题。2013年11月,"安徽蚌埠菊花展落幕,市民哄抢菊花"的消息在网络上引起人们的关注。2013年12月18日的《焦点访谈》针对该事件进行了论述:

解说词:这是 11 月 25 号上午 9 点,在安徽省蚌埠市中山公园内的菊花广场上,聚集着很多人正在挑拣仍在盛开的菊花。

随后以"花弄回去准备做什么"等问题进行了简单的采访。让观众直观地了解了新闻事件的发生。这里"哄抢菊花"的新闻事件首先作为结果呈现,一方面符合人们认知事物的习惯,同时也能有效地提升受众的观看兴趣。

解说词:这边市民一盆一盆搬运着菊花,而不远处就站着工作人员,为什么他们不拦着这些搬花的市民,眼看着菊花被搬空呢?

解说词通过提问向观众交代了报道发展的趋向,并通过对工作人员的采访解答问题。

解说词:原来菊展已经在 11 月 24 号结束,主办方和园林管理处已经将好的品种拿回到园林苗圃了。剩下的一些是大众品种,拉回去既增加成本,又不一定能养活。考虑到市民对这些还在开放的鲜花很是喜欢,所以主办方决定让市民把剩下的这些花,拿回家栽培。而为此,物业公司也加派了人手,增加了 50 多名保安在现场维持秩序,防止市民的哄抢行为,现场也非网上所说的混乱不堪。

解说篇幅短小,但具备了基本的因果结构,形成了一个"结果设问——原因解释"的框架,在这里"主办方的赠与"与"市民搬走菊花"之间是一种事实间的因果关系。

解说词:看来现实情况并不像网上所说的市民哄抢菊花,而是在主办方允许的情况下,市民将菊花带走。同样的情景还出现在济南,有媒体报道 11 月 25 号上午,济南解放阁上千盆菊花被济南市民哄抢,现场一片狼藉。而照片显示,抢花的有男有

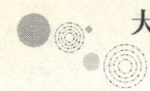

女,有拎着塑料袋来的,有推着小车来的,甚至还有用轮椅来装花的。然而记者采访后发现,网上所说的哄抢行为同样也不真实。工作人员表示,这些市民并不是抢花,是得到允许的,展览之后,把花赠给市民的活动已经进行了4年。

……

解说词:在网络上流传的这些照片中,有张照片格外引人注目。照片上一位男子用手推车推了满满一车菊花,神情非常轻松自然。然而几天后记者在公园采访时,竟然见到了这名男子,原来他并不是普通市民,而是济南环城公园景区的一名绿化工作人员。

……

解说词:赠送说成了哄抢,工作人员说成了没有素质的市民。看来这眼见并不为实,几张照片反映出的不一定是真相。有可能还扭曲了事实,让当事人蒙受了不白之冤。

该段解说与第一部分形成了并列关系,两者不构成因果关系。在整体上,两个报道都作为证据存在,在观众的思维判断中作为原因存在,判断的结果是网络上有关哄抢菊花的传言是失实的。论述由此得到了深化,而后续内容则将这种关系进一步延伸。

解说词:不久前在陕西咸阳也发生了一件类似的事情。几名市科协的干部,因为两张发在网络上的照片,遭到了网友的强烈质疑。在这两张陕西咸阳市科协主席穿鞋套下乡调研的照片上,几个领导模样的人站在一个露天果蔬大棚外听取介绍,而所有人脚上竟然都穿着蓝色的鞋套。有网友说去机房这些需要保持清洁的地方才穿鞋套,在乡间实地考察还穿鞋套的意思是鞋子太金贵吗?不过也有网友说,凡事不可断章取义,要弄清楚事实后再说。那么事实的真相是什么呢?这些领导究竟去的是什么地方?又为什么要穿鞋套呢?

随后节目揭示了"鞋套事件"的真相,科协干部去的并非普通的乡间果蔬大棚,而是当地的一个科普实验示范基地。同时通过对当事人与基地人员的采访,解释了穿鞋套是基地规定等问题。这个新闻事件与"哄抢菊花"的新闻事件在事实上几乎没有联系,但是同作为网络谣言事件则具有较高的相似性。报道到了这里,其观点就很清晰地展现了出来,并通过主持人的总结得到强化。

  主持人:赠送被传成了哄抢,守规被说成了娇贵。谣言从何而来、目的何在我们不得而知,但是它从小到大,迅速扩散直到最后被戳穿的过程是我们可以看得很清楚的。这再次告诉我们,信息爆炸、纷繁复杂,我们只有多观察、多思考,才能够尽量少犯错误,千万不能见风就是雨,遇事就一窝蜂。

这些观点与前面的三则报道形成了思维上的因果关系,因为有了上述三个事实所以才有了这样的结论。这种因果结构有时是明确的,结论直接表述;有时是潜在的,结论包含在事实之中。上述报道较完整地体现了因果结构的一般意义,结构的构建同时也是论述思路的体现。归因的过程本身是有规律可循的。

二、因果结构

亚里士多德在《形而上学》中提出了"四因说",他在总结前人思想的基础上提出了他的"四因"——质料因、形式因、动力因和目的因。以建造一所房屋为例,砖瓦木料是房屋的质料因,设计蓝图是它的形式因,工匠及其技艺是它的动力因,而房屋的用途——供人居住——则是它的目的因。[①] 再如,一个小球静止在一个水平面上,前方就是一个向下延伸的斜坡,这时有人推了一下小球,小球就滚动了下来。小球的存在是该事件发

[①] 邓晓芒、赵林:《西方哲学史》,高等教育出版社2005年版,第61~62页。

生的前提,没有小球就不会发生该事件,因此小球的存在构成了质料因。斜坡是小球向下滑动的环境因素,也是必要条件,构成了形式因。推动小球的力量直接导致了事件的发生,是动力因。当时人们认为任何事物都有向下运动的愿望(重力),于是重力构成了目的因。随着人们对自然和自身的认识逐渐深入,四因也不断地被人研究和发展。其中质料因和形式因来源于自然环境,动力因和目的因来源于人本身。亚里士多德对原因的划分给因果建构提供了方向。在口语创作中,对归因方向的选择有其倾向性。往不同方向归因会造成表达深度上的区别。在动力和目的方向上的归因,往往注重事件本身的细节,挖掘事件主体的主观情感或意志。围绕细节的论述很大程度上是为了满足受众窥私和猎奇的心理。而如果在质料和形式的方向上归因,则表达的重点就会向更客观的方向倾斜,更注重事件发生的社会背景,从而使特殊的事件具有一般性,这样的过程无疑使口语所传达的意志和价值具有更普遍的意义。很多内容主要涉及民生小事的新闻评论或者是情感类栏目的表达,经常在动力因和目的因的方向上建立因果结构,就成了我们经常看到的"谁为了谁打了谁"的故事。在一些更能引起全社会关注的代表性事件中,表达的重点往往就会向质料和形式发生倾斜,更多地让受众发现客观存在的普遍性问题。例如,2013年5月20日《老梁观世界·中国式过马路过不去了》节目中的一段论述:

> 那么我们就有必要琢磨琢磨,这个"中国式过马路"到底是什么原因造成的,有人说素质低,我倒认为这个不是最主要的原因。为什么呢?你看啊,咱们有的人在国内开车横冲直撞不遵守交通规则,可是他到了国外很多开车老老实实小心谨慎的,并不敢越雷池一步。这就说明它不完全是人的素质的因素,人的素质并不是最主要的因素。最主要的在于环境,环境给没给你这种压力。这个环境包括硬环境和软环境,硬环境、软环境都是什么呢?从硬环境来讲呢,多多少少就说这个责任并非完全在

行人,为什么呢?中国这个交通啊,各个地方路口设置,有的地方不是完全合理。第一个不合理之处在于什么呢?有的红灯时间太长,你看北京有的红灯等候时间 100 秒、120 秒,最长的 145 秒都有。那么相关的一些部门研究表明呢,中国人等红灯的耐受力在世界上都是突出的,可以忍耐 90 秒的红灯。平均下来英国人 60 秒,美国人 45 秒,中国人是最有耐性的。可是应对这 100 多秒的红灯,中国人受不了了,等等真着急。跟红灯时间太长相关的是绿灯时间太短,绿灯可能有的一闪 15 秒、10 秒,有的甚至 5 秒,而路却挺长。假如你不从红灯开始走,等绿灯再过可能走着走着你就站在马路当中了。这不更危险吗?这个时候红灯已经出来了。所以说红灯绿灯不对等、设置有问题是造成行人闯红灯的主要原因。

上面的论述从主观与客观两个方面分析了"中国式过马路"的原因,并且将重点放在了环境因素。这恰恰是质料因与形式因的体现,而目的因则被相对弱化。于是,问题不再是简单的对素质的诟病,涉及了可以量化、可以讨论的外部因素。

在日常生活的经验中,口语评论的价值大小似乎与题材有较强的联系。通常来说,所论述事件的影响力、意义越大、其看起来越具有价值。题材与价值大小确实存在这种经验上的关联,但是这并不能说明题材对口语创作的深度价值具有决定性的影响或限制作用。这种现象的存在和论述的因果结构有关。意义重大的事件往往具有一定的抽象性或者作为某类事件的典型,因此其中的因果联系往往体现普遍意义。事件的意义通过事件导致的结果来衡量,这时事件本身作为原因而存在。一种结果的影响持续的时间越长、波及的范围越广,意义就越重大。对于这类事件,因为舆论与媒体的持续关注,相关信息的显现会越来越完整丰富。而且因为其持续的影响力,事件不会很快地失去时效性,这为论述的深入展开争取了更多的时间。从受众的角度来说,具有较大影响力的选题往往更能引起受众的主动关注,而不仅仅停留在被动随意接受的状态。

例如,2014年1月4日《新闻调查·六年拆迁路》节目深入调查报道了安徽省宿州市一起持续6年之久的拆迁纠纷事件。就报道的时效性来说较弱,但是其反映的拆迁问题却具有普遍意义和较强的代表性。该期节目讲述了一个"钉子户"与房产开发商的纠纷及其抗拒强制拆迁的故事。对于这种题材,结构的确立、归因的方向都直接影响报道的深度。该题材正是因为它反映了较为普遍存在的、直接影响群众利益的社会矛盾,才具有新闻价值。所以,新闻报道也需要强化事件反映出的普遍意义。该报道体现了因果结构,更重要的是对于事件原因的展现是详略得当的。报道弱化了该事件的个性化信息,对人物身份信息、冲突过程等仅作了简要的交代。而构成因果关系中原因部分的主体则由"面积计算问题""商业用房界定问题""国家政策调整问题"构成。这些问题既是当事人所遇到的最棘手的,也是在拆迁问题中具有普遍性的。这些问题都是冲突发生的形式因,属于外部条件。对于这些问题的深入探讨体现了报道的深度。假设报道从"钉子户的生活境况""开发商的经营规模""双方冲突的激烈程度"等问题展开,那么就将失去其普遍意义,从而丧失深度。

与影响力或具有代表性的新闻事件相比,民生新闻的价值在于其与受众的接近性。陈力丹认为:"事实与接受者的心理距离越近(兴趣、生活地域、性别、年龄、教育程度和专业、经济收入、民族或种族或宗教的心理距离),便越具有新闻价值。"[①]这种接近集中地反映在地域上,民生新闻报道通常局限于某个地区。接近性还体现在民生新闻事件的生活化特征,观众对民生新闻报道的接受是一个不充分关注的过程。也就是说最常见的情况是,在家里吃着饭、聊着天顺便就把民生新闻看了。一方面,民生新闻持续影响力小,需要充分体现新闻报道的时效性;另一方面,民身新闻往往反映百姓的个体事件,缺少足够的普遍意义。于是有些民生新闻报道从事实的因果角度展开,强化事件冲突,增添戏剧效果,通过一

---

① 陈力丹:《新闻理论十讲》,复旦大学出版社2008年版,第39页。

种娱乐化的方式来吸引观众。这样做的后果往往是新闻报道深度的丧失,新闻价值的丧失。我们来看一个民生新闻的案例。

2010年2月23日河南电视台《都市报道(扩大版)》。

(画面播放一小区邻里冲突现场,一男子抡锤砸房)

解说词男:这演的是哪一出啊?又是偷、又是抢、又是砸房的?

解说词女:抡着锤砸房这位是前面一家门面房的房主,过完春节回来才发现啊,自家后窗上多了个钢筋水泥的小房子。而且这铁皮房一盖啊,房主觉得自己的门面也危险了。就为这,老兄气不过要来拆房。

解说词男:这铁皮房到底是谁盖的?

解说词女:就这位,这栋楼六楼的住户。这位张大哥说,小区车棚离得太远,自己也就图个方便。

解说词男:那也不该这么着急啊?晚个几天打个招呼说不定也就没这事了。而且也不该把人空调架给卸了啊。

(画面播放双方冲突场景,言语激烈,偶有肢体碰撞)

解说词女:这空调架,张大哥说了,他们盖这铁皮房之前早就没了。

解说词男:得,两边都是火爆脾气。我看这事啊,不好收场了。

解说词女:可不嘛。要不是街坊邻居和巡防队员拉开呀说不准就要动手。这事啊还得让双方先冷静冷静。

主持人:出了什么事啊,我个人觉得还是要把握三点:一讲道理,二不能损人利己,三别太自私。做什么事之前如果都能先想到这三个问题,就不会有那么多的纠纷了。

上述报道采用了对话的口语形式,增添了戏剧效果,同时在内容上注重解释事件的特殊性。主持人的话语是个人的主观判断,与事件缺少必要的联系,整体呈现为娱乐化的倾向。这样的口语内容显然是毫无深度可言的,但这并不意味着这类题材不能采用有价值的创作方法,也不意味着创作本身没有深入下去的角度和价值。对于该新闻事件来讲,如果按照以下几个问题来构建主题就会得到深化:"私自搭建的车库是否触犯有关规定?""抡锤砸房的行为如何定性?""类似的邻里纠纷为何无人解决?"通过对这一组建立在因果关系上的问题进行调查,报道呈现给观众的就不仅仅是一出邻里纠纷的闹剧,而是为人们处理类似问题时提供判断和解决问题的途径,从而体现新闻事件的价值和深度。因果关系的确立与归因方法的应用是体现创作价值的一个重要标准。

在新闻报道或评论中结论性的语言多以假言命题的形式出现,因此,因果关系在口语表达中有时体现为假言判断的逻辑形式。假言判断就是断定某一事物情况的存在(或不存在)是另一个事物存在(或不存在)的条件的判断。① 假言判断也叫作条件判断。例如:"如果老师给予孩子更多的关爱,相信类似的事件不会再发生。"这句话实际上是描述了关爱的缺失和新闻事件之间的因果关系。在表达中使用假言命题的结构往往使表达具有更多的普遍意义和更强的情感力量。假言判断反映了事物之间的条件关系,但是并不是所有的条件关系都是因果关系。条件关系描述人的思维,而因果关系反映客观现实。因此在很多情况下,客观现实的因果关系就通过反映条件关系的假言判断表达了。

思维中的条件关系有三种,因此假言命题的形式也就有三种。分别是,充分条件假言命题、必要条件假言命题、充分必要条件假言命题。假言命题的熟练掌握对于口语表达来说是非常重要的。在新闻报道中,人们用"因为……所以……"来表达因果关系,而"因为……所以……"只表述了普遍的因果关系,对于因果类型的描述就无能为力了。不同的假言命题反映了不同类型的因果结构,"如果……那么……""只有……才……""只要……就……""当且仅当……才……"这些假言判断的关联词能更细致地

---

① 吴家国主编:《普通逻辑原理》,高等教育出版社1989年版,第98页。

反映事物之间的因果关系。通常情况下,一因多果的关系由充分条件假言命题表达,多因一果的关系由必要条件假言命题表达,一因一果的关系由充分必要条件假言命题表达。举个例子来说:不遵守交通规则是交通拥堵的原因之一,属于多因一果,于是表达为:"只有在人们不遵守交通规则的情形下,交通拥堵才会更严重。"这种结构正确地表达了两者之间的因果关系,如果换成"只要人们不遵守交通规则,拥堵就会继续"这样的表达排除了道路条件、车辆控制等方面的因素,不能恰当地反映事物之间的因果关系。事实间因果关系的显现需要通过口语来强化。同时,假言判断启示了口语创作的一个新的层面,那就是可能性层面。

第三节 现实与可能的联系

这里先假设一个情景:清晨,你没有睡懒觉,看到家里的饭菜不甚可口,于是决定出去吃早餐。但是你发现附近的早餐点都因为争创卫生城市被停业了,所以你决定开车去远些的地方吃早餐。你开车出门之后发现汽车太脏,于是决定先去洗车行清洁一下。不幸的是洗车行的小伙计放置脚垫的时候不小心遮挡住了油门,导致你开车的时候失控撞向了旁边的大树。……躺在医院的床上,你浮想联翩:"如果我在早上多睡一会儿也就不会这样!如果在家里随便吃点也不至于此!开什么车呢?吃个早饭而已!脏就脏吧,洗车也不急于这一时!洗车行的小伙子怎么能这么马虎?!"这些假设的内容未必跟受伤的事情构成因果关系,但是这一番悔悟却让存在之外的更多可能性展现了出来。

在口语创作中,现实与可能的同时呈现往往形成对比的结构,通常来讲这种结构中可能性是口语创作的重点。在逻辑学中,"如果给出一组条件而定义了某个世界,无论是现实的、过去的或者未来的,无论是未知的

还是纯粹想象的,只要它自身不包含逻辑矛盾,那么就是一个可能世界。"①当然,在大众媒介口语创作中,通常不是在如此严格的逻辑意义上使用可能性的概念。在现实与可能结构中,往往是展现现实存在与更好的可能世界之间的差异,以之为范式;或者探究现实存在变得更坏的可能的趋势,以之为借鉴。大众媒介口语创作中的可能性总是与现实性互为参照,在对比中产生意义。

一、现实的展现

现实,就是在时间上已经发生的事情。在现实与可能的结构中,现实指的就是对现实的表述。针对不同的对象对现实的表述可以划分为描述和叙事。前者表示对人、物、情景、环境的展现;后者表示对事件过程的交代。在口语创作中,这两种不同的表述有不同的方法可以应用。

首先是对新闻事件环境的展现,这里可以依据划分结构建立展现的方法。对于任何事物或环境的展现都可以采用基本的时间和空间顺序来建立结构。时间顺序指的是经验主体接受信息的顺序。空间顺序指的是展现对象自身的结构顺序,需要依照某种逻辑来展开。例如,一个男孩有一个大鼻子,看到他的人总是先注意到他的大鼻子,然后才注意眼睛以及整张脸等等。按照这个顺序描述,就符合了主体经验的时间顺序。如果我们按照男孩自身呈现条件来描述,通常会先描述身材,然后是五官,然后是某个具有代表性特征的部位等等。这里的时间顺序和空间顺序有着不同的展现功能。

时间顺序是自然的顺序,从某种意义上说,时间顺序最接近真实地还原事物本身。贝克莱说,存在即被感知。意思是人们对事物的认知建立在感觉的基础上,认知主体经验的时间顺序能最好地展现事物本身。当然,这种说法并未达成共识,维特根斯坦认为私人感受是无法通过语言准

---

① 赵汀阳:《论可能生活》,中国人民大学出版社2004年版,第22页。

确表达的。在这种情况下,所谓的"展现"也仅仅对主体自身产生意义。无论如何,时间顺序给表达者提供了一种展开描述的方向。当然人们对事物的感知也是有一定规律的。大量的事实证明,有机体的知觉能力,是随着能够逐渐把握外部事物的突出结构特征而发展起来的。[①] 人们会自发地根据各种规律差别性地感知事物。比如人们通常会注意视野中面积最大的事物,会注意视野中与环境形成反差的事物,会注意视野中处于明显位置的事物等等。尽管主观感受的传递不准确也不可靠,但依然是有迹可循的。在很多著名的描述环境的段落中都采用了时间顺序,例如欧阳修的《醉翁亭记》,"环滁皆山也。其西南诸峰,林壑尤美。望之蔚然而深秀者,琅琊也。山行六七里,渐闻水声潺潺,而泄出于两峰之间者,酿泉也。峰回路转,有亭翼然临于泉上者,醉翁亭也。"再如陶渊明的《桃花源记》,"缘溪行,忘路之远近。忽逢桃花林,夹岸数百步,中无杂树,芳草鲜美,落英缤纷,渔人甚异之。复前行,欲穷其林。"很多作品依据作者所经历的时间顺序展开描述,让接受者有身临其境的感受。

对于现实性叙述而言,事件顺序是一种最常用的叙事顺序。这种顺序让观众清楚地认识到新闻事件的全过程;同时强化了观众对事件的参与感,使观众对事件发展的走向保持一种足够的兴趣,在报道结束的时候获得一种所期待的满足。例如,2006年《新闻调查·网瘾少年》节目向观众讲述了两个网瘾少年的故事。在该期节目中,第一个孩子与母亲的关系被着重展现,目的是通过第一个孩子的故事告诉观众网瘾少年的生活是什么样的。第二个孩子戒除网瘾的治疗过程被充分展现,目的是解释少年网瘾的成因与应对的方法。对两个孩子经历的展现,都采用了时间顺序叙事。通过对当事人的采访以及跟踪采访的形式使观众时刻保持较高的注意力。再如,1999年《新闻调查·第二次生命》节目向观众讲述了一个母亲给自己女儿捐肾的故事。该期节目采用了全程跟踪报道的形式,完全按照时间顺序展现整个新闻事件的全过程。其中,从作出进行手

---

① 〔美〕鲁道夫·阿恩海姆:《艺术与视知觉》,滕守尧译,四川人民出版社1998年版,第52页。

术的决定到准备手术,再到实施手术,所有的矛盾和细节都得到了展现。尤其节目最后部分,对手术过程的跟踪报道,运用相应的艺术手法使观众产生强烈的参与感。时间顺序被广泛地应用到新闻报道的现实描述之中。

前文曾经提到,叙事顺序可分为线性叙事和非线性叙事。线性叙事是指按照对象事件的发展顺序进行叙述,也就是说事件的发展顺序和接受者的认知顺序是一致的。这种模式的叙事易于接受者接受,也使叙述者更容易把事件讲清楚。因此,接受者可以把更多的注意力放在细节上。上述两个案例就是典型的线性叙事结构。非线性叙事是指打乱事件的发展顺序的叙事,也就是说事件的发展顺序和接受者的认知顺序不一致。接受者先认识到的往往是事件中冲突最激烈的部分,或者最能引起人好奇的地方。这两种叙事顺序在文学作品中有非常典型的应用,例如我国古代的公案小说《三言二拍》等,往往采用线性叙事的结构;而西方的侦探小说如《福尔摩斯探案》等,往往使用非线性叙事。两者在传播效果上有着明显的差别。在口语创作中,非线性叙事的作用有两个:一个是通过叙事结构的调整突显核心信息从而表达某种观点、态度;一个是通过倒叙、插叙的方法设置悬念,增强观众的注意力。我们来看一个非线性叙事的典型案例,以2014年1月9日《焦点访谈·苦肉计吃苦果》为例。

> 主持人:骗术大家都见识过不少,可是无锡的一些工厂老板却遇到了一些新的情况,那真是见所未见、闻所未闻,甚至都不用说见闻了,就是事后想想这事,都有些让人毛骨悚然。

首先通过主持人的口语表述来交代新闻报道的主题。但是这段表述中有"骗术"这样的概括性信息,有"无锡"这样的背景性信息,有"毛骨悚然"这样的评论性信息。以上三种信息都不是对叙事的展开,而是在开始叙事之前首先设置了悬念。

> 解说词:2013年3月,无锡市阳山街道的一家小型企业要招工人,贴出招聘广告没两天就来了一个小伙子。

被访者(工厂主):3月29号那天到我们厂里来,第二天早上做了半天就有一个工人打电话过来了。他说,齐彦昌,就是新来的那个工人摔倒了,摔倒在地上。当时我一听很着急。

解说词:黄女士(被访者)赶紧带着这个叫齐彦昌的小伙子去了医院。经过诊断,齐彦昌的手臂骨折了,需要住院。黄女士的朋友听说这件事之后提醒黄女士要小心,因为另外一个厂前几天也发生了同样的事情,赔了几万块。

被访者(另一个工厂主):3月18号来的,来了两天,3月20号一上班他到厕所里去就摔倒在地上。我说马上送他到医院去,到大医院去看。一看发现骨折了。后来来了他们两个人,说我们不看了,我们到老家去看。我说老家能看好?他说能看好,保证能看好,很便宜。花3万多块钱就能看好,要3万多块钱。

解说词:这个摔伤之后,拿了田老板的钱说要回家看病的工人,与几天之后在黄女士的厂里摔伤的齐彦昌是同一个人吗?黄女士和田老板决定一起到医院去看个究竟。

被访者(田老板在医院面对齐彦昌):怎么躺到医院里来了?怎么躺到阳山医院里来了?

解说词:原来先后在两个厂里摔伤的是同一个人。齐彦昌一看情况不妙就悄悄地从医院里跑掉了。

上述内容为该期节目的第一部分,这个部分讲述了最表象的事实,所涉及的信息与当事人了解的信息一致,也是基本按照黄女士经历的时间顺序来叙事的。其中虽然3月18日的事件发生在3月29日之后,但是从黄女士对事件的认知角度来看,确实是3月29日在前。于是该段落是按照黄女士的经历进行的线性叙事。

解说词:田老板随后到派出所报案。经过警方的调查,齐彦昌前后摔伤的都是同一个部位。虽然警方无法确定当时齐彦昌第一次骨折是如何形成的,可是他的第二次受伤,显然是假装

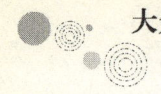

的,有诈骗嫌疑。进一步的调查随即展开。

被访警官:齐彦昌从医院逃跑的时候在医院留下了一部手机。通过手机里面的联系人和他的真实身份,以及在无锡的一个活动轨迹情况,我就查到了与他交往的其他人员。

解说词:本来是调查齐彦昌。没想到齐彦昌背后还有其他一些人。那些人租住在乡镇里的小旅馆,平时也没什么正经工作,经常出入网吧。随着调查的深入,更多的团伙成员和案件细节展现在警方面前。

上述内容是节目由事件表象继续深化的过渡段落。是从线性叙事到非线性叙事的一种转换。从这里开始,报道内容回到了新闻事件发生之前,与该期节目的第一部分构成了倒叙的非线性结构。同时后续内容也采用一种划分的逻辑结构展开。

解说词:这伙人里有专门负责在网上发布招聘信息的所谓"招伤员"。招到像齐彦昌这样的"伤员"或者叫"小鬼"之后,把"小鬼"交给诈骗团伙的"老板"。老板对小鬼进行面试,然后交给专门的"谈判者"。"谈判者"帮助"小鬼"去找工作,工作几天之后,"小鬼"找个机会假装摔倒。而且手臂一定要骨折,怎么骨折,由一个所谓的"开伤"的人来负责。"小鬼"被送到医院之后,"谈判者"出现,伪装成"小鬼"的亲属与厂方进行所谓的谈判和私了。拿到钱之后所有人消失。

上述内容从一般性的角度解释了此类诈骗活动团伙的构成,以及实施诈骗的各个环节。在接下来的内容中,该期节目按照上述解释,从头详细展示了整个诈骗的全过程。

解说词:齐彦昌20岁,曾先后在山东、广东、上海等地打工。今年3月,在网上发现了一个叫"上海兼职"的QQ群里有"招伤员"的消息说月薪一两万元。

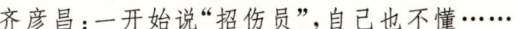

齐彦昌：一开始说"招伤员"，自己也不懂……

解说词：在网上发布招聘信息的这个人叫易靖轲，以前也做过"小鬼"后来专门负责招聘"小鬼"。

易靖轲：诚招伤员，待遇就是包吃包住……

解说词：包吃、包住、包上网，这些都需要花钱。出钱的人叫乔恩宏，人称四哥，是这个团伙的老板。

乔恩宏：小易招人，然后就是张杰带他们去找厂……

解说词：乔恩红提到的张杰真名叫程泽峰，他负责寻找工厂，并让齐彦昌这样的"小鬼"成功地进厂上班。当然，在整个诈骗过程的后期他还有更重要的任务。齐彦昌到厂上班一两天之后按照计划，他必须将手摔伤，只是这摔伤的过程令人匪夷所思。

齐彦昌：……他们提前把我带到一个地方，就是一个废弃的房子。没有人，里面非常脏。然后就看到一个老头，他让我把脸扭过去，把手臂伸开，放在一个砖板上。当时痛了一下，他摸了一下，说好了，可以了。

解说词：那个砸伤齐彦昌手臂的老头叫王礼付，50岁，曾因两次犯罪被判刑。在这个诈骗团伙里，专门负责整个诈骗过程最关键的环节——开伤，也就是把"小鬼"的手臂砸成骨折。

……

到这里，整个事件的参与者和具体过程基本得到了展现。展现这些信息的过程则采用了典型的划分结构，即以参与事件中的不同人物和他们所起的不同作用为标准，和时间线索相互配合，形成清楚的结构。从该期节目整体的角度来看，整个事件的展示是倒叙结构，从部分的内部框架来看前半部分是线性叙事，后半部分是划分结构。多种方式的整合共同为信息的完整清晰表达提供依据。

二、可能的表述

逻辑上的可能性具有非常广泛的外延，例如，外星人攻击地球、孙悟空会七十二变、海水成为高效的能源等等。而大量的这种可能不具备现实意义，因此在生活中这些往往是不可能的。伦理学家这样定义"可能生活"："如果一种生活是人类行动能力所能够实现的，那么就是一种可能生活。"①日常语言中的可能性恰恰是这个"可能生活"的内涵。"可能"本来指的是逻辑上的可能性，而不是我们生活中经常表述的可能性。日常生活中的"可能"经常表达一种意志或者是条件的存在。所有成为现实的事件都有逻辑上的可能性和现实的存在条件为必要条件，二者缺一不可。日常生活中人们所说的"不可能"，大多数是指不具备成为现实的可能性条件，例如，"我不可能在一小时之内到达"，其内在意义是我没有足够快的交通工具或者现在交通状态堪忧，无法快速到达。再有，日常生活中人们经常用"可能"来表达一种强烈的意志或者情感，用以说明主观条件的缺失。例如，"我不可能跟你在一起！"这里的意思实际上是"我极其不愿意跟你在一起""你还是死了心吧"等等。维特根斯坦认为"意义即使用"。在很多情况下我们可以用"用法"代替"意义"，例如，"这两个词的意义一样"可以换成说"这两个词的用法一样"②。于是，作为口语创作结构中的"可能"，我们有必要把表达"条件"和"意志情感"的"可能"纳入观照的范围。"可能"在口语表达中的三种含义分别是：逻辑上的可能、可能性的条件、情绪意志的表达。这在横向上指明了新闻报道建构框架的方向。可能与现实相参照，现实以可能为基础，只有可能发生的才会成为现实；可能因与现实联系产生价值与意义。在现实与可能的表达结构中，对可能的表述承担了更重要的职能，在存在与可能的比较中，展现问题，表达

---

① 赵汀阳：《论可能生活》，中国人民大学出版社 2004 年版，第 22 页。
② 陈嘉映：《语言哲学》，北京大学出版社 2003 年版，第 186 页。

观念。

　　逻辑上的可能性指的是不违反普通逻辑的基本规律,只要是这样的事件就都是可能的。亚里士多德把普通逻辑的基本规律描述为:同一律、矛盾律和排中律。这三大规律是思维的基本规律,保证了思维正确的可能性。例如,"王老师今天要么来,要么不来。"这个命题就具有必然性,它的负命题就是不可能的。违反逻辑基本规律的思维在现实中是不可能发生的,因此这类可能性的判断往往指向人们的言论。可能性的条件是我们在语言表达中用"可能"这个词时应用的最广泛意义。在模态逻辑中被称为非逻辑模态。非逻辑模态往往和某个具体的科学规律有关,可以是物理的、化学的,乃至是哲学的。例如,"这动物比老虎还大,它不可能是只猫。"这判断虽然不违反逻辑基本规律,但是讲的是生物上的不可能性。第三类表述情感意志的情况在日常生活的表达中非常常见。

　　同时可能性在时间的意义上表达了两个方面的含义:一方面是对发生过的事件的反思,另一方面是对将要发生的事件的判断,这在纵的方面重新划分了方向。反思性的可能性表述,显然主要针对的是可能性条件,因为已经发生的事件在人的认知中一定是符合逻辑基本规律的。因此,这种可能性的表述的价值在于对其现实和可能之间作出价值判断。也就是说,在对事件价值判断的基础上提出其他的可能。现实性在价值上多是否定的,而这种可能性一般在价值判断中是肯定的,也就是表述比现实更有价值的可能性。例如,对公款吃喝的现实作出负面的价值判断,那么用什么样一种可能性取代公款吃喝呢?再例如,我们说一部电影很糟糕,那么这电影怎样才好呢?在这种存在与可能的结构中,价值的增长得到了体现。可能的另一方面直接指向了未来,人们对于事件的预期,对于将会发生什么的判断就在可能的范畴之内。对将来的预期与对过去的判断最大的区别在于,后者的对象是现实,而前者的对象是思维,于是前者更容易产生逻辑上的错误。所以在可能世界的建构中对于普通逻辑基本规律的应用就相当重要了。

　　总之,在口语创作中,现实存在与多种可能通过价值判断联系起来,

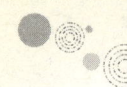

形成一个趋利避害、兼有反思与创造的结构。这种可能性结构通常具有预测功能,发挥着引导社会舆论和社会心态的功能。这种结构通常用于推测市场、经济工作发展前景,也用于推测体育竞赛的成绩、结果等。它着重对新闻事实的发展变化趋势或前景进行科学预测,具有超前性、科学性和规律性。然而预测必须建立在丰富的现实资料与正确的逻辑推论的基础上,否则其预测往往是不能兑现的。1995年6月29日出版的《财富》曾经预测:香港在回归后将丧失国际商贸和金融中心的地位,英文会被中文取代,商界会撤离香港,贪污会蔓延。但是事实证明,香港在回归后经济持续高速增长,在金融风暴、SARS恐慌、禽流感爆发等危机的巨大挑战下,依然坚守着亚洲最具活力城市的地位。

2007年3月中旬,俄罗斯媒体疯狂炒作,称美国将在4月6日对伊朗实施军事打击,甚至指出了该行动的代号为"叮咬"。但至今美国也没有对伊朗实施军事打击。为什么俄罗斯媒体如此统一口径地进行预测性报道呢?俄媒体对伊朗将遭受军事打击的报道一出,伊朗国内及其周边地区的局势必然会受影响并变得更加动荡,这将导致油价持续快速上涨,于是作为石油出口大国的俄罗斯,就有了额外进账。因此有分析认为,"俄罗斯狂炒'伊朗战争论',很大程度上是出于经济利益的考虑"。出于某种目的的预测,带有强烈的舆论引导倾向,于是从对事实资料的选择到逻辑推理的严谨性都受到了最终观点的制约。这样的预测是违背基本的新闻原则的。

我们来看一则案例,2012年9月25日,中央电视台《新闻直播间》有这样的表述:

> 中秋、国庆双节临近,加上国庆期间小客车通行免费,相关部门预计今年北京市的探亲流、旅游流将大大地增加,车流量也将激增。来看北京市交通委近日发布的国庆期间交通信息预测。
>
> 据预计,中秋国庆节日期间,北京收费公路的日均流量将达

到 155 万车次。收费公路整体流量将比往常增长 33.6%，比去年同期翻了一倍多。预计京藏、机场高速、京承、京港澳、京开、京通等高速，拥堵情况比较严重。9 月 30 号，出京方向的车流将集中在 7 点至 12 点，进京方向集中在 16 点 30 分至 18 点。10 月 1 号至 10 月 7 号期间，北京市出京方向的车流将集中在 8 点 30 分至 11 点，进京方向 15 点 30 分至 18 点。交通部门提醒，请大家在拥堵集中的时段，尽量选择公共交通或者错峰出行。

上述言论是预测性的，预测的主体是北京市交通委，而不是媒体自身。但这不是重点，其重点在于言论中所体现的可能性的准确度以及影响力的大小。从结构上讲，上述报道是简化的"现实—可能"结构，对现实性的报道很简单。只有"中秋、国庆双节临近，加上国庆期间小客车通行免费"等，对于现实与可能之间关联的阐述与解释显然是不足的。口语创作中，预测是需要现实基础的，有时也会需要从因果的层面作出解释。从这里可以看出，口语创作中逻辑方法的运用既是思路上的也是结构上的，而且本章归纳的几种常用方法也是相互交织的。对于一个选题而言，整体可以是现实与可能的结构，而对现实的描述采用了划分的逻辑方法，同时又需要通过因果关系去论证可能状态的现实意义。逻辑方法对口语创作的价值，首先在于开阔思路，只有全面细致地思考才会有独特新颖的突破；其次在于结构严谨，完整科学的表述才能使受众认可、信服。

第五章　口语创作的修辞

"修辞"具有狭义和广义的区别。"所谓修辞,即是语言运用的方法和技巧,换句话说,也就是调整或修饰语言以提高表达效果的活动或规律。"[①]这是狭义的修辞,表达效果主要从审美的角度看待语言技巧。亚里士多德认为:"修辞术是论辩术的对应物,因为二者都论证那种在一定程度上是人人都能认识的事理。"[②]这是广义的修辞,在这个意义上,修辞的内涵具有论证观点的意义,同时也具有"说服"对象的目的性。修辞在大众媒介口语创作中的价值是从后者的意义上得到体现的。因而,口语创作被要求能够为受众所接受并乐于接受。大众媒介口语的瞬时和线性特征要求其必须是容易被认知的,且最好能含有趣味性。这些形式上的目的也都需要通过修辞来完成。从概念的用法上来讲,"修辞"除了表示"修辞学"之外,大致还具有两个层面的内涵:一是表示修辞格,即各种修辞方式,如比喻、对偶、排比等;一是表示修饰语言的活动,运用各种表现方式,使语言表达得准确、鲜明而生动有力。[③]这两个层面的内涵,前者描述了方式与过程,后者表达了动机和目的;前者的外延是确定有限的,后者的外延是广泛而多样的。这里所讲的口语创作中的"修辞"更倾向于

---

① 袁晖、宗廷虎主编:《汉语修辞学史》,山西人民出版社1995年版,第1页。
② 〔古希腊〕亚里士多德:《修辞学》,罗念生译,生活·读书·新知三联书店1991年版,第21页。
③ 中国社会科学院语言研究所词典编辑室:《现代汉语词典》,商务印书馆1978年版,第1297页。

第二个层面。本章旨在讨论那些使口语创作更符合大众传播需求的方式方法，以简明、形象为口语形式的目标。鲁迅先生认为："因为不能修辞，于是也就不能达意。"①修辞的形式始终是以意义的传达为目标的。意义不是单纯抽象的语言，而是一种综合直观的信息传播效果。这种效果与口语创作的诸多要素有关，其中声音形式已经在第三章讨论过，本章主要结合口语文本从更细致的层面阐述大众媒介中口语创作的修辞方式。

第一节 简明的语句特征

"言语的美在于明晰而不至流于平庸。"②对于修辞而言，明晰是基础。明晰不仅仅是语言本身所具有的客观性，更主要的是对一种传播效果的描述。于是明晰就与传播的对象与形式紧密相关。"对象与形式"却正是大众媒介口语创作给予"修辞"的限制性。大众媒介决定了传播对象的多样化与普遍性，要求语言必须具有足够的一般性才能起到预期的传播效果。这要求在词语的使用上尽量避免专业化的术语，避免使用范围窄的简称等等；对口语的形式和语句的长度、句型等层面提出了更细致的要求。本节主要讨论简洁明晰的语句特征。

一、简明的内涵从否定与肯定两个方面产生价值

否定方面是形式上的，要求不啰唆、不重复、不说多余的话；肯定方面是效果上的，要求清楚明白。在文字上要用尽可能少的语言传达尽可能多的信息，即是最好的简明。对于口语来说，"简明"的意义发生了一些变化。口语中的"简明"，不是尽量追求话语的少，而是以"容易理解"为前

---

① 参见鲁迅：《鲁迅书信集·致李桦》，人民文学出版社 1976 年版。
② 〔古希腊〕亚里士多德：《诗学》，陈中梅译注，商务印书馆 1996 年版，第 156 页。

提。在文字创作中,语言的简明可以通过缩略语、成语实现简化,而在口语中这些用法会增加受众理解认知的难度。于是,对于口语而言,"简明"的内涵首先是与"明白清楚"相联系的。在日常生活中,口语的交流通常建立在双方熟悉的语言环境中,口语信息建立在一定的基础之上,所以语言容易省略而简明。例如,"明天中午文化路吃饭啊。"这句话在熟识的朋友之间是容易理解的,文化路的某个吃饭的地方是参与交流者所共同熟识的,"文化路"就作为省略具体地点的代名词出现在日常语言的交流中。而在大众媒介的口语传播中,主体与对象之间往往缺少足够的共同信息基础,因此语句的含义必须建立在一般性的基础之上。省略语的使用在大众传播口语创作中需要慎重。

"以己度人"是口语创作者常犯的错误。口语创作者经常把自己所了解和掌握的信息当作受众也熟知的信息,而忽视了自己作为信息传播者的主体位置。由于口语创作者对所表述的对象经过了一定程度的研究和资料搜集,因此通常掌握了远远多于受众的信息。这些信息有些是表达的重点,有些是冗余的信息,而有些信息尽管不是表达的重点,但却是受众理解的基础,这种类型的信息是最容易被创作者忽略的。创作者自发地把这些非重点信息当作受众的已知信息,语言虽然简练了,但却给理解造成了障碍。例如下面这段话:

> 各位观众好,最近赵作海冤案受到了舆论的关注。案子虽然结了,但是赵作海的生活却没有归于平静。命运的河流不断泛起涟漪,使他不仅因赔偿金与亲戚、儿子反目,还因误入传销、从商失败致使生活破败。我们一起来关注赵作海出狱之后的生活……

这段表达是概述性的,表明了论述关注的重点在"出狱之后的生活"。创作者的这段表达基于一个信息基础,就是受众都知道赵作海是谁,知道在他身上发生了什么。这些信息在资料搜集阶段是基础性的,对于创作者来讲或许已经是常识性的,于是,"以己度人"地把这些信息都省略了。而在大众传播过程中,受众的构成复杂多样,并非所有人都了解赵作海案件。因此,对于赵作海案件的简述、事后相关处理与赔偿等基础信息是有必要交代的。《文心雕龙·熔裁》中有言:"句有可削,足见其疏;字不得减,乃知其密。"口语创作也是如此,口语的"简明"是一个"减法计算"的过程,是从成型的口语文本中删除冗余信息的过程。如果创作者不能从受众的角度审视问题,那么减法就会减得过多,变得"简而不明"了。当然,口语的简明与话语的多少仍然是紧密联系的,"不啰唆、不重复"就是在限制语句的数量。英国语言学家列文森认为,说话人要遵循极小化准则,即用最少的语言信息来实现交际目的。① 在日常交流中,人们自发地遵守这条信息原则,如前文提到的"吃饭"的例子。而大众传播中的口语创作则要求创作者以理性态度自觉地实践这条原则,在信息明确的基础上避免语言的烦琐冗长。这里看一个语言繁复的案例,2014 年 7 月 4 日《新闻 1+1》中的评论:

> 这是最新的消息,过去呢,是**这个**镇里头申报的时候,最后没有批准。但是舆论的声音一下子起来了之后,不知道是不是受到了舆论的这种影响,那么今天得到的最新的消息已经开始走见义勇为**这样**一个申报的程序了,最后能不能得到上级的**这个**批准,这是不一定的。但是在**这里**我们首先感觉,**这个**8 岁的李薇薇**这个**孩子的确是好孩子。因为我们来看一个她的**这个**过程啊,在她的过程当中的时候,有小伙伴入水了,她脱掉弟弟的衣服去够这个小伙伴。现在有两种说法,被救的人说不是她拽的,而是她自己滑下去的。但是也有媒体报道说,第一次没够着,第二次被救的孩子拽到了,但是一使劲儿,因为**这个**求生嘛,**这个**小薇薇也被拉到了水里。结果到了**这个**水里之后呢,推人上岸,她就把**这个**被救的孩子和自己的弟弟推上岸,但是自己呢,溺亡了。我们看,整个**这样**一个过程,其实小薇薇还是非常主动地去关照别人,在这一点上,我觉得。如果啊,我们不从荣

---

① 唐瑞梁:《列文森一般性会话含义理论中的缺陷》,《外语教学》2008 年第 2 期。

誉称号的角度,只是从**这个**行为的角度来说呢,的确具有见义勇为**这样**一个特质……

70秒左右,大约400字的评论中出现了"这个、这样"(黑体)等垫话性质的词语14次;反复无效的信息重复很多,如"但是舆论的声音一下子起来了之后,不知道是不是受到了舆论的这种影响"两次使用"舆论"是信息重复。上述评论几乎很难找到一句完整的符合"简明"要求的句子。把口语通过文字的方式记录下来就会发现,语病随处可见,信息传达拖沓冗余。主持人较快的语速与变化的重音部分虽部分消除了这种烦琐语言的负面效果,但整体传播效果依然是不尽如人意的。这种烦琐口语的形成主要是评论员没有精致的口语文本,过分依赖即兴口语表达所致。即兴口语表达过程中,语言的流畅程度在于思维速度和语言速度的衔接,熟练的创作者可以直接把思维的过程通过语言表达出来。这时就出现了一对矛盾:一方面快速的语流能够带动思维更快速地运转;另一方面,思维在快速运转的过程中很难保证语言表达在逻辑上的连贯与完整。简单地说,说的往往比想的要快,于是就需要类似"这个""这样""在这一点上"等弥补停顿的语言。这段评论还可以看出整体逻辑上的混乱,例如"因为我们来看一个她的这个过程啊,在她的过程当中的时候,有小伙伴入水了,她脱掉弟弟的衣服去够这个小伙伴。"这里的"因为"使用得毫无根据,没有与之对应的关联,"在她的过程当中的时候"简直不知所云。这些逻辑问题都是因口语文本缺失造成的。当然,并不是所有的口语创作都需要精细的口语文本,但上述例子的这种表现足以说明,口语文本对于"简明"的重要性。

二、把握语境是简明的基础

语境就是语言环境,它既包括语言因素,也包括非语言因素。上下文、时间、空间、情景、对象、话语前提等与词语使用有关的都是语境因素。

我们只有在特定的语境中，才能理解一句话。口语传播过程中，主客体处于相同的语境之中，信息才能正常地进行传播与交流。语境是语言交流双方共同的背景和信息基础。掌握共同的信息基础是简化语言的条件。对于口语创作主体而言，了解了语境，就了解了受众的信息需求，于是就能更好地选择信息，从而使语言符合简明的要求。胡壮麟把语境分为三类：一是情景语境，指语篇产生时的环境，包括事件的特征、性质和谈话的主题、时间、地点、方式等；二是文化语境，指作者所在的语言社会团体的历史文化和风俗人情；三是语言语境，即上下文，指语篇内部环境。在大众媒介口语创作中，三种语境表现为不同的形式。

(一)情景语境表现为媒介中有声语言之外的环境信息

图像传达的形象信息和通过字幕传达的辅助信息等使受众对事件的了解更加全面细致。口语创作不能重复地表达这些环境信息。同时，在与不同视觉信息配合的过程中，语句会表达完全不同的意义。视听综合媒介中，非语言信息作用的充分发挥，是使语言简明的重要手段。这种作用可以从以下几个方面展开：通过图像交代背景环境、通过图文字幕交代复杂关系、通过形象传达视觉信息。这些都可以对口语内容起到简化的作用。例如，2014年5月10日《新闻调查》的开场：

> 我身后呢就是黄河，这旁边就是兰州市自来水厂的进水口。每天有70万立方米的黄河水，经过这里进入到兰州市的自来水厂，经过处理之后再送往兰州市的千家万户。今年4月初，兰州市的自来水突然遭遇了苯污染事件，一时间自来水的问题成了兰州市市民，也包括全国舆论共同关注的焦点。

调查记者站在黄河边进行了上述开场报道，通过图像背景以及镜头运动向观众展示了环境信息，话语情景通过视觉信息被受众了解。于是在口语表达中，"我身后""这旁边""这里"等等具有指示作用的词语才变得可理解和有意义。指示现象被认为是语言和语境之间关系的最明显、最直接的语言反映。① 指示语对于口语的简化起到了一定的作用。这个案例可以和前文所举的 2014 年 7 月 4 日《新闻 1+1》的案例进行比较,虽然《新闻 1+1》中的那段评论也大量地使用了指示代词,但却使语言显得烦琐。这是因为其指代是多余的,并没有因为代词的使用而减少话语的数量,同时,对情景语境的把握也不足。节目中已经通过图文的形式直观地展现了落水的过程,而评论员并未对情景语境作出合理的反应。

(二)文化语境在口语传播过程中表现为主体与对象共同的知识背景

在单向传播的媒介中,主体对于受众知识背景的了解是缺失的,仅仅能作出一般性的推测,把人们的共同常识当作共同的知识背景。对于可能需要交代的信息,在口语创作中往往都是需要交代的,这给口语的简明制造了障碍。在具体的口语创作中,对文化语境的把握一方面基于创作主体对受众的充分预期,另一方面需要通过其他视听手段交代必要的知识背景。对受众知识背景的预期对于话语的繁简程度具有重要的影响。有些具有明确受众定位的口语创作就能比较有规律地把握口语的繁简。例如,电视儿童节目的受众群体固定,而且受众的知识水平稳定,于是口语创作的表达通常简单而不精练,需要通过不断的重复和耐心的解释来传达信息。体育比赛的受众群体也相对稳定,例如足球、篮球和乒乓球解说中的许多简称、术语通常能被受众理解。而一些仍在普及阶段的体育项目,其风貌则完全不同,需要解说员详细地对相关概念进行解释。这种信息上简与繁的选择,是充分考虑受众知识背景,主动把握文化语境的结果。

总体上看,大众传播中受众知识背景的定位是困难的,文化语境的把握需要更多创作主体性的显现。也就是说,需要通过媒介传播中的非口语形式来主动构成受众的知识背景。在时事评论中,相关知识背景的介绍显得尤为重要。例如,2014 年的"奶西村少年打人案"在网络上引起了

---

① 何自然、冉永平:《语用学概论》,湖南教育出版社 2002 年版,第 40 页。

广泛的关注。对于网络受众来讲,该事件的细节可以说已经成为共同的知识背景,而对于大众传播的受众而言,该事件并非是人所共知的。2014年5月30日浙江卫视《新闻深一度》对该事件进行评论:

> 这是一段在网络上备受关注的视频,三个男子轮流殴打一个少年。事发地呢,位于北京市朝阳区崔各乡奶西村。5月26号上午,打人者全部落网,而被打少年接受治疗后目前正在家里休息。……

主持人通过简短的话语介绍了案件的进展情况,而没有对事件过程作出描述。电视画面也只是通过主持人的背景屏幕展示了三幅"打人视频"的截图。这说明创作者已经形成了受众对该事件都非常熟悉的判断,从而尽量简化了相关信息。当然,判断是否准确有待商榷,但简化的方式是值得肯定的。2014年5月27日《新闻1+1》栏目针对该问题也作出评论:

> 前些日子一段三个少年殴打一个少年的暴力视频在网上一下子引起了轰动,迅速激起了民愤。这三个少年岁数不大,但是被打的这个少年才14岁,等于是更小,还在上小学呢,那种暴力的劲简直让人没法看。这件事情引起公愤之后,公安部和北京市公安局可以说是高度重视,把它交给了刑侦大队全权负责,30个小时就破案了。但是在破案之后,还是引发大家的思考:仅仅是野蛮生长,或者说是一个暴力事件如此简单吗?孩子们肯定是有错的,但是我们是否也要去揪一些错呢?不过在说这一切之前,我们还是要回述一下那段视频,但是要强调的是,那段视频引起大家公愤是8分多钟,现在我们看到的是绝对绝对绝对的这种简洁版,因为实在不忍心让大家看太多,只能这样去说了,我们先看一段这30多秒的视频。(视频播放)
> 电视可以把最后砸向这个孩子的大石头定格,仿佛没有落地一样,但是现实中的视频和发生在那个孩子身上的痛苦可是

落下去的,大家可以想象这样一个后果,而且还是要再次强调,这是一个非常洁净和卫生的版本了,实在是怕很多人看完之后心脏受不了。我们看看很多看完这个完整视频的人的留言。

打人者26日落网,两个节目几乎在同样的阶段对该事件予以评论。后者显然用了更多的篇幅和话语去重新描述事件的过程,评论员也发出了对事件最直观的感慨。这种安排满足了不了解事件受众的信息需求,同时也把握了再现事件的篇幅。除了评论员的话语略显啰唆之外,其在信息选择方面的处理是符合"简明"的要求的。相比之下,《新闻深一度》栏目的背景信息介绍就略显不足了。

(三)语言语境在口语创作中体现为口语文本的上下文关系

对于文字创作而言,语言语境即指上下文。在口语创作中,语言语境不仅仅与话语的整体内容相关,而且与表达的情感、交流的阶段都有密切关系。语言语境一定程度上决定了一句话的内在语。张颂认为不同的语言环境、不同的语句目的,即便是同一句话也会表达出不同的含义和感情色彩。① 内在语经常通过以简代繁的形式出现,从而满足了口语简明的需求。内在语具有简化的特点,具有丰富意义的作用,这恰恰与"简明"的诉求是一致的。例如,2011年8月13日《新闻调查·煤炭局长的发财路》中的一段采访:

> 记　者:有多少套房子?
> 郝鹏俊:不是套。
> 记　者:那怎么说呢?
> 郝鹏俊:是一间一间的,是写字楼。
> 记　者:那您跟我们说说有多少间?
> 郝鹏俊:我具体也不知道,我的(妻弟)于小红说:你看,我这

---

① 张颂:《中国播音学》,北京广播学院出版社2003年版,第240页。

个姐夫从(煤矿)开始打口就摸爬滚打,我们在一块儿干,结果这个企业干好了,现在有了效益了,他退了,没有得到一点好处。不行,给孩子们在北京买点不动产。

记　　者:您知道合同的金额有多少吗?

郝鹏俊:不知道。

记　　者:我可以告诉你。

郝鹏俊:一个多亿吧。

记　　者:那这算是分红的另外一种方式吗?

郝鹏俊:不算。

记　　者:那算什么呢?

郝鹏俊:企业以后转产不干了,或者没有煤了,或者停了不干了,不干了以后有个不动产吃租金。

记　　者:我现在就想问你,你对这个判决结果怎么看呢?

郝鹏俊:判决结果我不服,真的不服,不服,你判我死刑我也不服,别说20年,我没有犯法、没有犯罪,凭什么判我刑?

整段采访记者的提问都采用了尽量简明的形式,如主语的省略、指示代词的使用等等。这种简明之所以能够实现,依赖于被访者在回答中提供的信息。在这个采访中,文本语境的事实信息基本是由被访者提供的,而语境中的情态信息是通过记者简明的提问实现的。记者一连串态度平淡、形式简单的问题使采访显现出一种内在的对抗。理性与质问都通过简明的话语传达,整体上使被访者的状态自然地显现出来。

三、简明最直观地体现在语句形式中

语句的形式从量上可以分为短句和长句,从质的方面可以分为单句和复句。不同的语句形式直接决定了口语创作的简明与否。听觉对语言的感知是一个包含着记忆的过程,在记忆的基础上才能实现理解。柏格

森说:"知觉从来就不是大脑与当前对象的单纯接触;知觉包含着'记忆——形象',它们在解释知觉的时候也完成了知觉。"①在听觉对口语的认知中,记忆解释知觉的过程相对更加复杂,长句因此而变得难以理解。例如,"今年3月,美国财政部金融犯罪执法网络发布虚拟货币个人管理条例,明确比特币相关业务应遵守美国相关法律。"这句话相对较长,同时句子主语长而且概念构成复杂,在口语表达的形式中,受众几乎无法在知觉的同时理解其完整的意义。于是,信息传达的目的就不能实现。所以,从单一句子的角度来看,短句和单句的结合是最简单的形式。而从整体的角度来看,短句和单句往往不能把意义表达充分。意义的表达需要许多短句来完成,如果不能恰当地掌握短句的使用程度,就会造成语言的啰唆。在这个意义上,简与明存在一定的矛盾,但依然有一些常见的规律可以参考。

(一)短句使语言容易理解从而简明

短句简化了单个语句,却在整体上增加了词语的数量。例如,"今年3月,美国财政部金融犯罪执法网络发布虚拟货币个人管理条例,明确比特币相关业务应遵守美国相关法律。"这个长句可以用短句表达为:"美国金融犯罪执法网络隶属财政部。今年3月,该网络发布了虚拟货币管理条例。条例明确表示:比特币相关业务应遵守美国法律。"这种句型的变化虽然增加了词语数量,但是听觉上的理解变得容易了,单个语句的形式变得简单了。但是这种长短变化是需要节制的。如果把上述意义这样表述:"美国财政部下属有一个执法部门,叫作金融犯罪执法网络。今年3月,该网络发布了一个条例,规范了虚拟货币的管理。这个条例中明确规定,比特币的相关业务应遵守美国相关法律。"虽然意义清楚,但是显得过于啰唆。一般来讲,口语创作中概念构成复杂且较长的单句是不适用的。值得注意的是,句型的长短控制应以易懂为目标,以避免啰唆为界限。

---

① 〔法〕亨利·柏格森:《材料与记忆》,肖聿译,译林出版社2011年版,第120页。

(二)紧缩复句使语言简明

紧缩复句是由几个分句紧缩在一起形成的。紧缩复句没有停顿,没有关联词,用单句的形式表达复句的意思。构成紧缩复句的分句在概念构成和语言形式上都比较简单,构成紧缩复句之后省略了关联词,减少了语句的量。例如"无风不起浪",即是对"只要没有风,就不会起浪"这个复句的紧缩。紧缩复句使语句更凝练紧凑,具有简明的表达特点。口语文化中大量的俗语、谚语都是由紧缩复句的形式构成的,如"人勤地不懒""争气不争财"等等。这些俗语、套语也能使口语创作变得简明。在大众媒介口语创作中,紧缩复句的使用需要对口语文本进行精致的研究与修改。2014年5月1日《新闻1+1》中的评论:

> 其实你拥有了什么样的工作,你就拥有了什么样的生活。而你想拥有什么样的生活方式,你就必须要拥有一份适合你,并且你自己喜欢的工作。这个工作和生活的关系在现在并且在将来,这种逻辑会越来越紧密。但是通过刚才的短片,我们也能看到,他们在选择创业和选择职业的道路上,他们也放弃了不少,而这些又恰恰是非常重要的东西……

这段表达十分繁复啰唆,"工作""生活""什么样"这些词语不断重复,加上一些类似"其实"这样无效的关联词使整段表达枯燥拗口。可以通过紧缩复句对语言进行提炼:

> 有什么工作就有什么生活,理想的生活基于合适的工作。工作与生活的联系一直很紧密。通过短片我们看到,在选择创业和职业的道路上,他们放弃了一些恰恰是非常重要的东西……

通过语句形式的改造,词语数量少了,不必要的关联词删去了,含义的表达也变得更清楚了。前文曾提到过,《新闻1+1》的评论过度依赖即兴口语,精致文本的缺失使其栏目的口语创作普遍繁复、拖沓。

第二节　语言的形象化

　　口语本身即是一种声音形象,一旦作为语言的声音与思维产生联系,便具有反思性。口语的形象化可使声音和受众的感观思维产生联系,唤起受众头脑中有关生活经验的视觉或者听觉的表征。口语的形象化不是取消符号语言,用图像直接传达信息,而是通过使用指代具体事物的概念,表达意义。这里的形象指的是意象。《周易略例·明象》有言:"夫象者,出意者也。言者,明象者也。尽意莫若象,尽象莫若言。言生于象,故可寻言以观象;象生于意,故可寻象以观意。"[①]这段话说明了语言、形象与意义之间的关系。语言是形式,意义是目的,而从形式到目的的过程中需要通过形象的手段互相联系。对于口语表达而言,这种形象的手段显得更加重要。研究表明,口语交流方式与书面方式相比具有"戏剧的、动态的、具体的、比喻的、片段的"[②]等特征。这些特征都与形象、情景的表述具有一致性。在具体的创作实践中,口语的形象化体现在不同的层面,形象化是一个从局部到整体的过程。首先是概念的形象化,关乎用词的选择;其次是情景营造,是视听环境的塑造。

一、概念的形象化

　　概念以词的形式表达,概念具有抽象概念和形象概念的区别。有些概念有实体性的外延,人们对这些概念通过直观形象的方式进行理解,例如"马""馒头"等等;有些概念没有外延,或者没有实体性的外延,人们对这些概念的理解基于思维逻辑能力,如"范围""本质"等等。理解概念本

[①]　转引自杨钢元:《形象传播学》,中国人民大学出版社 2012 年版,第 36 页。
[②]　〔美〕约翰·菲斯克:《电视文化》,商务印书馆 2005 年版,第 151 页。

身就是一个形象化的过程,是建立符号与世界经验之间的相对稳定联系的过程。这个过程越直接,理解起来就越容易。口语创作要求受众能够迅速地理解话语。在这个意义上,形象化具有接受信息的功利作用。同时,形象化使语言变得生动、贴近生活,在这个意义上,概念的形象化具有审美价值。

(一)生活实践中陌生的抽象概念需要形象化

生活中人们经常使用抽象概念,并非对所有抽象概念的理解都是复杂的。对概念理解的难易程度取决于人们是否熟练和频繁地使用这些概念。以抽象的数量概念为例,较小的数字在生活中被使用的较多,人们通常能够对其形成直观的理解。例如"1 辆车""2 只狗""大约 10 公里""体重 130 斤""1000 块钱"等等。这些数字都能不存在任何障碍地、被直观地理解。如果数字脱离了人们的日常生活,其理解就会变得困难,比如"8000 万""12.5 亿"等等,这些数字概念传达了数量巨大的信息,还能与其他数字进行比较,而其本身具体的量是难以被直观理解的。这时,这些数字概念就需要形象化,还原成人们可以理解的直观的方式来表达。通常来讲,数量概念的形象化可从两个方面着手:一是使数字成为人们生活中经常使用的范围,一是量的单位要具有普遍直观的效果。例如,2013 年"双十一"电子商务销量的相关报道:纸尿裤销售约 6600 万片,以一片吸水量是 1000 毫升计算,大约能吸干 6 个西湖。"6600 万"这个抽象概念距离受众的直观较远,在人的生活经验中几乎无法直观这样的量,而"西湖"的概念就相对更容易被理解。同时,这种修辞也强化了受众对"数量巨大"这个信息的认知。相比之下,"200 万件内裤已经可以绵延 3000 公里"这个向直观经验的转化就不太成功,因为"3000 公里"仍然是一个不容易被直观体验的概念,数与量都没有纳入直观的范围。此处如果用"大约哈尔滨到广州的距离"就会增强其传播效果。

这种形象化基于信息传播的功利目的,直观的形象能增强受众对信息的记忆与理解。只要回忆一下小学时背诵至今依然能熟记的课文就会

发现,人们的记忆与形象之间具有密切的联系。对课文的记忆基本是抽象文字的记忆,而这种记忆依赖于看书时的视觉形象与背诵时的听觉形象。很多人在几十年之后依然记得所背诵的课文是在课本的左面还是右面,这是视觉形象对记忆的作用;在忘记了课文的时候,人们往往通过重复上句来启发自己的记忆,这是在利用听觉形象进行回忆。人们对形象的感知是一种直接经验活动,几乎所有流行的记忆术都是通过形象还原、直观体验的方式提高记忆效率。心理学研究表明,"提取记忆的成功与否取决于要记起的东西和你第一次遇到它的情景的记忆重叠,以及可利用的线索和提示。"①对于口语创作而言,概念形象化使意义的传达变得简单、有趣,是受众与之"相遇的情景"变得特别,从而更容易记忆,于是话语的传播效果也由此增强了。

(二)抽象的说理性话语需要形象化

抽象概念是相对具体而言的,一个概念的内涵越少、外延越大,其抽象程度就越高。例如,"学生"比"大学生"更抽象;"动物"比"鸟类"更抽象。一般来讲,概念的抽象程度越高,对受众来讲就越陌生,因为它与具体的经验相似度更低。例如,对某种规律或者道理的表述超越了概念的范畴。"句子是由字词组成的,句子的意思却不是由字词的意思组成的。"②说理性话语的表达也不是抽象概念的意义叠加。用抽象概念表达意义比较准确,但难以迅速理解与记忆。因此,说理性话语需要其特有的形象化的方式。在口语创作中,这些说理性话语往往通过形象的方式表现。传统谚语、套语往往是经过积淀的、比较成熟的说理的形象化表达。套语是大众媒介口语创作中形象化的常用方式。套语是口语文化的产物。口语文化中,知识与规律的记忆只能通过不断重复来实现,否则就会被人遗忘。而形象化的、固定化的表达方式则降低了记忆的难度。套语

---

① Ron Hale-Evans:《心理和脑与生活》,宫宇轩、刘兰译,科学出版社2007年版,第55页。
② 陈嘉映:《语言哲学》,北京大学出版社2003年版,第391页。

正是在这样的口语文化中传承的。媒介环境学派的理论认为:"在原生口语文化里,为了有效地保存和再现仔细说出来的思想,你必须要用有助于记忆的模式来思考问题,而且这种思维模式必须有利于迅速用口语再现。"①在这样的思维模式下,谚语、格言甚至童谣等样式作为文化传统中的精华部分被保留下来。这些套语往往具有较强的节奏感,具有对仗的形式,具有合辙押韵的特征。同时,这些套语为人们所熟悉,能够迅速地唤起人们的记忆,从而达到一种认同。现代大众媒介作为次生口语文化的载体,其传播过程部分地保留了原生口语文化的特征。著名主持人梁宏达的口语创作就善于利用套语使表达形象有趣。例如2013年6月4日《老梁观世界》在谈到大学生就业问题时的评论:

> 干点稍微档次低点的工作也没什么了不起的,因为人生啊你得长远看,你不能就看眼前这五年六年。三穷三富过到老,人在三四十岁之前不还不知道这辈子啥样呢。

2013年《老梁看电视》说到三国人物时的评论:

> 今天咱们说三国人物该说到"人中吕布,马中赤兔",该说吕布了。说吕布呢,不能离开貂蝉,今天咱们把这小两口一勺烩了。

上述口语中,"三穷三富过到老""人中吕布,马中赤兔"等民间俗语起到了形象化的作用,增强了语言的趣味性。这种类型的俗语、套语有些是通过比喻的形式直接地传达意象,有些是对抽象道理的归纳总结,它们普遍具有朗朗上口的对仗形式。对它们的掌握与运用,是口语创作的一个基本功。

(三)感觉的表述需要通过形象具体化

"有两种认识:真实的认识和暗昧的认识。属于后者的是视觉、听觉、

---

① 〔美〕沃尔特·翁:《口语文化与书面文化》,何道宽译,北京大学出版社2008年版,第25页。

嗅觉、味觉和触觉。"①早期的哲学家认为感官无法认识真实的世界,这种看法说明人对感官的表达总是具有某种程度的模糊性、不确定性。很多人都有去医院看病的经历,当你告诉医生肚子疼的时候,医生经常问一个令人无所适从的问题:"怎么疼?"针对这个问题的回答大致有以下几种可能:"一阵儿一阵儿地疼",这是对时间的描述;"转着圈儿地疼",这是对空间的描述;"针扎一样的疼",这才是对感觉的描述。通常来讲,对一种感觉的描述往往通过一种生活经验才能在语言交流中达成一致,从而完成有效的信息传播。人们学习语言的过程即是一个用某种声音指称感觉直观的过程。德国语言学家赫尔德认为:"人从自然这位教师那里接受语言,完全是经由听觉,没有听觉他就不可能发明语言。所以,听觉在一定程度上成为他的中介感官,成为通往心灵的门径,成为其他所有感官的联系纽带。"②但是这种听觉声音具有较强的概括性。在日常语言的使用中,某种感觉通常需要一种具体的经验形象进行修饰,才能具体、准确。例如,"绿"是一个描述视觉的概念,但仅仅有"绿"显然不能满足人们的交流需求,于是"军绿""草绿"等词语通过人们对"军队""小草"等熟知事物的经验而使"绿"这个较模糊的概念变得具体和形象了。在大众媒介口语创作中,某种感觉的形象化显得非常重要,口语创作的趣味正体现在这些用词的细节之处。

从口语创作训练的角度而言,感觉表述的形象化可以首先从表述视觉、听觉、味觉、嗅觉、触觉的基本概念开始。例如,大量搜集描述亮度、色彩、形状、体积、响度、音高、音色、口味、香臭、冷暖、软硬等感觉的词语或者套语,在实践中有意识地使用。有些感觉的表达是十分困难的,比如味觉,除了基本的"酸、甜、苦、辣、咸"之外,似乎很难再有准确传达味觉的抽象概念。然而口味的感觉是十分复杂的,就食物而言也是千变万化的,例如纪录片《舌尖上的中国》第六集中的一段解说:

---

① 北京大学哲学系:《西方哲学原著选读》(上卷),商务印书馆 1999 年版,第 51 页。
② 〔德〕J. G. 赫尔德:《论语言的起源》,姚小平译,商务印书馆 1998 年版,第 50 页。

酸味能去腥解腻,提升菜肴的鲜香。当酸味和甜味结合在一起时,它还能使甜味变得更加灵动,更加通透。酸甜,正是大部分外国人在中国以外的地方对于中餐产生的基本共识。在烹制肉类时,酸味还能加速肉的纤维化,使肉质变得更加细嫩。当然,"酸"味本身,不仅能促进消化,增进食欲,与此同时,在世界通用的"甜"以及"苦"之外,中国人还很特别地使用"酸"字来形容某种疼痛、某种妒忌、某种不堪以及某种纠缠而难以言说的苦难。

该集节目以《五味的调和》为名,从解说词中可以发现,对"酸"的描述用到了"灵动""通透"这些形容词,但是这些形容词显然是无效的。它可以用在酸、甜、苦、辣任何一个概念之前,同时也都没有意义,仅仅是一种艺术化的模糊的表达。在介绍了"酸"的功能之后,解说又提到了"酸"作为一种形象可以形容更加模糊的难以言说的情绪。相比之下,"酸"反而成了更容易理解的概念。因此,感觉本身的模糊与抽象也是相对的,形象化即是用相对形象的概念去表述更加抽象的概念。有时口语通过声音本身的形式来使感觉具体而生动,例如叠声词、拟声词等等。例如"红扑扑""黄拉儿拉儿""黑乎乎""白闪儿闪儿""青黢黢";描述声音的"稀里哗啦""噼里啪啦""叽里咣当"等等。这些词语往往在日常交流中使用,尤其在方言中较为常见。

当然,除了最基本的感官之外,还有更加难以言说的心里感觉,即人的情绪。这种言说之难,在于情绪的个人特征。维特根斯坦认为,"只有在正常的情形中,字词的用法才能得到明确的规定;我们知道在这个或那个情形中说什么。情形愈是不正常,我们该说什么也更加有疑问。"① 这说明在情景形象缺失的情况下,话语很难准确地传达某些信息。于是,形象化对于感觉的描述就更加必要了。《易·系辞上》有言:"子曰:'书不尽

---

① 〔英〕维特根斯坦:《哲学研究》,汤潮、范光棣译,生活·读书·新知三联书店1992年版,第77页。

言,言不尽意'然则圣人之意,其不可见乎?子曰:'圣人立象以尽意……'"①这里的"意"即具体的、特殊的意义,说明用概念无法认识的意义,只能通过直观去把握。而这里的形象是间接的,是被语言激励而表征于头脑中的,最终形象化的任务还是用具体、形象的概念去传达意义。对于大众媒介的口语创作而言,这种形象化尤为重要。因为越是被时空限制的口语表达,越需要准确地传达意义。大众媒介的口语传播是穿越时空的,是受到技术限制的,是面对广泛受众的,任何特殊的具有个性的情绪、感受都需要通过具体形象来传达。例如,第二章曾提到一个例子,调查记者的结束语如下:

> 如果是你采访的周大妈,如果你在她生活的那小片地方待过的话,到了这样的晚上你会不由得想起她。这个91岁的老人正自己待在家里,躺在床上。你会牵挂,她睡着了吗?她放水的位置会不会离她太远?她爬着大小便的时候会不会磕着、碰着?我们的城市已经发展到了这一步,24小时便利店随处可见,方便得无以复加,然而在这样的晚上,在城市的角落里,到底有多少老人正在为最起码的需要而感到不便呢?他们的家人和社会还能做点什么呢?

记者在调查中获得了一种特殊的情绪,这种情绪是个人的,无法通过概念去准确描述。于是在需要表达情绪的时候,记者假设了一个周大妈自己在家的情景,通过一系列的形象试图与观众达到一种情绪上的共鸣。该段表达中的形象化已经超越了概念形象化的范畴,通过诸多被人们熟悉的概念创造出了一个情景,进入了语言形象化的第二个阶段。

二、情景营造

说到情景营造的例子似乎总是马致远的《天净沙·秋思》或者辛弃疾

---

① 黄寿祺、张善文:《周易译注》,上海古籍出版社2001年版,第563页。

的《西江月·夜行黄沙道中》。这两首词的确是"立象尽意"的经典,但是大众媒介口语创作中的情景营造,与诗歌作品的情景营造具有不同的目的与效果。简单地说,诗歌是艺术创作,最终要求实现一种情感共鸣。受众喜爱一首诗歌是基于自身在艺术体验中获得了情感共鸣,而从大众艺术的角度讲,艺术品得到认可的数量是衡量其审美价值的标准之一。那么怎样才能使受众认可的数量最大化呢?俗话说,仁者见仁,智者见智。一个艺术品能被不同的人解读出不同的感受,其艺术性就增强了。就像艺术电影,往往围绕其展开的各种解读与评论成为电影文化的重要组成部分。而这个模糊的目标和大众媒介口语创作的目标是不一致的,至少对于口语评论来讲是如此。大众媒介口语评论以传达信息的准确为目标,情景的营造是为了消除概念的模糊性,让受众更具体真实地接受信息,两者在这一点上有巨大的区别。但是它们修辞的结果却是一致的,这是因为诗歌创作和口语评论有着不同的逻辑起点,前者是作者主观模糊的感受,后者是抽象准确的概念,两者同样在传播中受到语言的限制,于是形象化使它们从不同的层面达到同样的状态。情景是感官的综合感受,口语的形象化是要把这些综合感受通过有声语言的形式表达出来。赫尔德论证了听觉较之其他感官的优势,试图解释为什么语言通过声音的形式产生。他认为,"通过听觉,每一种感官都有了语言能力。"[1]听觉器官在中介、清晰、生动、作用时间、自我表达以及生理发展的角度显示了听觉的优势。尽管其论证在今天看来未必能让人信服,但是提出的一些问题对于情景营造来讲具有积极的价值。

(一)情景在感觉的融合中产生

情境中感觉的融合类似于文艺理论中所讲的"通感",钱钟书在《通感》一文中指出,"在日常经验里,视觉、听觉、触觉、嗅觉、味觉往往可以彼此打通或交通,眼、耳、舌、鼻、身各个官能的领域可以不分界限。颜色似

---

[1] 〔德〕J. G. 赫尔德:《论语言的起源》,姚小平译,商务印书馆1998年版,第51页。

乎会有温度,声音似乎会有形象,冷暖似乎会有重量,气味似乎会有锋芒。诸如此类在普通语言里经常出现。"①情景的营造使综合的感受通过有声语言得到表达,通过言说使感觉变得确定,通过形象的言说使感觉变得可以理解,于是这种难以言说的信息具有了传播的可能性。法国诗人波德莱尔的《应和》被当作"通感"理论的发源,诗中写道:"芳香、色彩和声音在相互应和。有些芳香鲜嫩如儿童的肌肤,柔和如双簧管,青翠如绿草场——还有一些则朽腐、浓烈而神气,具有着无极无限之物的张扬,像龙涎香、麝香、安息香和乳香,歌唱精神与感官交织的热狂。"作品中通过触觉、听觉等感官描绘芳香的气味,这种修辞方式的特点是用以描绘的感觉必须是日常经验中所常有的,这样才对一种独特的感觉经验具有替代作用。《文心雕龙·比兴》中写道:"王褒《洞箫(赋)》云:'优柔温润,如慈父之畜子也。'此以声比心者也;马融《长笛(赋)》云:'繁缛络绎,范(睢)蔡(泽)之说也。'此以响比辩者也。"通过辩士之间的争论等情景去带动接受者对声音感觉的理解,这里指的是理解而不是体验,接受者并没有形成有关听觉的表征,而是通过综合的直观感受去把握和理解信息。这恰如滕守尧所说的理解的第三个层面,既不同于"对简单的信号的直接反应",也不同于"纯逻辑推理性的符号把握",是一种"对形式中融合着意味的直观性把握"。②

在大众媒介口语创作中,创作题材不同于诗歌艺术创作中的独特体验,通常具有普遍性与现实性。但是基于传播主客体之间受到的时间、空间和技术的限制,情景的建立具有了更普遍的价值。也就是说,日常交流中的体验在媒体上的传播变得更难了,情景的塑造更有必要了,而且依然需通过不同感觉在有声语言中的综合来实现。例如,2013年12月11日《老梁看电视》有关电影音乐的评论:"这部电影《K歌情人》揭示出来,好的旋律就如同男女相见之后的一见钟情。那么接下来的深入了解,走进

---

① 钱钟书:《七缀集》,读书·生活·新知三联书店2002年版,第64页。
② 滕守尧:《审美心理描述》,四川人民出版社1998年版,第71页。

热恋往往要靠歌词。"对音乐的感受是难以抽象地表述的,主持人借用了电影中的台词,通过"一见钟情"这种综合感受使主观的感觉变得容易理解。当然,"一见钟情"并非一种普遍的体验,在这个意义上,其形象化程度是不足的。同期节目中,主持人对"纵贯线乐队"的评价也体现出具体的情景:"他们的演唱会是什么?是这些人集体地埋葬自己的青春,在追忆似水年华。等于是同时代的人在这种情况下互相在问候。""埋葬青春""互相问候"这些语言较易唤起人们的综合体验,从而对主体要表达的情绪能有所理解。在上文中"一见钟情"与"听到美好旋律"的通感中,两种感觉经验都较为复杂,而且"听到美好旋律"的感觉更为普遍,因此,这样的情景营造是不足的,甚至是失败的。这种表述复杂感觉的情景需要由简单的感觉构成。对复杂感觉的表述是一个极具修辞性的技术,如果没有口语表达的修辞功底是很难适当地表情达意的。例如《中国好声音》中"导师"评价"学员"的歌声,其用语常常重复。通常在"太感人了!""我觉得你是用生命在唱歌。""你唱出了真实的情感!"等等,这些表述使用直白的抽象概念或者模糊概念,无法起到有效的评价作用,容易让观众觉得重复乏味。

(二)叙事中的情景营造感知时空,具有培养受众情绪的作用

口语叙事中的情景营造通常是在叙事情节即将展开的时候,这种情景营造往往通过有声语言去唤起受众心理的视觉表征,从而使叙事在一个更具体、更具有现场感的语境中展开。口语叙事中的情景营造是一个再现的过程。"再现的成功有赖于以少胜多、以简代繁,然而这种少或简又不是任意的,而是按照人的心理活动规律做出的。"①口语的情景再现是通过概念的形式实现的,概念所描绘的事物不可能是情境中的全部,而只能是那些具有代表性的"意象"。通过意象的组合关联使受众对情景有一个整体、综合的感知和理解。苏珊·朗格认为,"意象的意义在于:我们

---

① 滕守尧:《审美心理描述》,四川人民出版社1998年版,第127页。

并不用它作为我们所求某种有形的、实际的东西的向导,而是当作仅有直观属性与关联的统一整体。它除此之外别无他有,直观性是它整个存在。"①可以看出,通过意象构建情景的目标并非情景本身,而是为叙事创造一种整体上的真实感。情景的营造可能只是寥寥数语,也没有使受众获得准确清晰的视觉形象,甚至只是瞬间闪逝的模糊体验,但这种体验为叙事创造了可以直观感知与理解的空间。举例来说,中央电视台《百家讲坛·塞北三朝之白马青牛》中主讲嘉宾有这样一段简短的叙事:

> 一位骑白马的仙人从天山下来,信马由缰,沿着土河顺流而下。他在这个信马由缰的过程当中就被美景所吸引了。这个时候呢,一个天宫的仙女可能不耐天宫的寂寞,高处不胜寒嘛,于是呢下凡想看看人间的美景什么样。因此呢就驾着一辆青牛车。白马、青牛相会于两条河的交汇处,良辰美景,草原上鲜花盛开,馥郁芳香,河水波光潋滟。所以在这种情况下两个人一见钟情,私订终身,结为夫妻,然后生了八个儿子……

这段叙事中,"良辰美景,草原上鲜花盛开,馥郁芳香,河水波光潋滟"的情景塑造叙述了故事发生的空间,同时也给受众想象的展开提供了方向。情景的描述是对故事时空的一种规范,受众在规范中发挥想象力,从而实现感知上的一定程度的一致。当然,情景未必是静态的环境描述,由人物活动构成的动态情景也是情景营造的重要形式。情景塑造的目标并非仅仅停留在感知层面,具有典型特征的情景通常具有集中反映事实乃至说理的功能。例如,网络自媒体栏目《罗辑思维》中论述崇祯皇帝的开场:

> 先让我们回到一个情景啊,话说公元1644年的4月22号的晚上,紫禁城已经在一片黑暗之中,皇城已经宫门下钥。话说

---

① 〔美〕苏珊·朗格:《情感与形式》,刘大基、傅志强、周发祥译,中国社会科学出版社1986年版,第58页。

到了半夜,一个中年男人开始围着紫禁城跑圈儿,披头散发一边跑时而还停下来,捶胸顿足、哭天抢地。这个人是谁呢?就是大明王朝的最后一个皇帝崇祯。当天晚上当然是闹腾了一夜啊,第二天早上,他仍然坚持了自己17年来一直坚持的一个好习惯,准时上朝和阁臣们见见面。但是见面已经没有用了,因为这个时候李自成的大军已经把紫禁城包围得严严实实了,跑不掉了,所以君臣相对唯有落泪而已啊,据野史记载啊……

该期节目名为《崇祯为什么跑不了》,旨在论述崇祯皇帝的品格以及他与群臣之间的关系。节目开场就从叙事开始,讲述了崇祯皇帝最后的一段经历。这段经历具有强烈的戏剧色彩,用来作为整个论述的形象化的导引。这段叙事的开头描绘了一个由静到动的情景,并作为这段叙事情景化的起始。这种设置使受众更早地进入到一个由创作主体设计的想象空间之中,这时一种整体直观的感觉就形成了,这种感知有助于培养受众情绪,对观点论证起到潜移默化的作用。通过情景潜在地影响受众情绪是大众传播的有效手段,以下通过一个教学情景来说明这个问题。

课堂上,我给学生播放《快乐大本营》试图例证娱乐的结构。开始是该节目的片头,何炅等主持人以卡通的大脑袋形象出现,在色彩缤纷的动画城市中游走、冲突,同时轻快音乐和滑稽的音效不绝于耳。当时我惊奇地发现,几乎每个同学都被这片头吸引,全神贯注地盯着屏幕,大家的面部表情惊人的一致:眼睛略微地眯起来,嘴巴微微张开,那是一副随时准备开怀大笑的模样。

娱乐电视节目的片头总是通过一系列的喜剧形象营造快乐的氛围,使受众处于一种随时准备大笑的状态之中。这种情形下,娱乐的传播效果就会被夸大,娱乐节目现场的掌声笑声、后期节目各种音效的添加等等,都是通过形象的手法在营造情景。在口语表达中,这种效果恰恰可以通过情景营造来实现。例如,前文《百家讲坛·塞北三朝之白马青牛》例子中的情景提示了观众这是一个美好而浪漫的故事,而不是发生在大漠

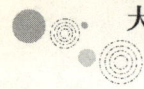

孤烟中的悲壮的爱情;《罗辑思维·崇祯为什么跑不了》中的情景提示了所述事实的悲情与惹人怜悯,而不是刀光剑影、血雨腥风的战争故事。这些情景使受众不自觉地与讲述者所预设的基调保持了一致,提升了传播效果。

第三节 趣味性的论述

大众媒介口语创作作为一种信息产品被提供给受众并对受众的日常决策产生影响。这种影响力就是其话语权的实践形式。"话语权的来源分为强制权、教育权、宣传权。"①这种权力以警示、阐释、舆论的方式体现在大众传播中。于是,抽象层面的目标与大众媒介形象化的技术特点存在着矛盾。评论性的口语创作通常处于一种单一性的困境之中。口语创作的深度体现在超越事实叙述的层面,在事件联系与判断层面传达信息。口语评论从其概念的内涵上要求所传达信息要构成对事实的价值判断。从受众对口语评论的需求来看,事实及观点信息的传达使受众形成对世界的判断,从而成为指导其生活的依据,这是内在的价值。而大众媒介似乎更多地满足了人们在娱乐层面的需求。现代媒体的技术特征使人产生反"深度"的错觉。娱乐是受众通过现代媒介获得信息的重要目的之一。从理论上讲,娱乐是视听传播无法摆脱的性质,但"趣味"与"深度"不是完全对立的,可以显现为形式与内容的关系。抽象深度评论需要借助趣味性的策略来吸引受众,这种趣味性的策略除了上节所讲的语言的形象化之外,在整体上通常通过两个方法来实现:一是论述中的类比的使用,二是综合的事实组织结构。这两种方法是从整体的角度来实现口语形象化的趣味性策略。

---

① 丁龙江:《电视法制节目语言传播策略》,中国电影出版社2010年版,第60页。

一、趣味性的类比

上一章曾经涉及类比论证的一般性特点,这里主要从提升趣味性的角度并结合案例说明类比论证对口语创作的作用。大众媒介口语创作中的类比既是一种表情的方式,也是一种说理的方式。类比通常由形似的事实构成,用以类比的事实通常比被比的事实更贴近生活,具有更清晰的结构。不同事实之间外在的相似性是显现的,而内在的相似性是潜在的。这种内在的相似性通常包括,事实中主体的感受、不同主体的联系、某种内在规律等等。这些内在的相似性通过口语表达的技巧得以显现,使受众理解了一个贴近生活的、简单的、清晰的事实,从而理解一个相对抽象的、复杂的、模糊的事实信息。可以看出,这种结构方式与情景营造具有相似性,但是类比在更复杂的事件层面使用,而不是简单地对某个情景的感知。

(一)类比与比喻类似,具有陈述的性质

沈有鼎在《墨经的逻辑学》一文中指出:"类比推论与比喻之间本来没有固定界限。"① 类比与比喻的相似在于陈述的性质。我们来看一个案例,网络自媒体栏目《罗辑思维》第四集《回应质疑:罗胖的歪嘴与歪理》节目中的一段评论:

> 对我批评最激烈的,当然就集中在刚刚播出的那一期,是关于中日贸易的。哎,很多人骂罗胖子你是个汉奸,你是卖国贼等等,这种声音吧,我听的就哭笑不得。如果你真觉得我是个汉奸的话,那以后这个节目,我就求你啦,你就不要看。因为我就想到一个我小时候看过的电影,一个小媳妇儿被她的残疾人丈夫,天天在家里打,这个小媳妇儿就非常温柔地跟丈夫讲,说:哎呀,

---

① 沈有鼎:《沈有鼎文集》,人民出版社1992年版,第345页。

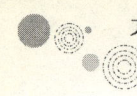

您别打了,小心伤着您自个儿。我对那些骂我汉奸的人,我就特别想像这个小媳妇儿一样,说一句:您就别生气啦,小心伤着您自个儿,以后您不看不就完了嘛,对吧?

这个类比以表达复杂感受为目标。表达者先用"哭笑不得"一词表达了自己的感受,但是"哭笑不得"过于模糊,于是通过一个故事描述自己的看法。类比中两个事件都含有双方的激烈冲突,但是两个事件中的主体关系并不相同。由于类比的目标在于描述表述者自身的主观感觉,类比本身不是一个论证的过程,带有陈述性,所以对类比事件相似性的要求较低,更接近于比喻的修辞方式。

类比与比喻还是有所不同的,比喻通常是从感觉到感觉的变化,尽管感觉可能具有简单和复杂的区别,但终究是在直观感知的层面。而论证性的类比是通过思维对故事的理解与某种模糊感觉或者抽象道理联系在一起。陈述性的类比仅仅作为一种修辞方式,类比事物只是对被比事物形象化的说明,而不构成论证关系。例如,《论语·颜渊》:"出门如见大宾,使民如承大祭。"用现代汉语表达就是:"出门办事如同会见贵宾,态度要认真;役使百姓如同承办重大的祭祀活动,要谨慎。"可以明显看出,这种类比是结论性的。没有论证过程,不解释因果。这种类比的方式带有艺术创作的性质,通过接受者可以理解的形式表述抽象的道理。例如,《论语·公冶长》:"子贡曰:'我不欲人之加诸我也,吾亦欲无加诸人。'子曰:'赐也,非尔所及也。'"简单来说就是,"我不愿意别人强加于我的,我也不愿强加于别人。"这个类比中没有形象化的表述,但是"我不愿意别人强加于我"这是一个主体的直接体验,对于接受者来讲是可以理解的,通过这种理解与"我也不愿强加于别人"达成一致。再如,王充的《论衡·论死》中的一段类比:"人之死,犹火之灭也。火灭而耀不明,人死而知不惠,二者同一实,论者犹谓死有知,惑也。人之且死,与火之且灭何异?火灭光消而烛在,人死精亡而形存。谓人死有知,是谓火灭复有光也。"这个陈述性类比具有论证的形式,但因为类比事物的选择过于随意,与被比事物不能形成充足的相似,于是其结论是无效的。陈述性类比的目标是为了形象生动地说明问题,其结论应是公认正确或者已经证明的,其应用需受口语创作主体的限制。

(二)类比是形象化的推论方式

"修辞之譬的功能在于'美辞',逻辑之譬的功能在于推理和证明。"① 狭义的类比是逻辑学意义的,通过两个事物之间已知的相似性,推导出未知的相似性。已知的相似性越多,其推论正确的可能性就越高。类比作为一种逻辑论证的方法,并不具有可验证的价值,但是可以令接受者用不同的眼光看待事物,这种不同的眼光往往能起到说服的作用。修辞是"一种在任何一个问题上找出可能的说服方式的功能",②从这个意义上讲,类比的这种"不同的眼光"恰恰与修辞的目标一致。举例说明,《罗辑思维》第五集《石油用不完?欠抽的歪理邪说》中的一段类比论证:

> 我们今天抛出来的第一个歪理邪说就是,石油是永远用不完的。听起来太歪了,因为我们从罗马俱乐部的报告开始就一直告诫人类,我们只有一个地球啊,我们必须要保护资源啊,但是真的就有这样的一种学说,说石油是永远用不完的。
>
> 持这样观点的经济学家先让你去想象一个屋子,这屋子里面堆满了开心果,然后约一帮朋友进去吃开心果,那么,请问,开心果会被吃完吗?结论是不会的。因为你刚开始的时候随便抓一把,都能剥开就是果仁很高兴地吃了,可是吃到最后的时候你会发现,开心果变得越来越少,果壳变得越来越多,也许你抓一千个,出来翻翻才能找到一个还带果仁的。那么这个时候因为成本太高了嘛,就会有一位拍案而起说,我不在这找了,我干脆到门口的小店去买一袋新的开心果来吃。所以实际上一栋装满

---

① 黄朝阳:《中国古代的类比》,社会科学文献出版社 2006 年版,第 9 页。
② 〔古希腊〕亚里士多德:《修辞学》,罗念生译,生活·读书·新知三联书店 1991 年版,第 24 页。

开心果的屋子里面,最后底下会沉积出大量的还没有被吃掉的开心果。所以有的经济学家就会说,你想想看如果说石油会被用完的,我们就假设地球上的石油是一个恒定的量,那么请问,人类世界最后一桶石油会在哪里?没有人会把它用掉,因为它已经太贵了。最后一桶了嘛,它会在哪里?可能会在美国国会图书馆里,或者某个博物馆里被珍藏起来了。

那么请问,世界上最后一百万桶石油会在哪里?告诉你,因为它太贵了,所以没有人用得起,所以它会永远长眠地下,没有人会把它开采出来。当然你会说这叫诡辩,确实,我也承认这是诡辩,因为毕竟石油资源是守恒的,它就那么多呀,最后一百万桶不把它开采出来跟没有了又有多大区别呢?但是请注意,这里面有一个很重要的经济学的思维方法,就是,他不会从一个稳态,也就是固定的一个值来推算未来,他永远看到所有的要素之间,是会有一种充分的互动关系。

这段论述可以被看作趣味性类比论述应用的典型。论述首先抛出一个严重与人们常识不相符的观点"石油是用不完的"。这种观点很能引起受众强烈的兴趣,以至于对其论述投以更多的关注。接下来的"寻找开心果"的类比与"石油开采"之间具有较高的相似性,在设定的情境中:开心果是有限的,这与石油资源的有限相似;寻找开心果的成本会逐渐提高,这与石油开采的现状相似;再买另外的开心果,这与人们开发新能源的预期相似。在这种高度相似的事件之间,其结论就具有相当高的说服力。同时,"寻找开心果"的过程是对"石油开采"的简化:石油资源遍布各地,空间很广阔,在类比中被简化为一间屋子;石油从开采到加工,再到使用本来是很复杂的工序,在类比中被简化为找到并吃掉;开采新的能源被简化为再买一包。这些简化使遮蔽在各种复杂事实之间的规律与道理得到了显现。接受者不必把注意力放在有关石油资源勘探与开发的大量知识中,而是关注整个过程反映的一种思维方式。在论述的最后,又通过抽象的表述申明了观点:"但是请注意,这里面有一个很重要的经济学的思维方法,就是,他不会从一个稳态,也就是固定的一个值来推算未来,他永远看到所有的要素之间,是会有一种充分的互动关系。"在生动的类比论述之后,这个抽象表述一下子变得容易理解了,带给接受者一种获得知识的满足,从而实现了一个成功的类比论述。

  类比推理的成功与否很大程度上取决于"类"的规范,也就是类比事物与被比事物之间的相似性。但是普遍联系的事物总是或多或少地在不同的层面与角度具有相似性,例如,汽车可以归为交通工具,与自行车、火车等进行类比;也可以归为现代科技产品,与计算机等进行类比;甚至可以归为凶器,与刀具、枪支等进行对比。类的选择取决于论证观点的内容。上述类比论述中"石油"与设置情境中的"开心果"都作为人们需求的有效资源进行归类。值得注意的是,类的选择过于随意宽泛会使推理变得缺乏说服力。例如,《老子》中的一段类比:"希言自然,故飘风不终朝,骤雨不终日。孰为此者? 天地。天地尚不能久,而况于人乎?"老子认为,少言无畏是符合自然的,既然暴风骤雨不能长久,那么暴政也不能长久。这个类比以"不能长久"为结论,以"狂暴"为相似,然而"天气"与"政治"具有本质的差别,至少从现代的眼光看来,这个类比是缺乏说服力的。再来看一个《罗辑思维》中成功的类比,出自第二季第 26 集《改变世界的箱子》:

  它的作者就想说明一个道理,在 20 世纪人类林林总总、眼花缭乱的各种发明当中,集装箱应该占有重要的一席,因为它极大地推动了 20 世纪生产力的发展,极大地改变了 20 世纪人类的财富面貌。好奇怪这个结论是不是有点过于夸大了? 因为集装箱在技术上实在是乏善可陈,我想即使用 19 世纪的水平,敲出这么一个铁盒子恐怕也不困难吧,集装箱的技术含量可能还不如个罐头,罐头好歹要去解决密封的问题吧? 抽真空的问题吧? 集装箱也不用,我们中国人都熟悉一句话,叫科技是第一生产力,但是请注意,这句话可推导不出下一个结论,就是具体到

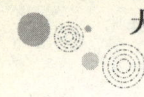

一个产品,它的科技含量越高,那它改变生产力的能力就越大,这两句话可不能画等号。

给大家举个例子——蒸汽机。如果在有知识的人当中做调查,过去几百年改变人类面貌的最重要的发明是什么?我想蒸汽机肯定高居榜首。但是要知道,在蒸汽机发明的当时,它的科技水准也不是很高的呀,这里面有一个误解。大家都说,瓦特发明了蒸汽机,这个说法不确切,瓦特仅仅是改良了蒸汽机。因为在中世纪的时候,欧洲人就已经在使用蒸汽机,比如说纽卡门蒸汽机,在煤矿里面提水,都在用这个。瓦特不是什么惊才绝艳的大科学家,他只是一个普通的工程师,当然他很聪明,也很有商业头脑,他改良了纽卡门蒸汽机,让它的热效率更高,让它的机械结构更合理,仅此而已。但是就是这么一个在科技表现上没有太多亮点的产品,却成为人类里程碑式的发明。今天我们谈工业社会,谈工业革命,谈现代化,几乎都要回溯到蒸汽机这个具体的产品上。你看,蒸汽机,集装箱,这两个东西搁在这,就给我们出了一道题,那就是虽然我们承认科技是第一生产力,那请问,什么样的科技,它会最大限度地推动生产力的发展呢?这对我们今天关心创新的中国人,这道题的答案会非常有魅力。

这段论述运用了两次类比,第一次类比是"集装箱"与"罐头"的类比,这个类比的目的在于说明集装箱没有很高的技术含量,于是其类比的对象自然指向了没有技术含量的、同样用于包装的罐头。这次类比的内容很简单,仅仅是针对事物属性的比较。而第二次类比就相对复杂,"集装箱"与"蒸汽机"的类比,从事物划分的接近性来讲,"蒸汽机"显然比"罐头"距离"集装箱"更远,但是类比的目的在于反驳"没有高技术含量的集装箱不能改变世界"这一结论。于是,"蒸汽机的改良"作为一项没有太高技术含量的发明与"集装箱的发明"作为同类事物,这时,相似不仅仅是事物属性的相似,而是事物与社会发展关系的相似。这一类比论证的观点是否定性的,在该段论述的最后,针对肯定的判断进行提问"那请问,什么样的科技,它会最大限度地推动生产力的发展呢?"激发了受众的兴趣。

　　口语创作中的类比运用,一方面是对语言本身的修饰,另一方面是阐述道理的需求。其中后者具有更高的创作价值,两者都在论述的趣味性上发挥巨大的作用。掌握这种方法对口语创作水平的提升具有重要意义。

二、综合的论述结构

　　从口语创作的整体技巧而言,分析与综合是两种结构方式。不同的方式会影响创作的趣味性以及说服力。从这个意义上来看,论述结构作为一种广义的修辞影响口语创作的传播效果。"分析的方法与综合的方法是相对的,前者从被条件限制者和被奠基者开始直到原理为止,而相反后者从原理到结论或从简单的到集合的。前者人们也可以称之为后退的方法,正如人们称后者为前进的方法一样。"①分析结构针对一个社会公共事件或者公共话题进行因果、可能等方面的分析,最终作出事实或者价值判断;综合性的议论结构直接以抽象的命题为逻辑起点,在同一个主题之下组织多个类似的案件信息。这样,节目的时长有效地限制了细节信息的过度展现,同时在多个事实的比较中,一般性的问题通过归纳能更直观地显现。例如2014年3月28日《老梁有看法》节目在"非法证据排除"的主题之下,组织了"2013年陕西汉中警察拍摄夫妻洗浴事件""1963年美国米兰达警告事件""云南杜培武案""湖北佘祥林杀妻案""河南赵作海杀人案""辽宁孙学双杀人案""浙江赵高平叔侄案"等案件。这些案件在"非法证据获得"这一命题的统摄之下形成了对不同层面的论证。

　　口语创作论述的过程即是受众理解的过程,这个过程要么是从形象发展到抽象,要么是从抽象发展到形象。如果创作以"2013年陕西汉中

---

① 陈志远:《康德的综合和分析概念》,《现代哲学》2005年第5期。

警察拍摄夫妻洗浴事件"为逻辑起点,通过口语论述使受众理解这个事件,那么对这个事件理解的结果是,"警方有哪些地方是违规的?""为什么不能采用这样的方法?""这种情形是在什么样的条件下产生的?"等等一系列抽象问题的答案。口语创作根据这些问题剖析案件,把具体形象的事实上升到一般性的结论。这个过程就是分析理解的过程,是从形象到抽象的理解。举例来说,2013年12月7日《老梁看电视》对粤语歌曲的一段论述:

> 四大天王在2000年前后啊,陆续淡出了歌坛第一线。他们淡出歌坛第一线,不仅带走了一个香港流行乐坛极为辉煌的偶像时代,同时也使香港乐坛曾经兴盛一时的粤语时代画上了一个休止符。当年我们每个人听到粤语歌呢,听到的可能都是,昏睡百年(唱),这是《霍元甲》的,还有《射雕英雄传》的,还有一些像《大地恩情》《万水千山总是情》等歌曲。那么说到这个粤语歌曲呢,就觉得我们听这个歌是粤语歌,现在我们把粤语广东话呢翻译成国语,翻译成普通话,你再唱就没有味道了。这是由于中国方言不同地方发音不同带来的,你看我们这个普通话,普通话里大家都知道这个四声啊,是阴平、阳平、上声、去声,就是一二三四,四声。这个四声相对来说比较简单,容易被人掌握。可是它的音调变化就没有方言丰富,我们传统文化里头呢,四声是平上去入。现代汉语里面呢入声就没有了,但是入声字呢,在粤语里保留着。粤语里的四声呢依然是平上去入,而且每一声里边有两个调,一个高一点的调,一个低一点的调,入声字在粤语里还多一个中调,所以二四得八再加个一,粤语总共有九个音调,咱们普通话里就四个音调。所以粤语这个发音啊,上下起伏特别大,音调非常丰富,它的韵律感就非常强。所以正因为它韵律感强你会发现粤语跟普通话歌曲,在创作的过程当中不是完全一样的……

这个段落的口语创作可以说是失败的，复杂的语言和专有名词对于非专业的受众来讲都较难理解，听起来几乎就不知所云了。这个段落是典型的分析式结构。主持人首先简单介绍了一些粤语歌曲的现象，然后针对其韵律的问题进行了分析，"翻译成普通话，你再唱就没有味道了"，这是和粤语歌曲相关的诸多现象之一，围绕这个问题的分析太过抽象，使受众的理解产生了困难。该期节目在之后的论述中，针对"歌曲的创作过程"等问题进行了分析，直到后半部分才在"粤语歌曲的发展"这个叙事题目的统摄下展开了相关事实的介绍，所以节目的前半部分体现出单调乏味、趣味性缺失等问题。用最简单的话来说，分析就是用理论去解释事实，综合就是用事实去论证理论。分析的表现形式往往是抽象的理论，而综合的表现形式则是丰富生动的事实。显然，后者更适应大众媒介口语创作的要求。当然，在大量的创作实践中，分析结构也有成功的案例，但是一方面其应用受到题材的限制，另一方面对创作主体的要求也相对更高。

综合的表达结构更适合大众媒介口语创作的一般性，事实本身就是具体而形象的，不仅易于认知，同时也具有某种程度上"新知"的价值。综合结构的特点不仅在于通过事实进行论述，同时事实需要具有统一性。当下许多评论性节目虽然也是以事实作为节目的主体，但是事实结构是松散的，是新闻事件的简单堆砌与评论的叠加，事件之间的联系经常显得牵强。例如自诩为新锐脱口秀的《观点致胜》的一段评述：

> 主持人：最新消息是，央视纪录频道总监刘文，最近也因为涉嫌经济问题被带走。有一种说法，这可能和他担当制片人的纪录片《舌尖上的中国》有关。
>
> 解说：据多家媒体转载《财经网》的消息，央视纪录频道总监刘文最近被带走调查。有知情人士透露，在国家审计署去年12月开始的例行审计中，刘文被查出在纪录片采购和制作上有经济问题。另外在一些高收视率的纪录片的制作上，涉嫌与隐性

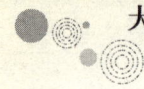

的植入广告有关的利益交换。很快《人民日报》的官方微博也转载了这一消息。……而其中《舌尖上的中国》是央视纪录频道推出的最成功的系列纪录片,作为这部纪录片的制片人,刘文对此也颇有心得。(刘文访谈,内容是该纪录片的创作)……尽管收益多反响大,《舌尖2》的美誉明显不如第一季,反而负面消息不断,比如涉嫌抄袭BBC镜头,故事人物是"分集导演公司旗下艺人",甚至是造假门。最后被证实的有,白马占堆爬的树与取蜜的树不是同一棵,能八分之一秒钓起跳跳鱼的民间高手也不是渔民杨世橹而是另有其人……

  主持人:喜欢看《舌尖上的中国》的朋友一定对片子中的一些热门词汇耳熟能详,如"大自然的馈赠""先人的智慧""技艺的传承"啊等等。所有这些都在讲述,美食是质朴的,所有这些都在讲述,做美食的人应该懂得感恩,应该不要忘本,本是什么?是菜谱,是食材,更是淳朴的人心,是坚守的良知。

  《观点致胜》每集大约50分钟,针对大量的事件进行评论。而这些事件基本没有任何的联系,从内容到形式都显得混乱。即使在上述例子中针对一个事件的评论也存在诸多问题。最明显的是对事实组织的松散,上述案例中本来评论的问题是"刘文被带走"事件,然而解说词中与此相关的篇幅不到三分之一,却大量地介绍和纪录片制作与反响相关的内容。论述从开始到结束,主题已经发生了变化。同时在评论中,把纪录片中有关"质朴"与做人的"淳朴"联系起来,显得过于生拉硬扯、牵强附会。事实组织盲目、评论缺乏理性,这种幼稚、肤浅的表现与其采用的结构方式具有很大的关系。

  与之相反,凤凰卫视在2011年到2013年播出的《倾倾百老汇》虽然形式看起来与《观点致胜》十分相似,但是其结构则体现出较强的综合性。该节目通过统一的主题组织新近发生的同类型的事实,使其评论能围绕相对稳定的话题。这样的优势在于,一定数量的新闻事实保证了受众对节目的兴趣,同时其论证过程从时间上与经验上都得到了充分支持。简短评论往往无法深入,围绕同一问题的深入论证容易使观众感到乏味,《倾倾百老汇》的结构在一定程度上消除了深度与趣味的矛盾。例如,2013年11月10日的评论：

> 前几天,看了一新闻标题说有一公交车追尾奥运冠军孙杨,吓我一跳,是吧,杭州还有水上大巴呢？也不知道是怎么了,你说最近这车啊,都是奔水里开,上次那车是被桥墩子拦下来的吧,但人家那是"奔池",奔的就是"池子"啊……
>
> 同样是游泳的菲尔普斯呢也是某汽车品牌的代言人,还因为酒驾被警察给逮了,估计游泳的都好这口,追求速度与激情……
>
> ……如今啊都得国产车了,今年我国还特别向斐济捐赠了20辆红旗车,诶？斐济不是右舵的车吗？别管是左还是右,我们说的是路在何方……

上述第一段简短的几十秒的评论中,信息量很充足。简述孙杨事件的同时,把当时新闻热点中暴雨淹没公交、桥墩车祸等事件都纳入话语当中,丰富了信息量。这是该节目评论的典型特点。同时,整期节目的评论不仅仅围绕孙杨事件展开,而是以"名人驾车"为主题,从孙杨事件这个热点延伸到菲尔普斯事件,以及后面讲述的历史人物、各国政要与其座驾的故事,最终引申到国内限制公车的新闻事实并作出评论,双关修辞的应用也体现了深度。这些新闻事件与知识统一在"人与车"的主题之下,于是事件的衔接与评论的转换都显得自然流畅。作为新闻节目,其核心价值依然在于新闻事实,创作中首要的逻辑方法是归纳。归纳是从时间上相近的重要事实中找出一般性,这种一般性一方面是评论的角度,一方面是串联事实的线索。2013年11月3日的《倾倾百老汇》以"信用"为主题,涉及"美国医保骗局""央行个人信用平台"等新闻事件,同时又从个人信用的价值向国家信用状态的延伸,讨论了不同国家的信用状况,并把与信用相关的历史事件、理论知识、现实问题进行了有机的结合。这些内容的

有效组织建立在一个对新闻事件的归类与对"信用"概念划分的基础之上。"美国医保骗局""央行个人信用平台"是新近事实,找出它们的共同点从而确定了评论的主题,对其后相关信息的组织则是沿着"信用"这一方向进行划分与演绎。这种综合性结构思维对于评论性口语创作的趣味性提升具有重要的借鉴意义。

第六章　口语创作的风格

"风格是某种操作方式,从它产生的风格化,即人所想要的形式来代替繁多的、杂乱无章的形式……所以风格标志着一种有组织的活动。它不要偶然性,它追求最纯正的形式。达到风格的高度就是要达到炉火纯青、运用自如的程度。"①从法国美学家杜夫海纳的描述中可以看出,"风格"是艺术创作达到一定高度之后的产物,它标志着有序的、必然的创作实践。对大众媒介口语创作风格的讨论需要在几个前提下进行:从艺术创作的角度展开,注重对口语风格的形式的研究;以成功的、优秀的口语创作为讨论素材,尽管这在当下大众传播实践中显得难能可贵;围绕风格特征及其形成的规律展开,风格形成与创作环境的联系,把风格看作一个动态的过程,而不是一个静态的效果。"风格"是一个应用范围十分广泛的审美概念,本章主要讨论语言的风格。

曹丕在《典论·论文》中写道:"夫文本同而末异,盖奏议宜雅,书论宜理,铭诔尚实,诗赋欲丽。"②说明不同的文体应具有不同的语言风格,语言风格与创作的形式相关。陆机的《文赋》中写道:"诗缘情而绮靡,赋体物而浏亮。碑披文以相质,诔缠绵而凄怆。铭博约而温润,箴顿挫而清

---

① 〔法〕米·杜夫海纳:《审美经验现象学》,韩树站译,文化艺术出版社 1991 年版,第 133 页。
② 郭绍虞主编:《中国历代文论选》(一卷本),上海古籍出版社 2001 年版,第 60 页。

壮。颂优游以彬蔚,论精微而朗畅,奏平彻以闲雅,说炜晔而谲诳。"①这番论述不仅细致地划分了文体与风格的联系,也部分地把文体与创作目的相联系,从而对语言风格的形成进行了归因。口语作为一种创作的形式,显然没有被古代文论所涉及,但是其风格的研究却可以从形式与创作目的的角度展开。

大众媒介口语创作的形式与目的可以通过不同的节目类型得到体现,也因为其在传播效果上诉求的差异而产生截然不同的语言状态,于是口语风格就在创作实践中形成了。大众媒介口语创作的风格,可简单归纳为三种:娱乐与幽默、理性与权威、亲切与和蔼。三种风格与不同的节目形态有高度的相关性,同时也相互影响与融合。这种划分是以创作实践中最突出的效果为标准的。娱乐节目以目的为标准对其类型进行命名,娱乐就是这类节目的目的,其口语创作集中体现滑稽幽默的风格。同时,大众传播实践的泛娱乐化,使滑稽幽默成为诸多节目风格的参照,在各种类型的节目中也都有所体现。经济、法制、政治、军事等题材的节目通常追求理性权威的风格,这与其深度的节目定位与受众的决策需求相关。亲切和蔼的风格集中体现在生活服务类节目、儿童节目中,其题材或对象决定了语言表达的形式。当然,这种风格与节目类型的联系不是标签式的、刻板的联系。口语创作风格与创作主体具有更深层次、更特殊的联系,本章试图在一般性的层面探讨三种口语创作风格的表现与规律。

第一节 娱乐与幽默

美国学者杰拉尔德·格拉夫把"反智识地赞美兽性生命力和毫无头脑的享乐"②作为后现代社会的审美特征。娱乐似乎成了现代媒介中衡

---

① 郭绍虞主编:《中国历代文论选》(一卷本),上海古籍出版社 2001 年版,第 66 页。
② 〔美〕马泰·卡琳内斯库:《现代性的五副面孔》,顾爱彬译,商务印书馆 2002 年版,第 285 页。

量审美价值的一般等价物。在这种传播环境中,口语创作作为主要的信息表达方式自然也被纳入了娱乐的范畴。面对实践中的这种现象,文化管理层面与普通受众表现出截然不同的态度。前者视之如糟粕,广播电视主管部门三令五申要对"三俗"不遗余力地予以清除;后者则把它当作文化的繁荣,各种层面的信息都通过娱乐的形式得到最大范围的传播。一方面,娱乐作为一种审美需求,培养了诸多形式的娱乐节目,受众在这种繁荣中获得单纯的愉悦,至少抵御了无聊的侵袭;另一方面,在滑稽幽默的风格之下,似乎那些本来让人望而却步的知识、信息变得喜闻乐见了。"旧时王谢堂前燕,飞入寻常百姓家",《百家讲坛》从收视率的失败走向成功,近两年颇为红火的《罗辑思维》以及各种点击率较高的网络公开课,都是通过滑稽幽默的风格在传媒领域独领风骚。因此,无论是文化管理层面还是普通受众,对"娱乐化"的看法,至少对其界定是有所偏颇的。因此,有必要首先探讨一下当下大众媒介中娱乐的价值和意义。

一、大众媒介中娱乐的价值与现状

受众对娱乐的价值判断首先有值得肯定之处。赵汀阳先生有这样的论述:"从现代以来,'人民创造历史'成为一个仅仅略略有些夸张的事实,无论如何现代是一个'群众的时代'。在这样的一个时代,群众的欲望和意见,甚至比思想家的知识更准确地表达了时代事物的理念。"[①]大众传播中,口语风格的导向自然与受众的审美判断紧密联系在一起。受众对娱乐的喜好,不仅仅是审美趣味高低的问题,而且娱乐活动指向了更深层次的人生价值。海德格尔用"烦忙"描述人的最基本的生存状态。人们对未来的无知导致目的缺失,现代科学摧毁了人们对彼岸世界的一切想象,生命的价值不在于长期的结果,而变成了对当下的体验。于是,摆脱"烦忙"的体验就成了人们普遍追求的状态。海德格尔说:"在运用沟通消

---

① 赵汀阳:《没有世界观的世界》,中国人民大学出版社2003年版,第209页。

息的设施的情况下,每一个他人都和其他人一样。这样的共处同在把本己的存在完全消解在'他人的'存在方式中……常人怎样享乐,我们就怎样享乐;常人对文学艺术怎样阅读怎样判断,我们就怎样阅读怎样判断。竟至常人怎样从'大众'抽身,我们也就怎样抽身;常人对什么东西愤怒,我们就对什么东西'愤怒'。"① 大众传播所依赖的现代媒介正是一种强化了的"沟通消息的设施",大众传播的受众普遍作为"常人"存在。娱乐成为常人摆脱日常性的一种有效手段,其娱乐的形式至少相当一部分如杰拉尔德·格拉夫说的"反智识地赞美兽性生命力和毫无头脑的享乐"。

娱乐价值受到审美与伦理的双重限制。审美价值与伦理价值指向不同的时间,审美的体验总是当下的,其价值是对现在正在感知的事物的判断;而伦理价值通常是指向未来的,基于人们对结果或者整体性的一种预期。举例来说,人们判断一首歌是否好听仅仅关系到正在听歌时的体验;而判断吸毒好不好则基于对未来健康的判断。在现代科学世界观的统摄下,人对未来的预期是有限的。大众媒介中的娱乐活动受到审美与伦理两个方面的限制。现代社会中的人们丧失了更长久乃至永恒的彼岸世界,于是伦理价值的约束力也就相对减弱了。在大众传播的影响下,人们愈发地向"常人"趋同,试图通过娱乐的形式暂时摆脱日常的烦忙。因此,娱乐节目、滑稽幽默的语言风格对于大众传播的受众而言,具有非常重要的价值。而且这种价值已经被人们所自觉,这从电视节目与网络信息的泛娱乐化就可以得到验证。但是,娱乐并非没有底线,例如,单纯地从感官体验来讲,吸毒是一种具有强烈刺激性的活动,具有很强的娱乐性,但是人们却不把它当作正当的娱乐活动,是因为这种活动超出了人们对娱乐活动的许可范围。

滑稽幽默是以让人发笑为目的的,也是大众传播中最受欢迎的娱乐方式。亚里士多德认为:"滑稽只是丑陋的一种表现。滑稽的事物或包含

---

① 〔德〕海德格尔:《存在与时间》,陈嘉映、王庆节译,生活·读书·新知三联书店1987年版,第156页。

谬误,或其貌不扬,但不会给人带来痛苦或造成伤害。"①娱乐似乎总是与低级的审美活动联系在一起。也正是因为这样,大众传播的娱乐经常与"三俗"联系在一起,遭人诟病。近十年以来,国家广播电视主管部门历次"反三俗"的活动涉及电视剧、娱乐节目、网络新媒体等不同领域。然而相当多的受众不认可这种活动,认为"反三俗"反的是娱乐本身。三俗指的是"低俗""庸俗""媚俗",低俗主要是就内容而言的,那些不被人们的伦理常识所认可的事物被认为是低俗的,在大众传播中比较典型地表现为色情、暴力、人格侮辱;庸俗指的是陈词滥调、缺乏新意的娱乐形式;媚俗一词原意是指对艺术品的粗暴与泛滥的复制,在大众传播中表现为对某种娱乐范式的简单复制与抄袭。这三种情况,在当下中国大众传播实践中随处可见。其中,低俗与庸俗都涉及了这里所要讨论的娱乐问题,它们或多或少、或正或负地与滑稽幽默的风格相关。

低俗与语言内容直接相关,低俗在各种节目形式中都有所体现。涉及色情的低俗内容识别度较高,一旦超越底线很快就会引起受众与管理部门的反应。然而涉及暴力与人格侮辱的内容往往相对比较隐蔽,反而成为最常见的低俗类型,比较典型的是各种伪装成民生新闻的娱乐节目,其特点通常是选取内容无价值、着力打架骂人等外部冲突、评论语言草率随性、对当事人进行嘲弄甚至侮辱。例如,河南电视台《DV观察》在2008年9月1日播出的节目中主持人的口语评论:

……不要命啊,您就不琢磨琢磨那东西万一不是在水里炸了而是在手里炸了你这人就完了。拿电电鱼?你倒是不下水,水里头你也不看看有别人没有?你们这玩意儿,你们是为自己能吃口鲜的啊,还是打算拿它卖钱啊?啊,你这样,你要真是改不了这毛病,笑寒(主持人)给你出一主意,你也甭钓鱼,你也甭捞鱼,你也甭电鱼,你也甭炸鱼,你搬两块石头,卖把子力气,你砸(杂)鱼得了。这多好啊,又热闹……

---

① 〔古希腊〕亚里士多德:《诗学》,陈中梅译,商务印书馆1996年版,第58页。

该段述评论中,主持人以嘲讽的语气对用炸药炸鱼者进行批评,甚至最后"砸(杂)鱼"的使用带有强烈的侮辱性质。这种评论状态是该节目主持人的一贯作风,显然已经超出了作为一个电视节目主持人的职业伦理底线。但是该节目在相当长的时间内保持了较高的收视率,居然还有人以该节目的主持为正面示范案例论述"幽默"的主持风格。

霍布斯曾犀利地指出:"笑就是突然的荣耀,它是在与别人的弱点或自己的过去比较时突然意识到自己的优越性而产生的。"①在各种娱乐节目中,参与节目的不同主体也经常以不同的方式企图制造这种对"突然的荣耀"的体验。曾经非常火爆的真人秀海选节目,把那些水平最低、最差的表演筛选出来,供人消遣。河南电视台曾有一档《你最有才》栏目,可说是利用受众这种心理进行娱乐的典型栏目,这些显然都属于低俗的类型。

"庸俗"通常与"新颖"相对,是一种人们习以为常的审美体验。庸俗是相对的,任何具有新意的创造,随着其应用的普及都会变得庸俗,对于娱乐来讲尤其如此。美国学者埃德蒙·伯格勒在其《笑与幽默感》中写道:"阳光底下无新事,玩笑领域也是如此,尤其是玩笑的精髓。时间、地点、包装、地方特色和名称都改变了,但其精髓不会变。因为受压抑的东西是一样的。"②伯格勒讲述了一个娱乐的事实:笑话的创新通常是从题材入手的。如中国传统的口语娱乐方式相声,在其传承的百余年间,艺人们逐渐总结了相声创作的各种技巧。百余年来其创作都围绕这些固定的形式展开,而其题材的不断变化,能使作品焕发出新的活力。例如侯宝林先生有段相声《夜行记》,通过一个人骑自行车的经历讽刺了不遵守交通规则的现象。郭德纲对该作品进行了改编,核心内容与讽刺对象几乎没有变化,只是自行车变成了汽车,遇到的各种交通问题也更具现代特色,改编后的作品便具有了某种程度的"新意"。郭德纲著名的作品《西征记》也是根据传统相声作品改编而成的,只是原作品是清末慈禧太后时期,新

---

① 〔美〕埃德蒙·伯格勒:《笑与幽默感》,马门俊杰译,中国人民大学出版社2011年版,第5页。
② 〔美〕埃德蒙·伯格勒:《笑与幽默感》,马门俊杰译,中国人民大学出版社2011年版,第278页。

作品成了现代反恐的背景,当然其中的笑料和元素都有较大变化,但正如伯格勒所说,"其精髓不会变"。庸俗和幽默是没有交集的,幽默排斥任何陈词滥调、拾人牙慧的语言。在当下大众媒介的各种娱乐节目中,庸俗具有很大的市场。这是因为大众传播本身就是以最广泛的普通受众为对象,只有相对陈旧的内容才能被最广泛的受众所认知和接受,只有最熟悉的形式才能被最快速地理解,而这些都直接决定了传播中的娱乐效果。对于口语创作而言,庸俗不仅仅是题材和语料的问题,也与语言的形式高度相关。本节稍后再讨论这个问题。

媚俗指迎合世俗,同时也具有"低劣的艺术"的含义。许多反对大众艺术的人直接用"媚俗艺术"一词来指代"大众艺术"。在这个意义上,"媚俗"具有来自民间、形式简单、意义肤浅、追逐利益、复制泛滥等特征,并且通过这些特征与高雅的艺术形式相对。有的学者将所谓高雅艺术视为精英阶层成员的徽章,而大众艺术则是其他人的标识。[①] 这些论点未必都全面、恰当,但至少说明了"媚俗"在其表现形式上的特点,以及其与大众传播之间的密切联系。在当下大众传播媒介的口语创作实践中,媚俗主要体现为一种迎合受众的创作态度和简单机械的互相抄袭与模仿。这从大量"打鱼晒网"之类的各种介绍网络上流传的八卦娱乐事件为题材的电视节目中可以获得验证。这类节目的编排与口语创作通常依据网络上流传的各种有关娱乐的笑话,把一段段的趣闻与八卦事件串联起来。这些节目的主要受众恰恰是这样一些人,他们不以网络媒体为获得信息的主要渠道,又对各种逸闻趣事充满了好奇。中学生群体成了这类节目的忠实观众,甚至把这些节目当作流行娱乐的风向标。"媚俗"就这样在媒介与年轻人的互动中循环发展起来。

二、幽默的形式

当下大众媒介娱乐的"三俗"现状具有一定的负面价值,但至少也说

---

① 〔美〕诺埃尔·卡洛尔:《大众艺术哲学论纲》,严忠志译,商务印书馆2010年版,第250页。

明了娱乐与幽默的风格是受到大众青睐的。幽默风格是对"三俗"在某些层面的超越,但是基于大众传播的受众需求,这种超越往往是形式上的,也就是说,大众媒介中的幽默很难与低俗的内容彻底决裂,其主要排斥的是庸俗的表达形式。至少在当下大众媒介各种娱乐形式中,低俗的内容大量存在而且得到了受众的宽容,而庸俗的、老套的形式则更多地被选择性淘汰。幽默是对娱乐诸多形式的超越。美国美学家乔治·桑塔耶纳在其《美感》中阐述了滑稽、机智、怪诞、幽默的区别。他认为:"喜剧效果所集中的最显著的两项是矛盾和贬抑。然而,显然逻辑性质的矛盾与贬抑不能构成滑稽,因为那时的矛盾或贬抑往往会怡情悦性。娱乐更直接地属于生理的事情。我们可以完全不依赖任何观念而得到娱乐。"① 显然,这里直接说明了滑稽的娱乐方式停留在感官的阶段,而"怡情悦性"是更高级的审美方式。幽默中含有滑稽的因素,也就说幽默中含有通过感官获得的娱乐,同时幽默与机智也紧密联系。林语堂先生认为:"人之智慧已启,对付各种问题之外尚有余力,从容出之,遂有幽默——或者一旦聪明起来,对人之智慧本身发生疑惑,处处发现人类的愚笨、矛盾、偏执、自大,幽默也就跟着出现了。"② 幽默从其精髓而言是与聪明、智慧联系在一起的,通过这种机智的反思,使事物变得滑稽可笑。滑稽仅仅是结果,而幽默包含过程,它是一种内在而隐蔽的形式和结构。

康德说,笑是由于一种紧张的期待突然转变成虚无而来的激情。该说法虽然不是标准的定义,其外延远远大于日常所说的幽默,同时也相对准确地描述了大众媒介中娱乐的基本形式。"期待"是一种对未来事态的判断,判断的过程通常是依靠逻辑实现的,具有一定的根据。"虚无"是期待的落空,是判断与现实存在发生了冲突。这种与期待冲突的现实存在能够与之前的依据迅速建立新的逻辑关系,那么幽默就产生了。这个新的逻辑关系越复杂,幽默的程度就越高,反之就沦为庸俗。要满足上述条

---

① 〔美〕乔治·桑塔耶纳:《美感》,缪灵珠译,中国社会科学出版社1982年版,第168页。
② 林语堂:《幽默人生》,陕西师范大学出版社2002年版,第3页。

件,新推理的过程必须是可理解的,而结果是要出人意料的,于是幽默产生于逻辑上的多种可能性。

(一) 模糊概念产生多种可能

日本学者寺野寿郎认为:"语言的表述对象与语言的关系是一种使无数的对象与有限的语言数量相结合而强行分类的结果。"[①]现代媒介大众传播过程以视听为其核心形式,概念的模糊性在视听形象中被进一步强化了。视听形象本身就是丰富多义的,在审美中又刻意强调了意义的模糊性。

首先,概念的混淆可以产生幽默效果。例如,郭德纲相声中有这样的对白:

顾客:我要了份鱼翅炒饭,用三双筷子愣没找着鱼翅,你能告诉我鱼翅在哪吗?

厨师:我叫鱼翅,我炒的饭。

这个情景首先设置了"换筷子"和"找到鱼翅"的冲突,是叙事者的自我嘲讽,在滑稽的意义上产生笑料。同时,这个设计起到了引导接受者判断的作用,让观众形成了一种预期:"厨师为饭店的偷工减料进行辩护",而厨师"我叫鱼翅,我炒的饭"这个回答使刚才的预期落空了。仅仅到这里,还不足以实现幽默的真正效果,幽默的真正实现在于受众能立刻理解"鱼翅炒饭"是类似"小陈卤煮"之类的命名方式。其重点在于结论要推翻接受者先前的预期,并且迅速理解新的逻辑。再如,网络上广泛流传的一个林志颖与郭德纲的段子,林志颖说:"我们这个年纪,再不疯就老了。"郭德纲答:"你要再不老我们就全疯了。"后来经林志颖证实,这是个杜撰的对话。但其之所以流传广泛,与其幽默的形式高度相关。对话中两人口中的"老"和"疯"的内涵都发生了变化,于是两句话都说得通,可以理解,同时郭德纲的回答具有新意,超越了受众的预期。

---

① 蔡辉、尹星:《西方幽默理论研究综述》,《外语研究》2005年第1期。

其次,对概念原有内涵的解构可以获得幽默的效果。解构是对概念的内涵进行质疑甚至消解,从而建立原有概念新的内涵。解构的重点在于过程,一个瓦解旧、建立新的过程。上述过程恰恰是一个"期待—落空—理解"的过程。电影《大话西游》中有这样的台词:"谁说我是斗鸡眼,我只是把视线集中在一点以改变以往对事物的看法。"这句话揭示了上述过程的含义,对概念新内涵的理解过程不是由接受者完成的,而是直接体现在文本之中,从而使得新建立的逻辑具有更高的复杂性,因为接受者不需要再推理了。产生幽默的解构不必是严谨的推理过程,而其对象必须是接受者所熟悉的。叔本华说:"在任何情况下,笑的原因都不外是突然知觉到观念与实体间的不协调,而这种不协调又是在某种联系中彻底思索过的。笑本身就是对这种不协调的表达。"①落空与理解就是不协调的过程,同时理解的过程是需要思索的,这个思索的复杂程度直接决定了幽默中所包含的机智水平。在解构中,重建的过程显得尤为重要。

周星驰的喜剧是现代娱乐的典型代表,其惯用对戏剧经典解构的方式塑造幽默效果,《大话西游》中对唐僧形象的解构具有极其成功的幽默效果。在大众传播的娱乐形式中,《西游记》的故事被以各种各样的方式重新演绎,而更多的是庸俗化的恶搞。例如,在电影《情癫大圣》中,有这样的情节:唐僧师徒四人来到莎车城,四人以奥特曼的姿态出场,全城人民载歌载舞欢迎师徒四人。唐僧成了现代舞的高手,悟空还在一旁说:"唱歌跳舞是他的本行呢。"这样的唐僧形象是对人们传统认识中的唐僧形象的颠覆。这种颠覆缺乏解构的过程,更没有依据,使观众不能形成对新形象的理解。电影本身不能解释为什么"唱歌跳舞是他的本行",从一开始电影就已经沦为庸俗的恶搞了。《大话西游》中的唐僧形象也是具有颠覆性的,他啰唆、缺乏勇气、偏执,甚至有些精神病,但这些表现却是可以解释的。例如啰唆是对和尚念经的解构,同时也解释了紧箍咒的来源;

---

① 转引自〔美〕埃德蒙·伯格勒:《笑与幽默感》,马门俊杰译,中国人民大学出版社 2011 年版,第 12 页。

带有精神病特质的偏执保留了人物原型身上最可贵的执着取经的精神，这些特点都使观众能够感觉到这个唐僧虽然荒诞但却是一种妙趣横生的解读，在这样的基础上，夸张、戏谑、荒诞就很容易被观众接受了。

(二) 推理过程产生多种可能

概念的多义性促成接受者产生"期待－落空－理解"的心理过程，上述方法在"期待"的环节铺垫不足、在"理解"的环节相对简单，而更高级的幽默形成于推论过程中产生的多种可能性。中国传统相声理论中讲究"三翻四抖"，即是一个充分铺垫的过程。最终"包袱"是否抖得响，跟铺垫的程度具有很大的联系。铺垫是逻辑推理的一种应用。

首先，简单的归纳推理可以制造预期的落空。生活中人们通常用简单枚举归纳推理来处理简单的问题，导致许多认知习惯的形成，如果在表达中违反人们的习惯，就会产生"期待－落空"的过程。例如下面电影《东成西就》的对话：

店小二："这一间就是天字二号房了。"

周伯通："那天字一号房在后边了？"

店小二："不是啊。"

周伯通："在那边了？"

店小二："也不是啊。"

周伯通："到底天字一号房在哪一边啊？"

店小二："在那边，再那边，再过那边下楼梯，再上楼梯，楼上第二间就是了。"

周伯通："怎么天字二号房不是在天字一号房的隔壁吗？"

店小二："怎么？有人告诉你天字二号房不是在天字一号房的隔壁吗？"

周伯通基于日常生活的习惯认为一号和二号是相连的，这是简单归纳推理的结果。编剧安排了前面的对话来强化这一固有观念，给最后店

小二的"包袱"做足了铺垫,同时也对这种思维模式构成了讽刺。相声作品中这样的例子更是比比皆是:

甲:这么说,你驶过船?

乙:驶过。

甲:你也摇过橹?

乙:摇过。

甲:你也出过海?

乙:出过。

甲:你也翻过船?

乙:翻过……没翻过!

甲:哪有你这么审查节目的?

乙:我就是这么审查节目!

甲:哪有你这么扣帽子的?

乙:我就是这么扣帽子!

甲:哪有你这么不讲道理的?

乙:我就这么不讲道理!

甲:哪有你这么不是东西的?

乙:我就这么不是东西!……这都什么呀?

上面两个段落都利用了简单归纳的逻辑方式,使捧哏演员处于一种习惯的情景之中,在充足的铺垫中抖出包袱。

其次,对论据的选择产生多种可能。归纳推理属于或然性推理,所以往往产生多种结论的可能。如果建立在语言模糊性的基础上,演绎推理一样会产生意外的幽默效果。周星驰的电影《唐伯虎点秋香》中的对话:

唐伯虎:石榴姐你误会了,其实我对你就像对自己的老娘一样尊重。

石榴姐:老娘,你居然爱上自己的娘,天哪,这么大逆不道的事情实在是太刺激了。

在上述情境中,石榴姐认定唐伯虎爱上了自己。唐伯虎的回答是对这种观点的反驳,而这种反驳不是直接的,而是依赖于人们日常的认知习惯。石榴姐则利用语言的多义性,把唐伯虎的反驳当作小前提,把自己的观点当作大前提,通过推理得出了新的结论。这个结论使观众的期待落空,同时又迅速理解了石榴姐的逻辑。电影《回魂夜》中,有着完全相同结构的对话创作:

(保安队长和队员铁胆来到保安室门口,铁胆是色情狂的形象)
保安队长:是女人的声音?
铁　　胆:阿强他招妓女?!
保安队长:好像是阿群的声音啊?
铁　　胆:阿群她当妓女了?

最后,推理的过程不能过于复杂,如果影响到受众的迅速认知,那么幽默效果就会大打折扣。就像说笑话,是一个尺度的把握,不能过浅,过浅则只有意外没有新的理解;不能过深,过深致使新的理解过程太复杂。不能没有铺垫,否则受众的预期不能建立;也不能铺垫过多,太长的铺垫使受众对"包袱"抱有过多的期待,反而降低了幽默的效果。在大众传播媒介的各种娱乐性口语创作中,不同的形式面对不同层次受众的需求。但幽默水平的高低主要取决于对"预期—落空—理解"这个结构的把握。郭德纲有段相声名叫《我这一辈子》,其中有这样一段:

郭德纲:在一个风和日丽、草长莺飞的下午,我和我的女朋友偏
　　　　见小姐坐在刚果不拉柴维尔 31 种口味冰激凌店。
于　谦:怎么找着的。
郭德纲:要的雪球。我看着她一勺一勺地吃光我跟前这份。
于　谦:她看不见自己眼前的。

在一次演出中,最后郭德纲抖出"包袱"的时候,于谦的解释过快、声音过小,现场效果非常不好,原因是这个场景需要建立视觉情景去理解,

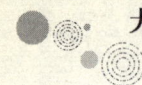大众媒介口语创作

观众才能明白"女朋友斜视导致她吃了'我跟前这份'"。这个理解的过程就相对复杂了,在相声表演中没有充足的时间和理由让观众去仔细地建立这个视觉情景。因此这个"包袱"就不够响,只有少数观众听明白了。在后来的版本中,这个段落强化了于谦的解释:

郭德纲:在一个风和日丽、草长莺飞的下午,我和我美丽的女朋友偏见小姐……

于　谦:你女朋友叫偏见啊?

郭德纲:这个眼神,不偏见嘛。

于　谦:往一边看,这个。

郭德纲:我们坐在刚果布拉柴维尔 31 种口味冰淇淋店。

于　谦:嗯。

郭德纲:一人要了一份冰淇淋。

于　谦:吃吧。

郭德纲:我看着她一勺一勺地吃光了我跟前这份。

于　谦:对啊,她自己那份她看不见啊。

后来的版本在铺垫中加入了对"偏见"的解释,强化了观众对"斜视"的印象,在最后的接话补充中也增加了语气词,解释得更清楚,幽默的传播效果明显增强。

三、娱乐节目的口语创作

从前面列举的诸多案例中可以看出,无论是影视作品还是传统曲艺,其幽默创作的素材总是难免和低俗的内容相联系,通常涉及隐私、色情或者对人的嘲弄与侮辱。清代成书的笑话集《笑林广记》记载了我国古代流传下来的许多笑话段子,其中超过一半的内容涉及色情与人格侮辱。所

有的笑都不过是愚弄,所有的笑话从滑稽的本质来讲都是冒犯和阻挠。①
这种理论似乎在当下大众媒介的娱乐节目中被反复地验证。而那些隐私、色情、侮辱的内容对于冒犯和愚弄来讲是那样的行之有效。这些内容形成了现代娱乐中幽默的语料库,这与传统有关,也与大众传播的受众构成相关,一时难以改变。问题的关键在于尺度的把握,如亚里士多德所说,娱乐不能"给人带来痛苦或伤害",这是其伦理底线;同时,好的娱乐符合幽默的形式,这是其审美的要求。娱乐节目的口语创作需要在这个伦理与审美的双重限制中展现其自身的魅力。我们通过一个案例来解释娱乐节目中口语创作的娱乐形态。江苏卫视《非常了得》栏目以电视剧《老兵》为题材做了一期特别节目,由赵本山带领"赵家班"全程参与。整期节目娱乐性很强,这里以其中一段对话为例:

孟　非:要不然我们就选他。
郭德纲:4号宋小宝啊?行了!
孟　非:你没意见我们就选他。
郭德纲:就他寒碜,先把他弄下去再说吧。

通过嘲笑对方的形象来制造笑料,同时也解释了自己为什么同意先选宋小宝,具有初级的幽默形式。

郭德纲:宋小宝身后写着字"不爱美人只爱马"。我们来猜是不
　　　　是真的,是吧?
孟　非:我们得先问他,先弄清楚了,怎么个意思呢?你有毛病
　　　　吗?你不爱美人。
郭德纲:你说话老是这么耿直。

直接的言语攻击,与正常的对话形成反差,属于庸俗的娱乐形式。

宋小宝:怎么说呢,这个戏里的这个人物就赋予了这样一种情

---

① 〔美〕埃德蒙·伯格勒:《笑与幽默感》,马门俊杰译,中国人民大学出版社2011年版,第216页。

感,对马的情感。

孟　非:这个马,是我们骑的这个牲口呢,还是其他的,就是宝马车啊什么的,你得说清楚了。

宋小宝:它就是一匹真的马。

郭德纲:你演的什么身份啊?

宋小宝:我演的是一个警察局局长,那马的颜色呢跟我靠色。

孟　非:一匹黑马。

宋小宝:对,原来预计弄一匹白的,后来我觉得我压力比较大。

郭德纲:怕你掉色。

宋小宝通过自嘲肤色制造笑料,跟对话的情景结合得较自然,郭德纲对宋小宝的"压力"进行解构,"掉色"具有"意外—理解"的幽默解构,但依然建立在嘲笑对方的基础上。

宋小宝:我只喜欢马。

孟　非:他横竖就这一句是吧,我就喜欢马。他怎么了,落下什么病根儿了?

这里依然是直接地使用言语攻击,其内容与前面类似。这里的喜剧效果明显下降,现场观众的反应也不明显。

孟　非:要不然我帮你问问,本山老师,他这是怎么了,他?

郭德纲:他说的都是什么啊?

孟　非:他有情绪吧他? 就一句话,我就爱马。

赵本山:因为他看了你们俩,他只爱马。

赵本山的回应,在现场收到了良好的效果。这是一个典型的"期待—落空—理解"的幽默结构。之前较长时间的对话使观众陷入一种嘲弄宋小宝的习惯中,对于赵本山的答案保持了这种预期,但是赵本山的回应反而揶揄了两位主持人,而且紧扣提问,与上场时对孟非与郭德纲两人的玩笑相呼应,收到了良好的效果,但这依然是建立在嘲弄与攻击的基础上。

上述整个段落的笑料都在一种相对低俗的语料中展开,而且略显频繁。好在尚不乏机智的元素,使得其风格不至于落入庸俗。如果在对话中能稍加控制,在宋小宝自嘲之后,适度安慰,减少互相攻击的意味,就能实现一个更成熟的具备幽默风格的口语创作。节目在接下来与关婷娜的对话中,这种攻击性的娱乐就减少了,其中也不乏典型的幽默语言。

郭德纲:在这个戏里演的什么啊?
关婷娜:在戏里面呢,我扮演的是一个地下党。
郭德纲:这么大高个多么不容易隐藏啊。

这里使用了偷换概念的手法,通过"隐藏"内涵的变化制造了笑料,同时话语也体现了对方的外形特征,是一次简洁有效的幽默显现。从整体上来看,整期节目的口语交流至少部分地体现了幽默的特点。柏拉图提出,幽默是人们对相对无能者表现出来的恶意。而亚里士多德认为喜剧是对逊于一般人的人们的模仿。从古希腊时代开始,人们就用"蔑视论"来解释娱乐。在"优越—蔑视"模式下的娱乐方式往往会和低俗的内容联系在一起。人们把让人颓废萎靡,涉及大量色情暴力的内容称为低俗。这种庸俗的幽默在现代娱乐中得到了最大限度的体现和应用。从被称为艺术的电影到被称为喉舌的电视到潜力无限的网络,人们在肆无忌惮地嘲弄着懵懂无知或自以为是的表演者。口语创作的幽默风格似乎只能通过其机智的形式来实现。林语堂先生说:"幽默本是人生之一部分,所以一国的文化到了相当的程度,必有幽默文学的出现。"[1]大众媒介口语创作中幽默的发展,依赖于大众文化的进一步发展。媒体具有引导大众文化品位的责任。

---

[1] 林语堂:《幽默人生》,陕西师范大学出版社2002年版,第3页。

第二节　理性与权威

　　理性与权威是口语创作的一种表现,同时两者之间又具有一种直观的因果联系。人们总是愿意相信理性的判断,至少他们自认为是这样的;人们也总是盲目地迷信权威者的言词,尽管他们可能不那么愿意承认。有些情况下,某个人可能会因为其理性的风格而成为权威,但这个过程很漫长;更多的时候,权威的身份与角色使其表达总是显得理性可信,尽管事实未必如此。理性与权威的风格统一于整体的口语创作,其中理性是对言语内容及其所体现思维的风格描述,而权威往往是对创作主体风格的刻画。对于大众传播而言,理性更多的是内在的、思维的、隐蔽的;权威通常是外在的、形象的、显现的。在当下的大众媒介口语创作实践中,理性与权威的结合并不均衡。创作主体总是着力通过形象和技巧去塑造权威,而在思维与内容层面却不那么注重理性精神。前者是值得提倡的,因为它符合口语创作说服的目的,后者是亟须改善的,因为在权威形象下非理性的内容是没有长远生命力的。需要引起人们注意的是,那些"金玉其外,败絮其中"的权威与理性的关系会让权威的作用逐渐消退,媒体的公信力也会因此而逐步丧失。

一、创作主体的权威形象

　　"权威"不仅仅意味着接受者的信任与服从,同时也含有强制的意味。恩格斯认为,"权威是把别人的意志强加于我们;另一方面,权威又是以服从为前提的。"①尽管恩格斯所说的"权威"与这里所意味的稍有差异,但其核心的两个要素却是相同的。权威带有强制的含义,同时以服从为目

---
① 〔德〕恩格斯:《论权威》,《马克思恩格斯选集》(第3卷),人民出版社1995年版,第224页。

标。服从权威是人社会性的体现,在任何一个社会群体中,人们都拥有不同的地位、声望、荣誉以及等级,而且人们总是按照不同等级来划分一个群体。"如果要在人类身上寻找具有普遍性的动机,那么争取地位的动机肯定是其中一个。"①地位、声望、荣誉恰恰是权威形象的内在支撑。服从权威的行为与心理,在本质上基于对自身成为权威的预期。

大众媒体的话语权强化了创作主体的权威形象,突显了权威的强制色彩。大众媒介口语创作作为一种信息产品被提供给受众并对受众的日常决策产生影响。这种影响力就是其话语权的实践形式。话语权的来源分为强制权、教育权和宣传权。这种权力以警示、阐释、舆论的方式在口语创作中显现。对于那些影响人们日常决策的题材权威性似乎是不可或缺的,人们更愿意相信电视上的事儿是真的。权威者总是掌握稀缺而具有价值的资源,例如权力、知识、财富等。从信息传播的角度而言,信息的垄断构成了权威的基础。现代媒体通过组织化的方式获取信息,同时重新整合信息,这些是作为个体的受众无法完成的。在这个意义上,媒体成为信息的垄断者。

对于广播、电视这种传播工具而言,受众的信息接收是完全被动的,尤其在网络媒介飞速发展之前,人们几乎没有选择的余地。因此,这些信息的传播就带有了强烈的强制色彩。从印刷机时代人们对报纸、书刊的铅字崇拜,到对电视媒体的无条件的信任,这些带有强制色彩的信息传播虽然随着网络媒介的发达在逐渐消退,但是其对几代人接受心理的影响却不容易消失。在口语创作中,这种带有强制性的权威风格比较集中地体现在电视新闻报道与电视法制节目当中。

中央电视台的《新闻联播》以及各省级卫视的《新闻联播》,与其他时段播出的新闻播报节目相比,具有更强烈的政治宣传功能,其话语无论是声音形式还是语言内容都具有强制权威的风格。这与《新闻联播》的内容有一定

---

① 〔美〕D. M. 巴斯:《进化心理学:心理的新科学》,熊哲宏、张勇译,华东师范大学出版社 2007 年版,第 388 页。

关系。各级《新闻联播》的一项重要内容是各级领导的各种活动、各级党政机构的各种会议。对这些事件的报道要求体现其报道对象的权威性,这不仅仅是政治的需要,同时也是受众的心理一种需求。社会心理学研究表明:"在任何社会团体、组织和社团中,人们遵从拥有合法权威者的命令是十分重要的。"①因此,这种带有强制性的权威风格的显现对于主客体双方都具有一定的价值。同时中央电视台和各级媒体通常对领导干部活动、党政会议活动等信息具有垄断权,这也强化了其权威风格。

各级《新闻联播》是对社会整体风貌的体现,人们看完《新闻联播》的价值并不在于知晓其中具体报道的每一件事,而是需要通过整体了解"我们的国家今天怎么样""我生活的省市今天怎么样"等信息,这些都潜移默化地影响着受众对自己生活与行为的决策。于是,《新闻联播》通常在措辞和语气上都是断言式的。例如,中央电视台《新闻联播》的两段播报:

> 然而,运动员不服输的性格让他坚强站起来,"残而不废"成了陈榕渠坚守的人生态度。为了重返工作岗位,他像小孩子一样重新学习生活技能,用左手拿起鼠标练习业务操作,每敲击一下键盘,从指尖传来的痛都直抵心扉。但在陈榕渠眼里,没有什么困难是克服不了的。组织为他安排工作强度低的岗位,被他拒绝了;原本6年就需更换一次的假肢他一戴就是10年。从没有向组织讲过条件,却在情报、调查和稽查等海关业务一线立下汗马功劳,在查缉走私大案和重大稽查行动中发挥重要作用,先后查发走私案件20余宗,案值近5000万元。
>
> (2014年8月13日中央电视台《新闻联播》)

> 另据记者从湖南省纪委获悉,湖南省纪委日前决定对衡阳破坏选举案第二批涉案人员57人给予纪律处分,涉嫌违反党纪政纪被立案调查的466人已经全部处理到位。对在调查过程中

---

① 〔美〕泰勒、佩普劳、希尔斯:《社会心理学》(第十版),谢晓菲译,北京大学出版社2004年版,第239页。

新发现的其他关联人员涉嫌违纪的,已由湖南省纪委指导衡阳市纪检监察机关调查处理。几名主犯被控玩忽职守,这再次警示全体党员干部,"党要管党、从严治党"不是空话。不作为,不监督,在其位不谋其政,损害党和群众利益,必将为党纪国法所不容。

(2014年8月18日中央电视台《新闻联播》)

这两段新闻的内容一个是赞扬,一个是批评,同时也都有直接的评论性话语。两段内容最大的共同点是措辞坚定,具有断言的特点,而不是带有选择性的温和的叙事,是对强制性权威风格的体现。《新闻联播》中有关国际事务的信息也具有垄断性质。总之,宣传的需求和垄断的信息内容促成了其权威的口语风格。

电视法制节目的口语创作也是这种强制性风格的典型,其目标可以借用罗素的"新社会分析"理论。罗素指出,"对人的权力可以根据权力对个人发生影响的方式或根据与权力有关的组织的类型来分类",[1]而关于"权力"的产生,罗素的理解是与之相关的某些预期结果的实现使然。法制题材的口语创作目标可总结为威慑、宣传和教育效果的实现。威慑体现在对人的情感、意识直接的影响,比如震慑、警醒;宣传指的是对受众意见的影响;教育是通过对案件的还原、解析以及对法理的阐明。讲述,使受众能够自觉规范自身行为。这种口语目标把创作主体与接受对象放在了不平等的位置,由于主体把自身定位于优势的位置,所以强制性的权威状态在电视法制节目口语评论中几乎是一种常态。例如2004年3月5日《今日说法·教案姓公还是姓私》节目中的一段评述:

其实这个案子就让我们看到现实生活的复杂性和多样性,任何一个事情我们既可以从这个角度理解,也可以从那个角度理解。可能在现实生活当中,很多人觉得自己有委屈的时候,有

---

[1] 〔英〕伯特兰·罗素:《权力论——新社会分析》,商务印书馆1998年版,第23页。

别人对待自己不公平的时候,但是在这种情况下,一定要想清楚自己的处境是什么?比如说今天我们讨论的案例,打官司未必是解决问题的最好方法,协调解决、和平解决可能是能够让双方双赢的一个更好的途径。

该期节目在不少相关的研究中被引用,主要原因是节目表述的观点与法治精神相违背。评论语言不着边际,措辞及语气都带有教育的口吻。批评是恰当的,同时也是法制节目口语评论在相当一段时期内带有的特点。值得注意的是,带有强制性的权威评论对于法制节目来说不是不可行,关键在于评论的内容是否有依据,是否依据基本的法治精神。上述节目在这方面的表现就差强人意了。近些年,电视法制节目口语创作更多以叙事的形式出现,这种由强制性带来的反感逐渐消失,但是普法宣传、法理解释等功能性也随之减弱了。优秀的法制节目可能需要通过更高水平的方式去体现权威,把强制性和理性相融合,使受众在理解的基础上信服,形成理性权威的口语风格。

大众传播受众的群体性特征也强化了人们对权威的需求,突显了权威的服从的特征。在第一章中曾经论述过网络受众的群体性特征,这种群体性在大众传播中具有一定的普遍性。勒庞说:"只要有一些生物聚集在一起,不管是动物还是人,都会本能地让自己处在一个头领的统治之下。"①在现代媒介的信息传播环境中,这种"统治的头领"被称作"意见领袖"。在网络媒介中,每一受众个体都具有表达的权利,互动讨论成为可能,因此传统的权威形象以及塑造权威的方式都发生了变化。

二、网络媒介中的权威话语

权威来自于信息优势。网络媒介使每个受众都成为信息集散点,更多与事件相关的第一手信息直接通过网络媒体迅速扩散。在很多领域,

---

① 〔法〕古斯塔夫·勒庞:《乌合之众》,冯克利译,中央编译出版社2005年版,第96页。

广播电视等媒体的信息优势已经荡然无存。有些情况下,庞大的组织不仅不能给传统媒体带来获取信息的优势,反而在时效、细节、观点等方面成为障碍。对各种新闻事件的主动参与已经成为受众了解真相的习惯性过程。从葛兰素史克商业贿赂事件到陈永洲、胡万林、夏俊峰等新闻人物,受众对新闻事件发生发展的深度参与,使传统权威不再被信任,以官方、专业、称号、地位等建立起的权威形象正在逐渐消解。口语创作能否使受众信服,从依靠权威形象转变到依靠权威话语。话语本身的权威性更大程度地决定了口语创作的成败。布尔迪厄认为:"权威的话语只是一种规范的形式,并且特定的效力来源于以下事实,即他们看上去在其自身之中就拥有一种权力的源泉,而实际上这种源泉是存在于其得以生产和接受的制度条件之下的。"[1]布尔迪厄强调的话语生产的条件,是指说话人的合法地位、环境以及说话的句法、语音等等。人们对话语的信任被更多、更直接的经验所限制。

  网络媒介给口语创作提供了一个特殊的环境。这个特殊性在于受众对信息的接受是具有高度选择性的,他们只选择关注自己关心的内容。布尔迪厄所说的合法环境是指"它必须在合法的接受者面前说出"[2],网络环境使口语创作不必迎合特定的受众群体,而可以依据自身的题材和思路进行创作,从而自动形成合法的受众群体。当然,权威风格的形成在网络媒介上是相对困难的。尽管网络受众具有很大群体性的非理性特征,但是为不同意见的交锋提供了一个理性的平台。通过这种争论的形式真相往往能被发现,正确的意见往往容易形成。网络自媒体的形式至少从经济与名义上摆脱了受众的限制,其创作不像组织媒体那般肩负喉舌作用,在思想宣传、舆论引导、社会教育等方面的责任与功能都大幅度减弱。《罗辑思维》的罗振宇在其节目中作过这样的论述:

---

[1] 〔法〕皮埃尔·布尔迪厄:《言语意味着什么:语言交换的经济》,褚思真、刘晖译,商务印书馆2005年版,第88页。
[2] 〔法〕皮埃尔·布尔迪厄:《言语意味着什么:语言交换的经济》,褚思真、刘晖译,商务印书馆2005年版,第88~89页。

大众媒介口语创作

  我们《罗辑思维》是一个自媒体,自媒体的玩儿法和传统电视自然就可以不一样,所以我们今天就玩儿一个不同的,传统媒体绝对不会干的事情,就是我们用一整期节目,来回应这一阶段大家对我的批评和指正。

  ……我对那些骂我汉奸的人,我就特别想像这个小媳妇儿一样,说一句,您就别生气啦,小心伤着您自个儿,以后你不看不就完了嘛,对吧。但是与此同时我想说的是,我对中国人的素质,没那么悲观,我认为能够听得懂我在说什么,而且愿意和我在一个相同的轨道上进行探讨的人,还是不在少数,这也是我做自媒体试验的一个初衷和基本的信心所在吧。

这种面对受众的态度在广播电视等带有组织性的媒体中是不会出现的。广播电视等媒体更愿意迎合大众的态度,同时在不同的意见中更愿意追求一种平衡。可以说是秉承意见表达的中庸之道,而少了一些对真理的执着。而网络媒体的口语创作往往刻意地追求差异化,似乎"语不惊人死不休",着力寻求与众不同的意见。似乎也只有这样,才能在市场中找到自己的生存空间。于是,越是这种剑走偏锋的思路越需要确立一种理性权威的风格。通过一个案例来直观说明这种区别,2012年奥运会期间,中国羽毛球队因为消极比赛被取消资格,引起了大家的争论。这件事从理性出发其实非常简单:具有消极比赛的行为,有悖体育精神。而从情感因素出发,国内的观众大部分又支持自己国家的队员。中央电视台一位主持人在节目中评论道:

  有人说是规则的问题,认为运动员做得无可厚非;有人则认为是运动员职业道德的缺失。两种意见都有自己的理由,相信每个观众心中都会自己去衡量对错得失。

这是一种典型的和事佬心态。这件事在网络上也引起了热议,很多网友遵循一贯功利和护短的习惯,支持羽毛球队的声音占了多数。但是从理性出发,此事的错误是没有什么可争论的,在这种情况下评论就呈现

了这种折中的态度。白岩松的以下评论更加切合受众的情感:

> 我也知道很多很多的人,要用他们的道德大棒打在这些运动员身上,但是我特别想强调为什么这次出现了这么多的问题,是背后很多老爷们制造的这种不合理的规则所导致的。我们都知道羽毛球过去单项比赛按照排名进行蛇形分队单淘汰制,一路往上打,但是现在有些老爷从道德说法,把它弄成一个小组,弱一点选手可以多打几场比赛等等,结果导致出现了这样一种结果。我们可以想象一下,大家用道德大棒打我们运动员,难道现在期待已经出线的中国运动员要玩命打自己没有把握赢的德国、韩国选手,而目的是为了跟中国选手碰着,然后再干掉一个,你觉得这是规则漏洞,还是道德问题?所以在此时此刻我们要反思的是任何不赢就能够获利的规则,与其说骂运动员,不如说这个规则本身需要改变。

白岩松的评论质量相对较好,也赢得了很多观众的认同。除了其切合了受众心理之外,也得益于其评论中的理性精神。该段论述说明了规则存在问题,也说明了规则与消极比赛之间的关联。但是,该评论回避了真正的问题,就是这件事本身的确违背了体育精神,在职业道德方面应该受到质疑甚至是谴责。规则有其漏洞,也有其优势,如果依照良好的体育道德,这些漏洞也就不是漏洞了。这种回避问题的策略,可能是电视媒体迎合受众的一种表现。同样的事件,网络媒体的评论就表现出了不同的态度。新浪网的《体育评书》以"羽毛球队故意输球也算为国争光"为题,由主持人梁宏达作出评论:

> ……问题就在于我们现在这个金牌能不能算国家利益?就是说你以违背公平的方式最后得来的金牌是不是为国争光,为国家利益。第一个我认为不是为国争光,为什么不是为国争光呢?弄虚作假的东西,人家在公平、公正、诚信上就否定你了,怎么能是你的光彩呢?温布利体育馆6000多人的嘘声,证明了这

个问题啊。

……真正的国家利益是什么呢？国家的存在是为了老百姓存在的，如果老百姓在这方面没有什么好处的话，你这就不能算国家利益啊。真正的国家利益是环境保护、医疗、教育、养老诸多这些层面，包括经济发展这是中国的国家利益。

……我在最近这几个小时里头啊，打开新浪网络，我看新浪有不少网友留言，就这个事。我突然发现这留言里头呢，有几种观点我看着特别不舒服。有的网友说什么呢？人家最后是为了金牌，再说这规则有空子我干啥不钻呢？这种观点我就觉着我不能理解和接受。有空子就非钻不可吗？好像有便宜不占就王八蛋似的，那作为一个人的尊严，一个人的境界格调你放在哪了呢？难道这些利益就真的足以使你放弃基本的人伦吗？……

该节目的评论表达了非常明确的是非判断，并且作出解释。最后主持人还真对网友的评论作出具有针对性的反驳。这种激烈的、与很多受众观点相悖的评论在广播电视等传统媒体中出现较少。网络媒介具有相对宽松的创作空间，建立在理性基础上的权威风格更容易显现。

在网络媒介的传播中，说话人的合法性的评价更具理性精神。身份、头衔不再是受众判断说话人权威的唯一标准，专业的、可以理解的话语表达成了一个更具价值的衡量标准。网络媒介中，发表意见的权力普遍化了，更多的人带着自己的观点参与讨论、表达意见。这对口语创作提出了更高的要求：说话人的身份、价值要符合话语内容，同时口语创作中的理性要素显得更加重要。例如，主持人梁宏达曾担任《当代体育》《环球体育》《乒乓世界》《灌篮》等杂志主编、总策划，多年从事体育报道的工作让他在体育评论方面具有权威性，这些也通过其口语创作中丰富的语料得以体现。近两年逐渐发展起来的网络节目《晓说》在年轻人中有一定的关注度。该节目经常以历史文化为题材，但主持人高晓松的身份却遭到很多网友的质疑。高晓松是流行音乐创作人，这个群体通常给人留下一种时尚、热情和娱乐化的刻板印象,于是在以历史文化为题材的口语创作中这个身份不容易让人接受;同时高晓松评述内容的深度也相对轻率,个人情绪过多,缺乏说服力和深度。

在当下的网络口语创作实践中,除了个别领域之外,几乎没有哪个节目真正能以理性权威的风格进行口语创作。这当然与其新生的阶段性有关,同时也因为理性与权威之间存在一定的矛盾,二者只有在顶端才能达成统一。网络媒介提供了相对理性的环境,与此同时也就增加了塑造权威的难度。近几年,"砖家""叫兽"等词语在网络上流行。2010年,《中国青年报》社会调查中心通过民意中国网和搜狐网,对5492人进行了一项关于专家言论的调查,调查显示39.5%的人认为专家言论只是一家之言,仅供参考;31.9%的人觉得专家言论需要根据情况判断辨别;20.4%的人认为专家言论根本不值得相信;6.5%的人认为"专家是社会权威,值得信赖"。[①] 这些数据说明通过头衔说服受众的年代已经随着网络媒介的发达渐渐走远了,理性权威的口语风格正在受到各方面的制约和挑战。

第三节　亲切与和蔼

亲和的风格是大众媒介口语创作最常见的风格,甚至是播音员、主持人在训练中必须掌握的一种语言风格。播音理论认为:"一般所说的亲切感,概括地说是言之有物、心中有人的结合在有声语言中的表现,它最基本的社会效果是'使人愿意接受'。"[②] 从这个定义可以看出,亲切感是一种具有一定普遍性的风格,它和幽默不冲突,与理性权威也不冲突,在口语创作中具有基础性的作用。用"亲和力"来形容这种风格绝不是简单的柔声细语、娓娓道来的说话方式,而是一种综合魅力的显现;它也不仅仅

[①] 方莉、黄冲:《被滥用的专家透支了整个社会的公信力》,http://www.cyol.net/zqb/content/2010-06/25/content_3293796.htm,2010年6月25日。

[②] 张颂:《播音创作基础》,北京广播学院出版社1990年版,第13页。

是一种口语创作的风格,而是直接地用来形容创作主体给人带来的直观的同时也是模糊的感受。亲和力产生于主体与对象的交流过程中,是在口语创作的过程使受众对创作主体产生的一种喜爱之情。受众的喜欢源于传播者身上的吸引力,这种喜欢具有很强的力量,它可以引导受众的意见甚至影响受众的行为。亲和风格可以通过受众的喜欢发挥巨大的作用。我们从那些疯狂喜爱某个明星的粉丝身上就能发现这个问题。当然,一般情形之下,人们对某个媒体上的说话人不会投以如此强烈的情感。

一、亲和风格依赖创作主体的视听形象

一般来说,大众媒介的口语传播者都具有较好的形象。在各所高校播音与主持艺术专业的招生中,形象也是衡量学生的一个非常重要的标准。这说明亲和力与视听直观感受具有直接的联系。大众媒介中,各种形式的口语创作的主持人可能高矮胖瘦各有特色,但几乎没有在人们的审美常识中难以接受的类型。当然,个别形象不好的人由于在其他领域的才能也可能被受众接受。但是,良好的形象对于亲和力而言几乎是不可或缺的。大众媒体中,受众这种"以貌取人"的心理被进一步强化——如果对各个电视台播出的肥皂剧稍加对比,就会发现那些年轻的演员几乎都有着一张年轻漂亮而且大多相似的面孔,无论他所扮演的角色是高龄老人还是各种妖怪。社会心理学的研究显示,美貌的文化标准是很早就习得而来的,即便儿童也会受到这些标准的影响。① 而且这种外表的吸引力并非仅仅停留在表面,人们更容易受到外表具有吸引力的人的影响,从而作出决策。在大众传播中,即使在传播者表现糟糕的情况下,那些形象好的人也更容易获得人们的原谅,除非这些人肆意挥霍和滥用自身的吸引力。具有亲和力的外表也不仅仅是"漂亮"一词可以概括的,许

---

① 〔美〕E. 阿伦森:《社会性动物》,邢占军译,华东师范大学出版社 2007 年版,第 274 页。

多漂亮的脸被冠以"冷艳""冷俊""酷"等形容词,这些描绘往往给人带来距离感,而不是亲和力。亲和力除了带给人审美的愉悦之外,还带有强烈的"接近性吸引"特征,人们更容易喜欢那些与自己生活接近的人。著名的主持人中有很多人算不上漂亮,例如崔永元、张越、李咏等,但是他们的形象都带有一种接近性。崔永元被称为"邻居大妈家的儿子",李咏被观众定位为"中老年妇女的偶像"等等。这些戏谑之言其实试图表达的都是对他们相貌不符合电视传播一般规律的解释,这些解释恰恰是从与受众的充分接近性入手的。

对于口语创作而言,亲和力与有声语言的表达是不可分割的。口语亲和力的显现基于一种不完美的表达,比如在深度或幽默方面具有良好的表现,在细节上却不乏一些小的错误。这种表达接近人们日常生活的口语状态,也能满足基本的大众传播的需求。这种现象类似于心理学中所说的"出丑效应",阿伦森认为:"尽管能力超群的确会使我们显得更具吸引力,但一些失误迹象也会令我们的吸引力更上一层楼。"[1]失误引起人的喜爱基于其超群的能力得到显现,人们更容易喜欢那些说话稍有缺陷的表达者。以《百家讲坛》几位著名主讲嘉宾为例,于丹的表达在形式上是最正式并具有音乐性的,普通话相对标准,抑扬顿挫分明,辞藻华丽,具有书面化的特征。这些特点使其表达能在短时间内引起受众的兴趣,但是这种方式实质上是一种缺乏亲和力的表达。朗诵式的语言风格、散文式的遣词造句使其脱离了受众日常口语习惯,于是其生命力难以长久。相反,易中天和纪连海在普通话方面都具有相对的缺陷,但他们表达的节奏与旋律符合大众传播的需求,因而他们的表达更具亲和力。尤其是纪连海,其视觉形象和声音表现可以说都是较差的,但是这些问题反而拉近了其与受众的距离,使亲和力得以体现。值得注意的是,这基于其妙趣横生的口语内容和修辞形式。

---

[1] 〔美〕E. 阿伦森:《社会性动物》,邢占军译,华东师范大学出版社2007年版,第272页。

二、亲和风格与口语创作的观点、态度相关

"亲"与"和"都说的是人与人之间的关系,在口语创作中,则体现了主体与对象的一种和谐关系。创作主体观点与态度的表达与受众保持一致,至少使用适当的技巧避免矛盾冲突,这样亲和力就越发容易显现。这是"相似性吸引"规律在大众传播中的体现。人们总是倾向于自我肯定,所以也更容易肯定那些与自己意见一致的人。同时,在大众媒介中传播者具有一定的权威性,传播与受众的观点一致,受众会觉得传播者的观点是对自己观点的一种印证。受众通过这种自我肯定获得快乐,从而与传播者达到和谐的关系。亲和力的显现是拒绝对抗、拒绝辩论的过程。尽量在口语创作中支持大众的观点,同时在必须冲突的时候运用相应的技巧避免冲突,这是体现亲和力的基本方法。

在大众媒介口语创作实践中,一般以亲和风格见长的栏目都是非冲突化的节目。这类节目或者以访谈的形式出现,主持人起提问、引导、附和的作用;或者以生活服务为题材,介绍一些知识。这类节目通常不表达观点,不涉及冲突性事件,如《鲁豫有约》《杨澜访谈录》等等。但这并不意味着新闻评论或脱口秀类的节目就不需要亲和力,而是亲和力在这些鲜明个性的节目中被节目的权威性或幽默感遮蔽了,亲和力只在更基础的层次发挥作用。例如,主持人崔永元具有典型的亲和形象,但其口语创作通常表现出更多幽默的风格,亲和力只是发挥基础性的作用。例如,《小崔说事·历史可以这么讲?》中,崔永元对袁腾飞的一段访谈:

> 崔永元:还有个抽查题啊,抽查题就是不是让每一个人都说,有的人他不能说。咱可以说说钱文忠,以他的学识啊和做人的这个修养,配不配得上古代那么好的一个电视台(之前的访谈把《百家讲坛》比喻成古代的一个节目)。
>
> 袁腾飞:《百家讲坛》啊,它是一档电视节目。

崔永元:当时它是个电视节目。

袁腾飞:对、对、对,流传到今天它也是个电视节目。它是一档电视节目,它并不是学术讲台,它的受众呢也……就是说不是你在大学里给专业的学生讲这个文史的东西。

崔永元:换句话来说,钱文忠没有什么学术水平。

袁腾飞:如果说能用通俗易懂的语言让一般……就是比如说他可能是理工科的硕士、博士,但是他的文史知识呢可能是在中学这个阶段。如果能用通俗易懂的语言,让这个层次的人也能够把文史知识掌握住,我觉得那更是大师。

崔永元:也就是说,像钱文忠、易中天他们是给低层次的人讲课的。

袁腾飞:在文史知识这个领域,有先觉的也有后觉的。他们呢可能是针对的更多的是一般的受众,来讲历史或者文史。

崔永元:也就是说,看电视有很多的受众,看《百家讲坛》的都是一般的受众。

(大约停顿几秒,袁腾飞微笑不语,观众鼓掌。)

崔永元:没意思,这不像个好人提的问题是吧。

这段访谈中,崔永元一直在扮演一个"拆台"的角色,直白地甚至略加歪曲地重述袁腾飞表达的意思。而袁腾飞一直在尽量地把话说得婉转,但是不自觉中也跟着主持人的思路"行走",直到最后笑而不语,崔永元也适可而止,马上通过自嘲来结束这段对话。两人都以幽默的口语表达见长,而袁腾飞显然在电视上显得有些拘谨。崔永元通过这种带有玩笑性质的质问使整个氛围显得融洽和谐,同时这些问题也是观众议论较多的话题。这种话语风格正是亲和力在发挥一种内在的作用。可以想象,如果这些问题由王志或者白岩松提出,会呈现一种什么样的局面?如果被访者是于丹,会达到一种什么样的效果?亲和力的本质是植根于人的。

第七章 网络节目口语创作案例研究

当下网络节目的口语创作仍然处于初级阶段。与电视相比,大部分的网络节目在视听形式上都比较粗糙,具有时间短、成本低廉、选题倾向低俗化等问题。网络节目的现状从数量与质量上来看,都不足以与电视节目形成竞争,尤其是具有品牌优势的节目数量太少。在这样的基础上,口语创作面临着一个特殊的传播环境。口语表达作为一种便捷的信息传播方式与网络剧相比,在硬件投入上具有成本优势,投入门槛较低,更多的民间创作者可以广泛地参与进来。这与网络节目成本低廉具有一定的因果联系。以口语创作为主的网络节目增长速度很快,但同时质量良莠不齐。本章结合《罗辑思维》《晓说》等网络节目,通过与电视节目的比较,以及与其他网络节目的比较,试图发现当下网络媒介中口语创作的问题,并分析本书涉及理论在网络媒介口语创作中的综合表现。

第一节 《罗辑思维》与《老梁观世界》的比较

《罗辑思维》是当下相对成熟与成功的网络自媒体节目,以口语创作为基本节目形态。该节目于 2012 年 12 月 21 日在优酷网正式上线,主持人罗振宇具有较为丰富的电视媒体经历,曾担任中央电视台《对话》栏目制片人。迄今为止,该节目在优酷网的累计播放量已经接近 1.4 亿次,平均每期节目的播放量超过 100 万次。加上视频、音频在其他网络平台上的推广,其影响力在大量网络节目中十分具有优势。《老梁观世界》是著名主持人梁宏达诸多节目中最受欢迎、知名度最高的一个,于 2012 年 1 月 1 日在辽宁卫视开播,曾荣获 2012 年广播电视创新创优栏目奖。这两档节目在直观形式上具有多方面的相似性。例如,都以主持人的名字冠名,强调创作主体的个性风格;都以幽默的风格见长;都不同程度地追求观点与视角的独特新颖;口语评述整体上都具有理性特征等等。正是在这些相似的基础上,对两档节目进行比较才有意义,其差异之处才能反映网络自媒体在口语创作各个层面上的特点。

一、节目定位

节目定位是指节目制作主体对节目在思想内容、受众构成、节目样式、反馈情况等方面的一种预期。这种预期一方面基于创作者的创作意图,同时也受传播环境的限制。对于上述两档节目而言,节目定位的相似性在于节目样式,二者都是通过简单的口语表达形式传达信息,使用的其他辅助手段相对较少。除了这种相似性外,在节目内容、受众群体等方面又具有一定的差异。这种差异更多源于传播平台的不同。电视媒介相对于网络媒介而言属于传统的信息平台。英国学者莫利认为:"新的媒介不仅仅代替了旧的媒介,而是和它们结合在了一起。"[1]莫利所指的是电视媒体与其他旧媒体的结合,今天,网络媒介作为新的媒介也遇到了相同的情形。《罗辑思维》拥有的仅仅是网络的传播平台,而《老梁观世界》却不仅仅局限于电视平台。《老梁观世界》的全部视频还通过爱奇艺、乐视、风行网、腾讯视频、PPS、PPTV 等网络视频平台得到了进一步的扩散式传播,以爱奇艺为例,平均每期节目的点击量在 20 万次左右。作为一档日播栏目,《老梁观世界》在网络上的影响力是与日俱增的,从整体上看,其

---

[1]〔英〕莫利:《电视、受众与文化研究》,史安斌主译,新华出版社 2005 年版,第 233 页。

影响力远远大于《罗辑思维》。正是基于这种传播平台影响力的差异,二者首先在选题与思想内容上产生了较大的差异。

(一)选题与思想内容的差异化是《罗辑思维》节目获得成功的途径之一

《老梁观世界》在选题上以关注时事为主,同时涉及其他。与梁宏达的其他节目《老梁看电视》《老梁有看法》《老梁故事会》《体育评书》的选题相对集中不同,《老梁观世界》几乎涉及了现实生活的方方面面。以2014年7月的23期节目为例,其中涉及娱乐的有5期、涉及教育的有4期、涉及国际政治经济的有4期、涉及科技民生的有5期、涉及国内时政的有5期。《老梁观世界》栏目的选题虽然广泛且多样,但具有明显的规律。其一,每个月的节目在政治经济、历史文化、科技民生等方面的选题比较均衡。其二,选题首先依据新近发生的事件和当时的社会热点。例如,2014年8月底临近开学,在8月22日和8月25日分别以"点赞新版学生守则"与"算算学费这笔账"为题做了两期节目。《老梁观世界》在这种关注新近事实的基础上安排选题,整体上依然保持各方面的平衡,说明栏目对于类似开学、高考、某些重要节日的选题是有所预期和安排的。

而《罗辑思维》在选题上则呈现出完全不同的样式。罗振宇曾在节目中表示,《罗辑思维》的选题是没有规律的,甚至是想尽办法让观众摸不着规律。栏目一直以来的表现也的确如此,该栏目的选题呈现为一种无序的样态,但是与《老梁观世界》相比,可以发现其选题的类型反而相对集中,且最多的是历史题材。有将近三分之一的内容直接以历史为题材,或大篇幅地涉及历史内容;其次是涉及现代年轻人思想情感和工作社交的内容;然后是以政治经济规律为题材的内容。可以说,《老梁观世界》关注新闻时事,重视口语创作的时效性,而《罗辑思维》则偏重讲述历史或者经过一定时期沉淀的具有更多价值的选题。2013年8月3日,罗振宇在《罗辑思维》的微信中说:

很多朋友都在问,《罗辑思维》的语音和视频为啥从来都不说说新闻里的事呢？实话实说啊，这是我们从一开始就定下来的一个原则，这么做有两个理由：第一个呢，在新闻评论这个领域里面已经拥挤了大量的媒体人，有我不多没我不少啊。第二个呢，也是更重要的一个原因，互联网打开了媒体的一个全新制度，那就是时间的长尾效应。过去我们都在讲新闻是易碎品啊，很难保持长久价值啊，而互联网环境这是一个可以积累时间价值的媒体平台，比方说，有些朋友可能是偶尔看到《罗辑思维》的视频节目，如果对他的胃口他就有可能翻到第一集开始从头看起，所以啊我们在确定节目选题的时候就会考虑，这期节目如果放到五年后看还有没有价值呢？这么一想那些新闻类的内容我自然就不会再碰了。

罗振宇的这段话非常清楚准确地表达了节目选题的准则，也涉及了网络媒介与电视媒介相比的一个重要特征，就是视听文化产品具有了"长尾效应"①。这种选题的定位与网络媒介的特征是相符的，长远看来，较之仅仅通过网络平台传播的电视节目具有更丰富的生命力。同时，罗振宇认为网络时代新闻信息的传播突显感官刺激，在价值与效率方面都大幅度下降。这些都使一个影响力相对较弱的网络节目不足以在新闻评论方面与传统卫视展开竞争，《罗辑思维》在选题上走出了一条新路。但是与此同时，排除了新闻事实的选题内容，给节目制作增加了知识成本。网络自媒体的发展需要长期保持内容的新鲜活力，在这方面新闻时事、新闻评论具有天然的优势。就电视媒体而言，新闻节目几乎是没有形式创新的，这源于其内容的优势。因此，如何在"长尾效应"开始显现的时候，保持自身的活力是网络媒介口语创作面临的一个问题。

---

① 长尾效应的概念诞生于2004年，美国《连线》杂志主编克里斯·安德森在他的文章中第一次使用。其基本含义是：商业和文化的未来不在热门产品，不在传统需求曲线的头部，而在于需求曲线中那条无穷长的尾巴。

(二)两个节目所面对的受众具有较大差异

与电视台制作的电视节目相比,网络自媒体的生存发展完全依赖市场。因此,网络自媒体身上普遍存在一些区别于电视节目的特征。自媒体追求点击率,首先以吸引眼球为目的。于是各种耸人听闻的标题,以及很多未加证实的小道消息都充斥其中。这个问题如果不加以控制则是对自媒体发展的最大制约。

自媒体节目依赖受众的支持,这种支持建立在情感和信任的基础上,而且其程度较之受众对电视节目而言要强烈得多。以《罗辑思维》为例,在不提供任何明确产品与服务的情况下,两天招募会员两万人,收入近千万元;2014年,《罗辑思维》以高出市场两倍以上的价格向受众出售推荐书籍,每箱6册,定价499元,8000箱书在90分钟内售罄。这些受众对节目的支持一定是建立在非常强烈的情感及信任基础之上的。概括地说,排除节目带来的附加利益,就节目本身的发展来讲,电视节目往往注重受众的量,而自媒体节目强调受众的质。这个质就是忠诚度。

电视节目制作的过程更多的是一个迎合受众的过程,其言论以人们的常识判断为基础。而网络自媒体节目需要的是吸引受众,而且必须不断地强化受众对节目的喜爱。从每个人信息接收的过程来看,电视观众通常是在非正式的、随意的环境中接收信息。可能在吃饭聊天时就把电视看了,《老梁观世界》的播出时间是下午6:00到6:30,这是一个正常的家庭晚餐时间。而自媒体节目的收看是一个主动选择的过程,操作程序较之电视相对烦琐,受众会有目的地选择收视。于是,受众对自媒体节目的质量必然会提出更高的要求。《罗辑思维》从选题与观点的表述上努力吸引受众,口语创作有时追求与人们常识相违背的观点,这对很多年轻网友来讲是非常有效的方法。同时,在节目中通过理性认真的观点论证,强化对受众的吸引。这种策略也进一步提升了节目制作的难度。对于口语创作而言,新奇的观点本身就是稀缺资源,加上合理的、有力的论证,长远来看高质量的创作需要投入大量的精力。《连线》杂志创始主编凯文·凯利提出:"创作者,如艺术家、音乐家、摄影师、工匠、演员、动画师、设计师、视频制作者,或者作家——换言之,也就是任何创作艺术作品的人——只需拥有 1000 名铁杆粉丝便能糊口。"①这也强调了在网络传播环境中,"铁杆粉丝"能给予自媒体强大的支持。《罗辑思维》在招募会员时也进行了量的限制,但通过量的限制未必就能获得质的提升。"铁杆粉丝"往往是用一种非理性的狂热支持其偶像,这符合艺术传播的规律,凯文·凯利也强调了"1000 粉丝理论"属于创作艺术作品的人。《罗辑思维》作为一个一再强调理性精神、传递知识的口语创作节目与艺术创作相距甚远。对于这种题材定位的自媒体,铁杆粉丝的培养是困难的。这些受众的一系列特征都关系到《罗辑思维》的生存,受众的信任只能来源于节目本身的质量,也就是口语创作的水平,因此,在创作类型与技巧方面,《罗辑思维》颇费心思。

二、结构与观点

《老梁观世界》与《罗辑思维》的片头宣传语惊人的相似。《老梁观世界》的片头宣传语以字幕形式出现:"有趣、有料、有种,老梁观世界;有锐度、有深度、有温度,大型新闻脱口秀。"《罗辑思维》的片头主要通过声音传达:"有种、有趣、有料,这就是我们的《罗辑思维》。"对于这两档节目而言,谁抄袭谁已经无关紧要,可以看出两档节目都在尽力践行其为自己设定的节目宗旨,这也使二者在口语创作类型与技巧层面具有很多相似性。两档节目都是叙事和议论相结合,注重在抽象层面发表观点,甚至直接以抽象的问题为整期节目讨论的核心题材;两档节目也不同程度地强调观点与受众常识判断的差异化,注重观点的分析与解释;都以丰富的事实信息为支撑,使口语形象生动;在风格上具有一定的接近性。但是,这些相似的层面也体现出了细节上的一些差异,这些差异都体现了网络自媒体节目的特征。

---

① 〔美〕凯文·凯利:《技术元素》,张行舟、余倩等译,电子工业出版社 2012 年版,第 85 页。

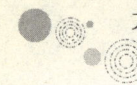

(一)叙事与议论的结构比例不同

《老梁观世界》关注现实,对问题的分析建立在事件的基础上,可以说口语创作内容中的道理阐述是服务于对事件的判断的;而《罗辑思维》关注思想与知识,以传达剑走偏锋的观点为目的,内容中的事实讲述是用于证明观点的,这是二者在创作目标上的差异。由于这种区别使得两个栏目的叙事与议论所占的篇幅和结构安排有所不同。

《老梁观世界》通常从叙事开始,通过新近的新闻事件引出观点。虽然经常在一个命题的统摄下讨论多个事件,但总是有一个核心的事件作为其评论的支撑,其他相关事实通常与核心新闻事件具有相似的特征,用来强化受众对观点的认同。例如,2014年8月28日播出的《老梁观世界》评论分析了美国喜剧演员罗宾·威廉斯的自杀事件。开头先概述了新闻事件,然后提出一个问题:"为什么喜剧演员容易得抑郁症?"随后按照国外、国内的划分结构对卓别林、憨豆先生、金·凯瑞、周星驰、葛优、郭德纲等喜剧明星的抑郁经历展开讲述,最后才通过分析的方法得出了"宣泄渠道窄""喜剧表演带有悲剧色彩""抑郁气质的人善于做演员"等一般性结论。在该期节目的口语创作中,其他演员的事实没有起到论证观点的作用,而是用于说明所讨论问题的普遍价值。观点的论证主要通过抽象的分析展开。这种结构是《老梁观世界》的一种典型结构,当然并不是所有节目的事实都与观点论证无关,只是相比之下这种结构方式被使用得更为广泛。

《罗辑思维》具有明显的更为细致化、带有区分性的结构特征。该栏目通常从某个令人觉得新鲜的命题出发,这个命题有时是纯粹抽象的表达。面对这样的问题,主持人通常会先通过一个故事来增强受众的记忆和理解。例如,《罗辑思维·民意真的可信吗?》的开场:

> 今天的一开始给大家说一个故事,有一次一个记者去问英国首相卡梅伦,说你怎么不像有些第三世界国家的领导人那样

去搞点儿民意活动嘛,给老百姓释放点儿善意,比如说到老百姓家抱抱人家孩子什么的。卡梅伦说我可不敢,英国老百姓多厉害啊,每次我去下议院接受质询的时候,回来的时候我都是一脸口水,如果我胆敢跑到老百姓家去抱孩子,我都知道第二天报纸上会说什么,《泰晤士报》的标题一定是"英国首相昨天用无耻的眼泪骗取选票",而《太阳报》的标题一定更过分,我都知道他们会怎么写,他们会写,"昨天英国首相和私生子相认"。你看,英国老百姓不愧是有着400多年民主传统的这样一个国家,他们的政治家就不敢像有些比如我们中国的台湾那样,政治家去玩弄民意、操作民意等等。因为他们的老百姓经过训练。我们现在有一句话叫作民主是个好东西,这话没错,但是我今天更想说的是民主是个难东西,虽然它很好,要把那样广袤的、分散的像一堆土豆一样的老百姓的民意,在广场上狂欢之后,还能聚集起一种意见,而且这种意见还要通过政治家的手来变成公众政策,这是需要一个长期的驯化过程。

这种开场的结构与《老梁观世界》好像是一致的,都是从叙事开场,实则不同。《老梁观世界》的新闻叙事就是关键信息,而且对新闻的叙述通常具有高度的概括性,因为节目假定选取了众所周知的新闻事实。而《罗辑思维》的开场讲述故事只是为其抽象论点的形象化,讲述内容注重细节,希望增强受众的记忆。

有些命题带有某些修辞特征。这类标题本身特别具有吸引力,能够迅速引起受众的兴趣,因此在开场中往往是直接抛出命题,然后对命题进行解释。例如,《罗辑思维·改变世界的箱子》的开场:

你一听这书名有点吹牛吧?这是不是哪个集装箱制造厂的软文啊?还真不是,它的作者就想说明一个道理,在20世纪人类林林总总、眼花缭乱的各种发明当中,集装箱应该占有重要的一席,因为它极大地推动了20世纪生产力的发展,极大地改变了20世纪人类的财富面貌。好奇怪这个结论,是不是有点过于夸大了?因为集装箱在技术上实在是乏善可陈,我想即使用19世纪的水平,敲出这么一个铁盒子恐怕也不困难吧?集装箱的技术含量可能还不如个罐头,罐头好歹要去解决密封的问题吧?抽真空的问题吧?……

这段表达直接抓住了受众对于标题的好奇,对"什么箱子"进行了解释,然后进一步刺激了受众更多的好奇心。而在历史题材的口语创作中,创作者往往会加入更多的道理和规律的解释。《罗辑思维》在叙事和议论的结构和比例安排上更为细致。一个较为普遍的规律是,论证题材的创作在开场和论证过程中尤其重视类比、例证等方法的使用,而在历史等叙事题材的创作中,则突显对某种内在规律的解释。从篇幅上来看,《罗辑思维》显然比《老梁观世界》使用了更多的抽象分析与评论,这也是其节目在深度上的定位策略的体现,是受众特殊性要求的体现。

(二)观点的差异

观点可以说是口语创作的核心价值,它体现了大众媒介口语创作"说服"的基本目的。观点只有被受众记忆和理解,这种目的才能得到实现。心理学研究表明:"一般来说我们只会记住句子的要义,而很快地忘记了它的表层形式。"[1]与此同时,句子的形式对要义的记忆也起着重要的作用。口语创作观点的考察至少要立足于形式与内涵两个方面。

《老梁观世界》所表述的观点通常都是断言式的,通过单句就可以表述,是对事物在价值、道德或审美层面的一种简单判断形式。这种简单判断通常是对具体概念与抽象概念的连接,形成对性质或者数量的描述。主持人在节目结尾总结观点几乎已经成为一种习惯,例如,2014年7月22日《老梁观世界·免费WIFI的风险》的结束语:

---

[1] 〔美〕卡罗尔:《语言心理学》,缪小春等译,华东师范大学出版社2007年版,第127页。

通过刚才的短片你能看到,有时候甚至呢,不知不觉地你被他给带走了,带到一个你不想去的环境当中。所以就说,像我刚才说的 WIFI 信号一样,天底下没有绝对免费的午餐,它给你带来方便的同时一定给你带来弊端。所以我说,我们不能患上这种手机依赖症,我们要在一定的时候敢于把手机放下。比方说,朋友聚会的时候我们就不要再去刷微博、微信了,我们出去旅游的时候,或者我们干工作的时候尽可能不要让手机带在身边。在这个世界我们不光要学会迎合,不光要学会热衷很多事,也要学会拒绝。可能在这个纷繁芜杂的社会里,拒绝就会成为我们最好的一个清醒剂、一个保护伞。

上述评论中采用大量的断言式命题,"一定""我们要在""不光要……也要……"等带有宣传、倡导性的言论较多。这是该节目表达观点的一个重要特征。孤证不立,2014年8月7日《老梁观世界·管好保障房》中的评论也呈现出相同的特点:

通过反腐败,能够让监督的机制顺畅地运行。能够扼制腐败现象就能保证中央出台的、利国利民的、有利于民生的好政策,能够在基层得以彻底地推广和实施。所以我们说,反腐败实施了 600 多天雷厉风行、绝不手软,争取一竿子捅到底。其实我们都知道反腐败绝不是目的,反腐败只是个手段,它的目的是让中央的一些利国利民的好政策能够彻底推行到底。所以也就是说,反腐败的核心目的最终在于加强民生。所以你明白了这个道理,也就明白了为什么广大老百姓支持这次轰轰烈烈的反腐败,因为反腐败最终落实到国计民生的项目上,一定会对老百姓的利益产生利好的影响。所以我相信经过这 600 多天的反腐败,保证性安居工程相应这方面的腐败现象会大为减少,那么中央出台的这些利好政策才能真正地实现利国利民这四个字。

这个段落的表达除了断言式的结论之外,再就是语义的重复,使受众完成对观点的记忆和知识意义的记忆。上述评论通过不同的句子形式反复申明同一个断言,即"反腐败关系百姓利益"。勒庞说:"得到断言的事情,是通过不断重复才在头脑中生根,并且这种方式最终能够使人把它当作得到证实的真理接受下来。"[①]上述评论实现了相似的传播效果。这样的观点以及表述方式在《罗辑思维》中是罕见的。

《罗辑思维》中的观点很难通过简单的语句形式表达,而通常使用表达某种关系的复句形式,并且对它的理解,往往需要借助语篇才能完成,而不是停留在语句的层面。这与节目说理的目标是一致的。理论性相对较强,构成了《罗辑思维》的特色,但是这种特色又违背了大众媒介口语创作的基本法则,于是其口语创作通常采取类比的策略,便于受众理解;采取比喻的方式来强化记忆。观点通常在理论、故事与比喻中自然形成。例如,《罗辑思维·开会是个技术活》中的一段论述:

> 我们来打个比方啊,我们现在的中国人会比较理解这种境况,物业公司,你买了一房子,住到小区。哎呀,大家都觉得这物业公司术操蛋了,不好。大街扫不干净,电灯泡也不经常换,看车的也不是特别负责任,收得物业费还巨高。为什么要你呢?滚!然后一通起哄,把物业公司给撵走了。而撵走之后发现,还不如有物业公司那会儿呢,大街也没人扫了,小区的门卫也没人管了,隔壁小区的人老来遛狗啊,满院子都是狗屎。他就遇到这种情况,所以大家就在想啊,我们是不是把原来的物业公司给弄回来啊。既然英国人已经走了,我们是不是要自己组建一个新物业公司啊。在想起这个想法的同时,其实还有一个重要的问题,就是整个社会陷入了一种叫"无权威"状态。大家想想啊前任物业公司撤走了,可不仅仅是卫生没人搞了,最容易发生的情况是,整个社区里面开始进入一种叫"暴动逻辑",看谁家横。我家有四个儿子,隔壁家住的就是一寡妇,带一闺女,我们就欺负

---

① 〔法〕古斯塔夫·勒庞:《乌合之众》,冯克利译,中央编译出版社2005年版,第102页。

你把垃圾往你门口倒,等等,就会出现这种情况。所以在当时的美国已经遍地出现了叫"权威崩溃"的征兆。

该段论述从一个更接近受众生活的"物业公司"的比喻出发,解释独立战争之后美国的一种社会状况。整段论述中没有提到美国社会的现实,却用更形象简单的方式,让受众对问题有了一个大致清楚的认识。有了这个形象的类比,受众大致了解了当时美国社会的主流思潮。接下来再讲述社会现实问题时,就会更加的清楚,使原本相对陌生的信息变得熟悉、简单。传播的目的也就达到了。因为结论的复杂性与抽象性,断言和重复的方法都难以发挥作用。而形象化的方式在这里得到了验证。

在观点的内涵上,《罗辑思维》显得更为丰富,同时也更加追求与常识的差异。《老梁观世界》尽管也经常表达独特的观点,但是其目的在于对新闻事件作出合理的评论,希望更多的受众能够认同,在某种程度上带有科普、教育、服务的功能。而《罗辑思维》的说理特征要求其必须追求观点的差异化。在两种情况下的说理是没有受众的:第一是道理涉及内容过深,完全陌生,不知所云;第二是大家都懂的道理,经常重复听到的说教。因此,大众媒介的说理难度在于,新的知识过于陌生,接受难度大,旧的知识过于熟悉,缺乏兴趣。这种情况下只有那些题材被受众熟悉,而观点带有明显反常性的内容才能吸引受众。《罗辑思维》的这种观点定位是符合大众传播规律的。

三、技术与风格

(一)口语表达的效果不同

两个栏目所展现出的口语表达的效果具有明显的区别。《老梁观世界》的表达相对烦琐,句子的断裂、信息的重复较多,时不时有病句出现;而《罗辑思维》的句子则很规范,虽然也具有明显的口语特征,但其表述相对严谨。如果用文字把他们的口语文本不加修改地记录下来,就会发现

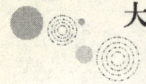

这种显著的差异。

2014年7月9日《老梁观世界》:

>……那么这个女孩为什么要放弃好一点的学校非要考北大呢?她自己给出的解释是,在那里头呢学不到纯粹的国学,她要学纯粹的国学。那么说这个解释合不合理呢?首先一个呢我们说,国学的概念,这个国学的概念到底是什么,我们现在都没有一个统一的概念……

表达过程中,"一个""这个""里头""我们"等垫话很多,而且最后一句话是有语病的,类似这样的表达在该节目中并不少见。除了病句之外,适度的垫话虽然是为了信息的重复,但同时也降低了语言理解的难度。语言心理学的研究中,有自动和控制之说,那些"不需要大量资源的任务被称为自动任务,不需要大量能量的过程被称为自动过程"[1]。《老梁观世界》这种略显啰唆的方式,减轻了受众语言加工系统的负担。简单地说,这种口语表达方式使受众不必投入很多的注意力,在一个较为低效同时也更轻松的状态下接受信息。这符合电视节目的收视习惯。这种口语表达的现状在电视节目中很常见,本书前面也曾提到过一些相似的其他节目的案例。值得注意的是,口语垫话、信息重复必须控制在一定的程度之内,否则就会显得拖沓而令人厌恶。这种口语表达的效果未必是创作主体有目的实施的结果,梁宏达曾经在节目中提到,他做节目是没有台本的,大致想好一个提纲就直接录制了。这种口语表达的效果与这种创作过程也是相符的,没有经过认真研究与推敲的口语文本通常都呈现这样一种状态。与其他通过即兴口语完成的创作相比,梁宏达的语言算得上是相对规范的了。

《罗辑思维》的口语表达非常规范,每期节目视频长达50分钟,几乎没有一个病句,也很少出现口误。每期节目中通常会有一次广告或者视频信息,会有画面剪辑。大段的时间都是主持人在很快的语速下不停地

---

[1] 〔美〕卡罗尔:《语言心理学》,缪小春等译,华东师范大学出版社2007年版,第52页。

说。这种长时间不出错误的口语表达通常是在充分准备的前提下进行的。也就是说，主持人罗振宇对其所说的内容非常熟悉，已经达到背诵的程度。而且，《罗辑思维》的口语文本也可以看出是经过非常精细的雕琢的，既规范严整，又不失口语特征，这是难能可贵的。有媒体报道称，罗振宇的口语创作是不使用提词器的，每期节目都要把内容背下来。每期50分钟的节目，大致要录六七个小时左右。从口语文本创作到记忆，再到反复录制，可见规范而有感染力的口语需要投入大量的精力。与之相比，《老梁观世界》口语创作中所呈现出的错误则是一种必然了。当然，这种不同的创作过程与节目的播出频率、性质有关，《老梁观世界》是日播节目，又是新闻评论节目，新闻的时效性和创作时间都限制了其创作手段，而且对于电视受众而言，通常对口语表达没有特别严格的要求。如果不是逐字逐句地认真听，其错误也是不容易被发觉的。而《罗辑思维》每周播出一期，又不涉及新闻题材，其创作团队有充分的时间去完成口语文本的创作。《罗辑思维》的受众也通常会更挑剔、认真甚至反复地收听、收看节目，这种创作态度也是满足受众需求的一个基础。《罗辑思维》规范的语言和较快的语速使其单位时间的话语信息量非常大，这也决定了受众必须投入相对更多的注意去获取信息。而且其话题内容通常需要一些知识储备才能快速理解，因此很多网友对其口语创作产生了疲惫感。这也起到了为网络自媒体节目筛选受众、聚集铁杆粉丝的效果，那些忠实度较低或者趣味点有差异的受众会自然主动地离开该节目。于是，受众群体的忠实度被强化了。

(二) 创作风格

《老梁观世界》和《罗辑思维》都已经形成了自己独特的风格，而且两种风格具有一定的相似性。例如，在创作思维上都强调理性的作用，在表达方式上都突显形象化的作用，在效果上都体现趣味性。这里要关注的正是这种相似性中的细微差异。

首先，节目风格的载体是有差异的。《老梁观世界》的风格主要是主

持人梁宏达个人风格的显现。而《罗辑思维》的风格主要是口语创作风格的显现。这种结果与上面提到的各方面差异直接相关。《老梁观世界》选题范围广泛,评论性强;口语创作主要依赖主持人梁宏达,表达内容是个人思维的结果;口语表达形式不够规范,带有很强的个人语言特征。这些表现使受众很难对其内容形成规律性的认识,于是对其风格的感知往往集中于主持人的风格。《罗辑思维》则截然相反,涉及的话题虽然没有规律,但具有反常识的相似性;口语文本的创作依赖一个团队,内容带有书籍、知识推广的性质;精致的文本、严整规范的口语表达使主持人的个性特征反而被遮蔽了。这就使受众对内容的规律性关注超越了对主持人的关注。当然,大众媒介口语创作是一个动态的过程,主体与内容都是创作不可分割的部分。

其次,虽然都强调理性思维的作用,但是它们的基本思路是有区别的。大致而言,《老梁观世界》强调证据,强调经验证明。综合而言,该节目的论证基本都采用归纳的方法。面对更广泛的受众,大部分节目坚持"事实胜于雄辩",通过事实证据来支持其观点。这也是节目受到喜爱、具有一定说服力的原因所在。而《罗辑思维》则强调推理,强调逻辑可能性,节目体现出一种建立在合理性基础上的丰富想象。综合而言,该节目的论证方法基本都是演绎的。这是《罗辑思维》最具吸引力的一个特征。举例而言,两档节目出现过类似的选题,都曾以中国近代史的著名人物袁世凯为例。《老梁观世界》的评论围绕袁世凯那些已成定论的事实展开,讲述了袁世凯大半生的历史,然后得出相对中性的结论。而《罗辑思维》则把视点放在一些细节小事上,甚至是一些未经证实的传闻,从而作出一种可能性的推测,使不同的细节事件相互印证,从而得出新颖的结论。尽管不能铁证如山地说服受众,但是提供了一次类似"科幻"的思维体验。所以说,《罗辑思维》在某种程度上是一种艺术创作。

最后,实现趣味性的手段不同。《老梁观世界》的趣味性来自于两个方面:一是主持人随口而出的各种不为人知的内幕,也就是节目所说的语料;二是语言表达中俗语、谚语、套语的使用。也就是说,《老梁观世界》从内容与形式两个方面都满足了受众对趣味性的需求。这与主持人丰富的人生经历密切相关,也是其个人风格的体现。《罗辑思维》的趣味性一方面依赖选题及观点本身的新鲜感,同时也依赖主持人在口语表达上带有表演性的特点。罗振宇的口语表达较之梁宏达而言更具有表演性,罗振宇会在第一人称表述时模拟式地转换语气,在评论中情绪带动声音的幅度更强烈、更夸张。这些都形成了两位主持人口语表达风格的显著差异。

《老梁观世界》与《罗辑思维》的相似与区别印证了口语创作的基本规律与环境制约,其相似性体现了大众媒介口语创作的基本规律,其区别说明了电视媒体与网络自媒体在技术、受众需求等方面对口语创作的限制。两档节目都是各自类型节目中的成功典范。

第二节　其他网络媒介口语创作的现状

《2011—2012 年中国在线视频用户行为研究报告》显示,中国在线视频用户中,使用平板电脑、手机等移动设备观看视频的用户达到 34.9%。[①] 受众的需求对网络自媒体的形成与发展产生了巨大的刺激作用,网络剧、微电影、口语评论等各种类型的自媒体集中产生。只是因为目前成本、受众等因素的限制,其规模与制作水平整体尚不能与电视节目和影视剧形成抗衡。口语创作型的节目由于制作技术成本与时间成本都相对较低,加上有许多互联网企业的支持,网络脱口秀节目比较集中地出现在受众面前。除了《罗辑思维》以外,高晓松的《晓说》、郭德纲的《以德服人》、王凯的《凯子曰》等大量节目丰富了网络媒介口语创作的样式。当然这些节目口语创作水平是不同的,但是也能反映出"脱口秀"在这个平台上发展的一些规律。

---

① 《2011—2012 年中国在线视频用户行为研究报告》,http://report.iresearch.cn/2014.html,2013 年 8 月 23 日。

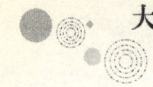

一、名人名言

"名人名言"说明了网络媒介中受众收看脱口秀节目的一种因果关系,他们更倾向于关注名人带来的话语,人的名气提升了话语的吸引力。这种情形下,有些口语创作就是名人对自己名气的消耗,也就是受众在通过一种新的途径进行名人消费,以高晓松的《晓说》为例。如果仅仅从浏览量来看,《晓说》是当之无愧的网络脱口秀之王,5亿的浏览量远远高出《罗辑思维》。

(一)《晓说》的口语创作

首先,《晓说》的选题主要围绕高晓松本人的一些经历,其构成大致有以下几个方面:高晓松在美国的经历、历史事件、音乐。《晓说》第一季50多集节目中,有20集是与美国社会生活相关的,这些内容大多依托高晓松自身的经历与听闻,构成其相对最具价值的内容;有大致10集节目与高晓松对自我和音乐的感悟有关,高晓松对这些问题也相对具有权威;其余节目更多与历史、军事等题材相关。从节目选题所涉及的范围来讲是相对比较集中的,较准确地把握了高晓松身上的美籍华人、音乐人、名人等身份属性,其实《晓说》消耗的就是高晓松本人。在面对历史、军事等题材的时候,高晓松的传播主体的身份就显得名不正、言不顺了,受众会质疑其驾驭这些题材的权威性。事实也证明在面对这些问题的时候高晓松是力不从心的。而《罗辑思维》通过书籍推荐、知识搬运、团队创作的模式直接规避掉了主持人权威性的问题,这使其创作得以名正言顺。整体而言,《晓说》还是相对准确地选择了与创作主体身份相匹配的题材。

其次,从创作主体的角度讲,高晓松不能带给受众一个舒适的视听形象。可以看出《晓说》不是一档通过主持人出丑来达到戏剧效果的节目,而主持人的形象却又难以给人带来审美的愉悦。尽管很多脱口秀主持人的形象都算不上好看,例如前面提到的梁宏达、罗振宇、郭德纲等等,但是至少他们的形象不会在某些方面引起受众特别的注意。高晓松个性张扬的形象与上面谈到的社会、历史等方面内容的表达之间是不和谐的。如果说视觉形象只是不足的话，那么主持人面对镜头的状态及其口语表达就可以说是缺陷了。主持人在节目中几乎不和观众进行直接交流，眼神总是有一个画框之外的焦点，这与前面所说的几个具有丰富经验的主持人相比显然是略逊一筹的。主持人表达的声音形式距离专业水平也相去较远，在语速、语调方面几乎没有变化，重音位置常常不能表达关键信息。简单地说，没有抑扬顿挫，重点不突出，很容易给受众带来疲惫感。无论是主持人面对镜头时的左顾右看、摇头晃脑以及随意的肢体动作，还是平淡啰唆、缺乏变化以及含混不清的口语表达，这些形式都会给受众带来轻率、浅薄、消极的直观感受。例如，《晓说·大航海时代（三）》中的一段表达：

……这个跟大家稍微说两句，这个有点意思啊。泉州由于是世界最大的商港，**我跟大家多次说过阿拉伯人最会航海**，所以来了大量的不光是阿拉伯人，波斯人，西方人，**大批**地居住在泉州。泉州当时有 7 座辉煌极了的大清真寺，而且泉州的穆斯林还分成了阿拉伯人的逊尼派穆斯林和波斯人的什叶派穆斯林（莫名其妙地笑），**我们说这已经都跟两伊战争差不多了都**。泉州还有 4 座巨大的天主教堂（语速极快，几乎听不出是什么），而且还分成了东正教的大教堂、天主教的大教堂，不同的天主教、不同流派的大教堂都有。泉州当时是**这样**繁荣发达的一个国际大都会啊。结果这个蒙古人打来了，泉州这帮穆斯林掌握着**上千艘**的船，其中战船有很多啊，**穆斯林会航海，阿拉伯人会航海**。那宋朝流亡南方的这些**小朝廷**吧，就去泉州命令这些阿拉伯人、这些波斯人，说把你们的船都交出来当我们宋朝水军。这些阿拉伯人、这些波斯人你想他跟你有什么感情，人就是商人。一看这局势，说蒙古人看来要赢，于是就私下派人去跟蒙古人联络，

说我们把船都扣下了,反正也都是我们的船,我们要不然跟了你得了。那于是蒙古人很高兴,蒙古人说**太好了**,你只要跟我,我们就封你,泉州就归你们了……

该段落有将近500字,高晓松用了1分80秒的时间就说完了,平均每秒6个字还多。这种语速大大超出了每节口语传播的限制,加上他的唇齿力度太弱,吃字现象严重,于是想传播的大部分信息都是无效的。通篇语速基本一致,只是在黑体字部分放慢语速加以强调,但是这些又并非话语中的核心信息,重音位置安排失当。这种表达的特点严重影响了信息的传播。播音理论认为,"有声语言不仅仅是信息传递的过程,其积极的传播状态不仅有助于传播内容的传达和传播目的的实现,而更呈现出丰盈饱满的生命活力来。"① 高晓松在镜头前的表现,展现出传播愿望的缺失,口语创作生命活力的消逝。尽管有些铁杆粉丝认为这是率性、潇洒,但基于情感因素的判断不属于我们所谈的口语创作涉及的范畴。

再次,《晓说》语言表达有时呈现出过快、过多的状态(如上述所举例子);有时又呈现出拖沓、重复的状态。总之,《晓说》很少能在一个恰当的节奏与旋律变化中进行口语创作,这对于口语创作来说几乎是致命的。例如,《晓说·科举制阻碍艺术家产生》中的一段论述:

我们现在来说说日本为什么在文化艺术上有这么(拖长音)高的成就,就是短短的时间之内啊,短短的时间就有这么高的成就。(重复三次相同的信息)应该说总体来说远超中韩。……韩国文学,更没有出现像日本文学这个……(语流彻底断裂)日本还有好多没得诺贝尔奖的大师呢,夏目漱石,是吧,村上春树,那村上春树哺育了多少人,全中国同学们从小拿着《挪威森林》开始看,再恨日本人的人,我猜拿起村上春树也没有那么多的情绪。因为村上春树的东西非常的自由化,村上春树自己本身就

---

① 张政法:《有声语言大众传播的生命活力》,中国传媒大学出版社2006年版,第81页。

不太喜欢日本的那些东西。村上春树是一个爵士乐迷,爵士乐就跟日本已经没有关系了,日本音乐再这那,它跟爵士也……当然也有不错的。但是跟美国没法比。村上春树长时间生活在美国,在美国教书也好,开酒吧,弄爵士乐也好等等。你看村上的书,就完全是那种自由主义的东西,就完全不是,好像大家觉得应该是日本的那个样子。(啰唆地重复已经表达的信息)就包括村上谈话,墙和鸡蛋理论,就完全是自由主义的东西(再次啰唆重复信息)……

这个段落虽然语速较慢,但是依然延续了过于发散的口语思维,如从"日本文学发达"到"村上春树"到"中国读者喜爱"到"村山春树的自由主义"到"爵士乐"到"日本爵士乐",这条思路已经很远地偏离了原来所讨论的问题。这种现象在《晓说》中比比皆是,这种发散式的信息使口语表达庞杂混乱。再有就是信息的重复,在引用部分的开头和结尾都可以明显地看到这种表达上的缺陷。无论是口语文本还是声音形式,《晓说》都与《罗辑思维》精致、规范、严格的表达形成了鲜明的对比。

最后,《晓说》节目的观点被各种偏离主题的信息淹没了。《晓说》在各视频网站的自我推介中有这样几句话"上说星辰满月,下说贩夫走卒,动机绝不无耻,观点绝不中立。"前两句带有比喻性质,动机无从考证,但"观点绝不中立"却着实与节目的实际情况不符。节目大部分的选题都是叙事性的,通常由各种信息无序庞杂地堆砌构成。在主持人发散思维的引导之下,受众几乎很难在部分节目中发现观点。在与其他节目横向的比较中也可以发现,《晓说》在有关历史题材的口语创作中,似乎总是围绕几个类似的选题。

《晓说》在浏览量方面的成功更多地归因于网络自媒体发展的时代背景、节目的营销方式、主持人的名人效应、受众的需求层次等外部因素,从节目质量与口语创作本身而言,该节目还有很大的提升空间。

(二)《以德服人》:网络上的电视节目

《以德服人》除了制作相对简单之外,与电视名人访谈节目区别很小,也是通过名人来吸引受众的眼球,未能从内容上体现网络口语节目的特点。只有个性化的口语创作才能在网络媒介中生存和发展。《以德服人》本身娱乐访谈节目的定位就与网络媒介的环境具有一定的冲突。从电视娱乐节目的发展来看,娱乐类的访谈节目是一种即将走向没落的节目形式。在网络媒体飞速发展之前,传统电视媒体具有与明星、娱乐事件相关的信息优势,大家希望通过访谈看到一个生活中的明星,了解一些从其他渠道无法获得的娱乐信息。而这些类型的信息在当下的网络媒介信息中数量巨大,微博、微信等平台每天不停地向关注娱乐的年轻人有针对性地推介各种娱乐信息。相比之下娱乐型的访谈节目显得特别低效,人们不再热衷于通过这种渠道获得娱乐信息。像《鲁豫有约》《艺术人生》《郭的秀》这些电视娱乐访谈节目都在逐渐淡出受众的视野,可想而知在提倡快速娱乐信息消费的网络媒介中,一档娱乐访谈节目的生存发展会多么艰难。

从选题的角度而言,娱乐访谈节目没有过多的技术含量。通常来讲越是炙手可热的娱乐明星越能引起受众的关注。娱乐访谈在这方面也不具有优势,量的需求限制了质的提升。《以德服人》每周4集,2012年6月开播,2013年6月停播。节目嘉宾没有特别著名的演员、明星,通常是过时的明星或者是流行影视作品的幕后创作人员。这些人对于关注娱乐的年轻人来讲缺乏足够的吸引力。郭德纲、于谦两位主持人是当下具有很强号召力的娱乐明星,很多受众冲着郭德纲和于谦才选择收看节目的,嘉宾的相关信息反而较难引起受众足够的关注。《以德服人》与传统的电视访谈节目的不同之处在于,嘉宾的谈话不是节目的重点,经常会出现嘉宾采访郭德纲的情形。例如,比较典型的是马东担任嘉宾的几期节目,相声的话题也使郭德纲能游刃有余地表达内容。从这档节目的整体情况来看,其形式与内容都未能把网络媒介的特点与主持人自身的特点充分发挥出来,更像是一档通过网络平台播放的很普通的电视节目。

《晓说》和《以德服人》都试图通过主持人的名气聚集观众,相比之下《晓说》在节目形式与内容大方向上的决策更占优势。一档优秀的口语创作节目其核心竞争力应该是口语创作本身,通过"名人"试图制造"名言"来进行传播只是一种有效的短期策略。而通过"名言"去塑造"名人"才是实至名归的优秀创作,《老梁观世界》《罗辑思维》的成功都印证了这个道理。

二、草根脱口秀

互联网的发展为人们提供了几乎零成本的媒介资源,信息化建设的成果使人们的数字化程度不断提升。这种良好的市场环境促使大量民间的、非职业化的团队或个人参与到网络脱口秀节目的制作中来。《屌丝资讯播报》《大学搜有聊》等一系列的口语创作节目层出不穷。与名人主持的节目相比,这些节目的生存更加强调口语创作的质量。网络自媒体所承担的话语责任在社会层面的内容大幅度地减少,主要突显的是话语责任的个体层面。"承担话语责任就是要有效地行使话语权力,不能'沉默寡言',也不能'人云亦云',而要敢于发言。"[①]网络媒介给每个愿意在公众面前发言的人提供了话语权,但能否有效地行使,在于不人云亦云,在于"敢于发言",因此,"个性化""敢于摆脱各方面限制"是这类节目的核心价值,而从什么角度、什么层面去突显个性化则是一个需要全面考虑的口语创作技术问题。

(一)装傻、出丑的个性化

大部分的草根脱口秀试图通过娱乐获取关注,这符合其创作成本和受众需求。然而当下有些节目的娱乐则是毫无底线地装疯卖傻,节目内

---

① 张政法:《有声语言大众传播的生命活力》,中国传媒大学出版社2006年版,第67页。

容毫无价值。"感受娱乐的体验不是为了追求任何目的,而是为了它自身。"①美学家科林伍德认为这是娱乐区别于艺术的重要特征。《罗辑思维》《老梁观世界》等节目的娱乐性服务于观点和信息的传达,而有些草根脱口秀并不注重信息本身,而是通过自我侮辱赚取廉价的欢乐从而吸引受众,这种策略的效果注定是短期的。

《屌丝资讯播报》是该类型节目的典型代表,主持人用蹩脚的普通话在镜头前竭尽所能地装傻,时而表情呆滞,时而莫名大笑。语言毫无美感,重复、断裂、模糊,以一个精神失常式的状态播报娱乐信息。该节目的选题通常涉及色情和恶搞的网络热点事件,类似"凤姐在美沦为洗脚妹""不正经毕业照盘点""电视台播 A 片被停播"等等,通过低俗的内容定位来吸引受众。这种类型的节目是由外而内的、从形式到内容的低俗化。值得注意的是,至今的 100 多期节目中,主持人的口语创作水平还是有进步的。例如,大幅度减少了节目中夸张的表现,逐渐开始注重内容的重要性。总体而言,这类节目样态只能在部分群体中短时间形成纯粹娱乐化的影响。

(二)受众定位的个性化

《大学搜有聊》是由福建师范大学的学生制作的网络自媒体节目,该节目超越了通过出丑突显个性的层面,而是通过个性化的受众定位获得了一部分网友的认可。至今为止,该节目的浏览量已经超过了两千万。节目选题围绕大学生的日常生活展开,试图用调侃、讽刺的方式演绎大学生普遍关注的话题,如"舌尖上的大学食堂""女神老师驾到 男生出勤爆表"等等。尽管在创作技巧等层面仍然有很多问题,但是节目在准确定位大学生受众这个点上较为成功,成为该节目个性化诉求的一个突破口。

《大学搜有聊》在节目形式上采用口语表达与剧情演绎相结合的方

---

① 〔英〕罗宾·乔治·科林伍德:《艺术原理》,王至元等译,中国社会科学出版社 1985 年版,第 83 页。

式,降低了受众对口语创作的要求,也降低了节目制作的难度。如果仅仅从口语创作的角度而言,该节目的主持人无论从形象还是表达上都不具备鲜明的个性特征。两位主持人的对话显得生硬做作、表演痕迹过重,与受众缺乏必要的交流。但是这些问题都可以通过口语技术的学习予以解决,比较严重的问题是创作思路狭窄。在节目开创的初始阶段,因为其受众定位与选题的新鲜可以吸引部分受众,本身就是大学生的创作主体凭借直观的感觉可以相对准确地把握大学生受众的需求,但是,这种自发状态下的创作道路会越走越窄。如果不能引领受众发现新的兴趣点,有限的大学生活素材很快就会用完,现有的48集节目中已经涉及了很多重复的内容。素材的有限性,是这类节目所面临的难题。

(三)创作内容的个性化

在本章的结尾,我们把视点重新拉回到《罗辑思维》。《罗辑思维》的创作团队及其主持人罗振宇似乎无法归入草根的行列,但是主持人的名气也绝不足以通过名人效应支撑起一档节目。但在一年多的播出过程中,罗振宇引起了大量受众的关注,使他成为一个名人。如果抛开创作成本的问题,仅仅从口语创作本身的诸多要素而言,《罗辑思维》实现了内容层面的个性化。现代媒介环境中,人们对口语信息的接受往往是功利性的——或以纯粹的娱乐为目的青睐各种低俗、庸俗的内容与夸张的形式;或旨在获得生活决策的引导而迷信权威、刻板的新闻。《罗辑思维》在两者的夹缝中找到了内容创新的突破口,从历史、社会学理论、人际交往理论等距离日常生活较远的题材中找到新鲜的视点,使受众在轻松的口语环境中体验知识与思维的趣味性。或许《罗辑思维》的内容有时不能令人信服,在许多问题上也不够严谨,但对于一档网络自媒体节目而言已经贡献了自己的力量。内容的个性化能够促成个性化受众的形成,同时也塑造了创作主体的个性化,提升了对口语表达技巧的要求。对于网络自媒体的口语创作而言,内容的个性化具有核心的价值。

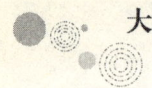

结　语

　　从围着树叶子的原始人拍着胸口向自己的同伴兴奋地嚎叫呐喊到国家领袖在亿万电视观众面前忐忑地妙语连珠,再到互联网上难以计数的对话、宣讲与艺术创作,口语表达一直是人类交流最广泛、最重要的形式,其魅力展现在每个万众瞩目或不为人知的场所。对于大众媒介而言,口语既是一种交流的工具,同时也是一种艺术的载体。大众媒介的口语创作本身就可以是一件艺术作品。杜威说:"当艺术物品与产生时的条件和在经验中的运作分离开时,就在其自身的周围筑起了一座墙。从而这些物品的、由审美理论所处理的一般意义变得几乎不可理解了。"[①]口语创作作为活的、有自身发展能力的艺术载体,有着适应时代的能力,有着调节自身的能力。这归因于口语不仅仅是艺术载体,同时也是人类生活发展的基本工具。例如相声这种传统的口语艺术形式,在作品的内容和意识形态上随着社会思潮的变化而有高潮有低谷,在经历了撂地→剧场→广播→电视→回归剧场→互联网这样的媒介环境的变迁中,可谓几经生死。但是,拥有了恰当的社会思潮与媒介环境的结合,相声艺术如今依然风生水起,这与口语作为其艺术载体有着密切的联系。

　　本书立足于大众传播媒介的环境,从本体、方法、技术、风格、案例五个方面整体性地梳理了口语创作的部分理论与实践。希望能从一般的层面归纳出更多的规律,以使口语创作在不断变化的媒介环境中有所参考。

---

① 〔美〕约翰·杜威:《艺术即经验》,高建平译,商务印书馆2010年版,第3页。

结 语

在这里想再次强调的是,口语创作是一个动态的过程,不应把它看成是对文字的二次加工,而应强调主体、对象、文本、声音形式的全方位参与;口语创作在不同的媒介中应遵循不同的原则,尤其是在当下媒介环境的转化时期;大众媒介口语创作是口语叙事与口语评论的结合,不同类型具有各自的创作规律;声音形式对于口语创作的作用是最为直观的,是最基础、最重要的,同时也是艺术追求的目标;逻辑性直接决定了口语创作的深度,修辞控制传播效果的趣味性;在熟练使用技巧的基础上,优秀的口语创作才能形成自身独特的风格。

在当下大众媒介口语创作实践中,优秀的作品以及能够形成风格的作品数量不多。这一方面与受众需求的层次有关,另一方面也与主体对创作的理论理解与投入的精力成本相关。如果在受众需求与主体创作之间形成一种良性的互动关系,口语类型的节目以及节目中的口语创作都应该呈现出更好的状态。显然,这种良性互动首先需要创作主体的推动。

参考文献

陈嘉映:《语言哲学》,北京大学出版社 2003 年版。

周同春:《汉语语音学》,北京师范大学出版社 1990 年版。

张颂:《中国播音学》,中国传媒大学出版社 2003 年版。

李晓华:《广播电视语言传播发声艺术概要》,北京广播学院出版社 1999 年版。

张政法:《有声语言大众传播的生命活力》,中国传媒大学出版社 2006 年版。

语言学名词审定委员会:《语言学名词》,商务印书馆 2011 年版。

张颂:《播音创作基础》,北京广播学院出版社 1990 版。

赵兵、王群:《朗诵艺术创造》,汉语大词典出版社 2001 版。

徐岱:《小说叙事学》,中国社会科学出版社 1992 年版。

张法:《美学导论》,中国人民大学出版社 1999 年版。

陈作平:《新闻报道新思路:新闻报道认识论原理及应用》,中国广播电视出版社 2002 年版。

陈力丹:《新闻理论十讲》,复旦大学出版社 2008 年版。

何自然、冉永平:《语用学概论》,湖南教育出版社 2002 年版。

张意:《文化与符号权力:布尔迪厄的文化社会学导论》,中国社会科学出版社 2005 年版。

孔维民:《情感心理学新论》,吉林人民出版社 2002 年版。

彭聃龄主编:《普通心理学》,北京师范大学出版社 2001 年版。

欧泽纯:《影视微相艺术论》,中国广播电视出版社 1999 年版。

宋文坚主编:《逻辑学》,人民出版社 1998 年版。

吴家国主编:《普通逻辑原理》,高等教育出版社 1989 年版。

参考文献

邓晓芒:《康德哲学诸问题》,生活·读书·新知三联书店 2006 年版。

邓晓芒、赵林:《西方哲学史》,高等教育出版社 2005 年版。

赵汀阳:《论可能生活》,中国人民大学出版社 2004 年版。

赵汀阳:《没有世界观的世界》,中国人民大学出版社 2003 年版。

袁晖、宗延虎主编:《汉语修辞学史》,山西人民出版社 1995 年版。

鲁迅:《鲁迅书信集》,人民文学出版社 1976 年版。

刘勰:《文心雕龙》,徐正英、罗家湘注译,中州古籍出版社 2008 年版。

胡壮麟:《语篇的衔接与连贯》,上海外语教育出版社 1994 年版。

杨钢元:《形象传播学》,中国人民大学出版社 2012 年版。

北京大学哲学系:《西方哲学原著选读》(上卷),商务印书馆 1999 年版。

钱钟书:《七缀集》,生活·读书·新知三联书店 2002 年版。

滕守尧:《审美心理描述》,四川人民出版社 1998 年版。

丁龙江:《电视法制节目语言传播策略》,中国电影出版社 2010 年版。

沈有鼎:《沈有鼎文集》,人民出版社 1992 年版。

林语堂:《幽默人生》,陕西师范大学出版社 2002 年版。

〔奥〕维特根斯坦:《逻辑哲学论》,贺绍甲译,商务印书馆 1996 年版。

〔古希腊〕柏拉图:《柏拉图对话集》,王太庆译,商务印书馆 2004 年版。

〔古希腊〕亚里士多德:《修辞学》,罗念生译,生活·读书·新知三联书店 1991 年版。

〔美〕迈尔斯:《社会心理学》,侯玉波等译,人民邮电出版社 2006 年版。

〔美〕泰勒、佩普劳、希尔斯:《社会心理学》,谢晓菲等译,北京大学出版社 2004 年版。

〔荷兰〕斯宾诺莎:《伦理学》,贺麟译,商务印书馆 1997 年版。

〔德〕黑格尔:《精神现象学》(上),贺麟、王玖兴译,商务印书馆 1979 年版。

〔美〕沃尔特·翁:《口语文化与书面文化——语词的技术化》,何道宽译,北京大学出版社 2008 年版。

〔美〕埃德蒙·伯格勒:《笑与幽默感》,马门俊杰译,中国人民大学出版社 2011 年版。

〔加〕马歇尔·麦克卢汉:《理解媒介——论人的延伸》,何道宽译,商务印书馆 2000 年版。

〔美〕鲁道夫·阿恩海姆:《艺术与视知觉》,滕守尧、朱疆源译,四川人民出版社 1998 年版。

〔美〕尼尔·波兹曼:《娱乐至死》,章艳译,广西师范大学出版社 2004 年版。

〔德〕康德:《纯粹理性批判》,邓晓芒译,人民出版社2004年版。
〔美〕莱斯特·恩布里:《现象学入门》,靳希平、水軋译,北京大学出版社2007版。
〔美〕威尔伯·施拉姆:《传播学概论》,何道宽译,中国人民大学出版社2010年版。
〔法〕古斯塔夫·勒庞:《乌合之众》,冯克利译,中央编译出版社2005年版。
〔美〕T.帕森斯:《社会行动的结构》,夏翼南、彭刚、张明德译,译林出版社2003年版。
〔美〕E.阿伦森:《社会性动物》,邢占军译,华东师范大学出版社2001年版。
〔美〕罗伯特·麦基:《故事》,周铁东译,中国电影出版社2001年版。
〔美〕小约翰:《传播理论》,陈德民等译,中国社会科学出版社1999年版。
〔法〕热拉尔·热奈特:《叙事话语·新叙事话语》,王文融译,中国社会科学出版社1990年版。
〔英〕洛克:《人类理解论》,关文运译,商务印书馆1959年版。
〔美〕威廉·詹姆士:《实用主义》,陈羽纶、孙瑞禾译,商务印书馆1979年版。
〔英〕休谟:《人性论》,关文运译,商务印书馆1980年版。
〔美〕弗兰克·梯利:《伦理学概论》,南京师范大学出版社2004年版。
〔德〕康德:《道德形而上学》,张荣、李秋零译注,中国人民大学出版社2013年版。
〔奥〕维特根斯坦:《逻辑哲学论》,郭英译,商务印书馆1962年版。
〔奥〕维特根斯坦:《哲学研究》,陈嘉映译,上海世纪出版社2005年版。
〔瑞士〕索绪尔:《普通语言学教程》,高名凯译,商务印书馆1980年版。
〔荷兰〕斯宾诺莎:《伦理学》,贺麟译,商务印书馆1958年版。
〔英〕笛卡尔:《论心灵的情感》,商务印书馆1987年版。
〔英〕霍布斯:《利维坦》,黎思复、黎廷弼译,商务印书馆1985年版。
〔英〕达尔文:《人类和动物的表情》,周邦立译,北京大学出版社2009年版。
〔美〕帕泰尔:《音乐、语言与脑》,杨玉芳、蔡丹超译,华东师范大学出版社2012年版。
〔美〕贝斯特:《认知心理学》,黄希庭等译,中国轻工业出版社2000年版。
〔古罗马〕奥古斯丁:《忏悔录》,周士良译,商务印书馆1997年版。
〔美〕约翰·菲斯克:《电视文化》,商务印书馆2005年版。
〔法〕亨利·柏格森:《材料与记忆》,肖聿译,译林出版社2011年版,第120页。
〔美〕Ron Hale-Evans:《心理和脑与生活》,宫宇轩、刘兰译,科学出版社2007年版。
〔德〕J.G.赫尔德:《论语言的起源》,姚小平译,商务印书馆1998年版。
〔美〕苏珊·朗格:《情感与形式》,刘大基等译,中国社会科学出版社1986年版。

〔法〕米·杜夫海纳:《审美经验现象学》,韩树站译,文化艺术出版社1991年版。

〔美〕马泰·卡琳内斯库:《现代性的五副面孔》,商务印书馆2002年版。

〔德〕海德格尔:《存在与时间》,陈嘉映、王庆节译,生活、读书、新知三联书店1987年版。

〔美〕诺埃尔·卡洛尔:《大众艺术哲学论纲》,严忠志译,商务印书馆2010年版。

〔美〕乔治·桑塔耶纳:《美感》,缪灵珠译,中国社会科学出版社1982年版。

〔美〕D. M. 巴斯:《进化心理学:心理的新科学》,熊哲宏、张勇译,华东师范大学出版社2007年版。

〔法〕皮埃尔·布尔迪厄:《言语意味着什么:语言交换的经济》,褚思真、刘晖译,商务印书馆2005年版。

〔英〕莫利:《电视、受众与文化研究》,史安斌主译,新华出版社2005年版。

〔美〕凯文·凯利:《技术元素》,张行舟、余倩等译,电子工业出版社2012年版。

〔美〕卡罗尔:《语言心理学》,缪小春等译,华东师范大学出版社2007年版。

〔英〕罗宾·乔治·科林伍德:《艺术原理》,中国社会科学出版社1985年版。

〔美〕约翰·杜威:《艺术即经验》,高建平译,商务印书馆2005年版。

后　记

　　此时已经深夜，刚刚想用"奋笔疾书"来形容自己这大半年来的劳动，却想起书桌上已经多年没有笔的踪影。小时候经常要临摹钢笔字帖，家长和老师的说法是"总不能什么都用电脑"。如今，这个"总不能"已经不是可能，而成了现实。如果不是今年新浪爱问资料的关闭，我大概已经三四年没有买过书了。这些忽然发现的发生已久的改变让我觉得中国的信息化社会就快要建成了。这本书的写作迫使我看了很多电视节目，其中有些甚至是难以忍受的。家里的隔音效果不是很好，邻居家的电视正在播放伪装成电视节目的卖药广告。虽然听不清楚，但我还是能够想象主持人亲切和蔼的劝说和热心观众感人肺腑的独白。不知道邻居家的大爷是否又支出了一个月的退休金。说这些只是在感慨媒介技术能如此细致地影响人的生活，媒介环境能够如此深刻地影响人的思维。电视、网络使人们的生活远离了阅读，于是口语承载了更多的社会功能。优秀的口语创作拥有一种直指人心的力量，作为一名教师，我深切地渴望获得这种力量。这种愿望发自于心灵，却受制于天赋，但依然希望通过对这门技术的研究获得更多心灵的慰藉。

　　感谢我的学生，他们在课堂上令人无法忍受的表现为我

后 记

提供了思考问题的动力;感谢优秀的主持人,他们精致的口语创作为我提供了现实的参照;感谢蹩脚的主持人,他们展现了大众媒介口语创作的风险。感谢各位老师的言传身教。感谢张政法老师的指导以及长期以来的人格与学术示范。

王振宇

2014 年 8 月 30 日

图书在版编目(CIP)数据

大众媒介口语创作/王振宇著.—北京:中国传媒大学出版社,2015.12
ISBN 978-7-5657-1460-3

Ⅰ.①大… Ⅱ.①王… Ⅲ.①口语－应用－大众传播－传播媒介－研究 Ⅳ.①G206.2 ②H003

中国版本图书馆 CIP 数据核字(2015)第 185130 号

大众媒介口语创作

著　　者	王振宇
责任编辑	李水仙
责任印制	阳金洲
封面制作	郭　琳
出 版 人	王巧林
出版发行	中国传媒大学出版社
社　　址	北京市朝阳区定福庄东街1号　邮编:100024
电　　话	86—10—65450528　65450532　传真:65779405
网　　址	http://www.cucp.com.cn
经　　销	全国新华书店
印　　刷	北京易丰印捷科技股份有限公司
开　　本	710mm×1000mm　1/16
印　　张	16.5
字　　数	230 千字
版　　次	2015年12月第1版　2015年12月第1次印刷
书　　号	ISBN 978-7-5657-1460-3/G・1460　定价 66.00元

版权所有　翻印必究　印装错误　负责调换